湖北文理学院协同育人专项经费资助出版
“融合贯通、进阶联动：高校创新创业教育生态体系构建与实践”
（项目编号:2018427）阶段性成果

大学生
创新创业基础

主编　唐明生　裴晓敏

Daxuesheng
Chuangxin Chuangye Jichu

WUHAN UNIVERSITY PRESS
武汉大学出版社

图书在版编目(CIP)数据

大学生创新创业基础/唐明生,裴晓敏主编.—武汉：武汉大学出版社，2019.8(2023.1 重印)
ISBN 978-7-307-21117-9

Ⅰ.大…　Ⅱ.①唐…　②裴…　Ⅲ.大学生—创业　Ⅳ.G647.38

中国版本图书馆 CIP 数据核字(2019)第 180028 号

责任编辑:白绍华　　责任校对:汪欣怡　　版式设计:韩闻锦

出版发行：**武汉大学出版社**　(430072　武昌　珞珈山)
(电子邮箱：cbs22@ whu.edu.cn　网址：www.wdp. com.cn)
印刷:湖北恒泰印务有限公司
开本:787×1092　1/16　印张:13.75　字数:315 千字　插页:1
版次:2019 年 8 月第 1 版　2023 年 1 月第 5 次印刷
ISBN 978-7-307-21117-9　定价:39.80 元

“双创”教育要树立“两个理念”、处理好“六个关系”

湖北文理学院党委书记　唐峻

在国家“大众创业，万众创新”的“双引擎”发展战略中，学校立足诸葛亮智慧文化，紧抓“双创”工作发展新机遇，把创新创业教育作为推动教育教学改革的突破口和学校应用型人才培养顶层设计的重要内容，把“淡泊明志，宁静致远；躬耕苦读、鞠躬尽瘁”的隆中精神融入创新创业教育，弘扬智慧文化、实施“慧创”工程，在全省地方高校率先启动了“创新创业教育改革行动计划”，形成了独具地方高校特色的创新创业教育生态体系，在全校形成了想创、会创、齐创的生动局面。学校毕业生创业率连续几年位居全省前列，学校创新创业成果获得历史性突破，取得了良好的育人效果和社会效应。

面对大学生蓬勃高涨的创新创业热情，高校是否能够提供适应时代发展需要、适应创业者需求的创新创业教育？总结“双创”教育开展取得的成果以及在此过程中发现的问题，促进双创教育升级发展，要树立“两个理念”、处理好“六个关系”。

一、如何在学校层面抓创新创业教育？

创新创业教育对学生意义重大，可以提升学生综合素质。树立什么样的创新创业教育理念关系到学校今后在这方面的发展。我们认为，一要树立创新创业教育贯穿人才培养全过程的理念，这是落实总书记讲话的具体体现。二要树立“立德树人”贯穿创新创业教育全过程的理念。对学生进行诚信教育、职业道德教育、爱国主义教育，培养学生实干、吃苦、奋斗的精神。

(一)理念1：创新创业教育要贯穿人才培养的全过程

“双创”教育要贯穿人才培养的全过程，是贯彻落实习近平总书记“将创新创业教育贯穿教育活动全过程”讲话的具体体现。“双创”教育要想有成效，就需要用正确的理念在全校范围内进行指导并形成一种良好氛围。这种氛围就是总书记所讲的“处处是创新创造之地，天天是创造之时，人人是创造之源”的教育氛围和创新创业氛围。学校要鼓励学生奇思妙想、大胆构想，适应社会需求，并鼓励学生付诸实践，以学生个人的创新创业热情，来营造学校的创新创业氛围，来成就学校的教学成效。让学生在创中“学”、在创中“育”、在创中“长”。所以，这就要求创新创业教育贯穿人才培养的全过程，在课堂内、外做好抓手。一抓课堂内，进行专业教育与创新创业教育融合的课程改革，建立双大纲，开展专业教师创新创业教育培训，使创新创业教育成为每一个教师对学生教学的重要目的。要求老师了解学科前沿，结合实际问题，分析还有哪些研究可以创新以及引导学生思考如何创新。一抓课堂外，在课外实践活动中，将创新创业教育理念贯穿教育活动全过程，在学校全方位促进创新创业教育。

(二)理念2:“立德树人”贯穿创新创业教育全过程

“双创”教育是大学教育的一部分，教育的本质是培养全面的人。所以，创新创业教育要培养人、教育人，不能脱离培养社会主义建设接班人的基本目标，不能脱离“立德树人”的根。那么，在创新创业教育的过程中，在知识转化为产品的过程中，就要进行职业道德的宣传以及诚信教育，让学生守诚信，不制假，不贩假；就要培养学生的思想信念和爱国主义精神，让学生有将企业做大做强的意志，有深厚的爱国情怀；就要让学生通过创新创业了解社会需求、了解时事政治，增长知识和见识，培养学生奋斗精神、实干精神、吃苦精神。创新创业教育可以帮助学生“树德”“增智”“强体”“育美”“促劳”，促进学生综合素质及创新创业能力的提升。创新创业能力是当今青年大学生应该具备的基本技能，培养学生的创新创业能力也是全球的发展趋势。

二、如何处理好创新创业教育在工作中存在的几种关系?

(一)创新创业教育与人才培养的关系

创新创业教育与人才培养的关系，说到底是小系统和大系统的关系。创新创业教育是小系统，人才培养是大系统，小系统要为大系统服务，要服从大系统。也就是说，创新创业教育一定要服从、服务于学校人才培养目标。

(二)学习和创新创业的关系

在学习和创新创业关系的把握上，要始终确立学习知识和获得能力是创新创业的基础这一基本信条。虽然社会上有些个案存在，但不具有一般性和普遍性。创新创业教育要引导学生形成先学习好，才可能创好，或者创好的可能性比较大的观念。作为教师也要不断提升，确保自身可以教好才是关键。

(三)创新与创业的关系

创业要以创新为基础，应引导学生以专业为基础创新创业。目前，大学生在学校的创新创业项目多以初级服务类型居多。例如，贩卖小商品、跑腿业务等。在创业的初期或低年级时，进行这样的尝试无可厚非，但是，如果学习了四年的专业知识，在高年级时还是只能进行类似“摆地摊”的项目，那么，高校的创新创业教育就是失败的，存在问题的。这也背离了创新创业教育的初衷和根本目的。所以，要引导学生先学好，鼓励学生在专业领域创新的基础上进行“专创”相结合的创业模式。

(四)管理和服务的关系

创新创业教育学院是负责全校开展创业教育的学院，同时也是代表学校进行创新创业管理和服务的主体。“双创”学院存在的根本目的和基本要求就是能够服务于学生，不能扼杀学生的梦想，要让有创业想法或创业需求的学生能够想创就创。让学生将梦想带到实验室、带到众创空间、带到创业孵化园，创办公司，将科研成果转化成产品。办学应大气，目光要放长远，帮助学生就是帮助学校。可建立专项基金支持学生创业，同时也要建立有效的制度和措施，防微杜渐，让专项基金真正发挥作用。总之，创新创业教育要以“学生为中心”。

（五）创新创业教育学院与各二级学院的关系

从“教”“学”“研”三个方面，处理好、协调好创新创业教育学院与各二级学院之间的关系。教师要教好，学生要学好，两者形成合力做出好的研究再创业。这就要求教务处、学工处、创新创业教育学院和各二级学院要相互配合，形成合力。在创新创业教育的课程体系建设、创新创业教育的课外实践、师资建设、实训、创业项目的孵化等方面，形成一系列的体系，保证创新创业教育行之有效。

（六）“竞技型”双创活动与“群众型”双创活动的关系

处理好“竞技型”双创活动与“群众型”双创活动的关系，让学校既能参加“奥林匹克”竞赛，又有群众竞赛活动基础。也就是说，要求各学科专业积极参加省级、国家级别的创新创业大赛，取得标志性成果，与此同时，也要抓好“群众型”双创成果，让创新创业竞赛在学校层面全面铺开。“群众型”双创活动是“竞技型”双创活动的基点，应在全校范围内形成“想创”“敢创”“会创”的氛围，将创新创业教育全覆盖，将“群众型”双创活动全覆盖，使得学生的创新创业能力得到稳步提升。探索“专创”融合的教学改革之道，同时积极探索高校专业特长与社会热点结合的特色发展之道，服务地方，服务社会。

持续推进创新创业教育稳步发展是关乎学生综合素质提升、社会进步、国家综合实力增强的重要举措。要使创新创业教育行之有效就要求学校各职能部门和各二级学院通力配合，在正确的理念指导下，建立创新创业生态体系，形成创新创业氛围，最终使得创新创业实践活动蓬勃发展。

前　言

在国家“双创政策”的引导下，高校创新创业教育从无到有、从零散走向系统，随着社会各方对于大学生创业实践的支持力度不断加强，大学生创业意向高涨。面对大学生蓬勃高涨的创新创业热情，高校是否能够提供适应时代发展需要、适应创业者需求的创新创业教育？

分析我国创新创业教育现状，创新创业教育课程设置和教学内容都还不能完全适应时代发展需要，主要表现在：课程内容体系不完整。有的只有创业教育而无创新教育；有的虽开设面向不同层次学生的创新创业教育，却缺乏知识产权服务双创的教育，创新教育、创业教育、知识产权教育的研究与实践大多处于割裂状态。

如何形成创新、创业素质培养与知识产权教育之间生态互动关系？

如何构建知识产权服务双创工作的新模式和理念？

面向创新创业的知识产权教育逐渐受到重视，已形成了对高校创新创业教育与知识产权教育关系的共识，如何在大学生创业基础课程的教学过程中融入创新教育和知识产权教育？

近年来，湖北文理学院立足学校诸葛亮智慧文化，紧抓“双创”工作发展新机遇，把创新创业教育作为推动教育教学改革的突破口和学校应用型人才培养顶层设计的重要内容，结合我校办学定位，开展了创新创业教育新模式的研究与实践，优化课程内容设置，打造了“创新教育、创业教育、知识产权教育”三位一体的课程教学模式。本书正是在前期相关成果的基础上，汇聚学校创新创业教育成果和有关高校同仁集体智慧撰写而成的。

本书由张樊、唐明生和裴晓敏提出并确定写作构想，各位编者分别编写，最后由裴晓敏负责统稿。具体写作分工如下：

第一章由湖北文理学院创新创业教育学院唐明生编写；

第二章由湖北文理学院创新创业教育学院刘英为编写；

第三章由湖北文理学院政法学院郑建国编写；

第四章由湖北文理学院创新创业教育学院裴晓敏编写；

第五章由湖北文理学院创新创业教育学院胡逸文编写；

第六章由武汉大学楚商学院危正龙编写；

第七章由第五章由湖北文理学院创新创业教育学院裴晓敏和吴丽娟编写；

第八章由湖北文理学院管理学院陈徐平编写；

第九章由湖北文理学院创新创业教育学院敖四编写；

第十章由内蒙古大学秦志宏编写。

本书作为创新创业教育特色教材，主要特色体现在：

1. 构建创新、创业和知识产权“三位一体、三育融合”的创新创业教育教材体系。本特色教材在内容上针对国内创新教育、创业教育、知识产权教育的割裂状态，构建创新、创业和知识产权“三位一体、三育融合”的创新创业教育内容体系。

2. 本教材以培养大学生创业创新意识、知识产权保护意识、创业素质和创业能力为目标，根据“创业基础”课程教学进度安排，分模块设置教材内容。教材内容设置成模块化专题，共包括创业者的素质与精神、商业机会发掘与评估、创新思维与创新方法、创新创业与知识产权、创业团队组建与管理、商业模式设计与创新、创业融资理论与分析、商业计划设计与撰写、企业创建流程与实务共九个教学模块。

3. 理论和实践相结合。力图做到大道至简，注重案例教学、实践教学深入浅出，充分体现教材的实用价值；使读者能够通过学习、思考、实践而获得创新创业的感悟，达到学以致用。

4. 书中各章前设有本章导读、学习目标、能力目标和育人目标，在教授创新创业知识、提升创新创业实践能力的过程中积极探索实现育人功能的途径和方法，创设切入点，融合思政课程，促进课程育人功能，实现对创新创业教育的超越。

深化高校创新创业教育改革任重道远，吾将上下而求索。让我们在创新创业教育之路上携手前行！

目　录

第一章　创业者素质与精神 …… 1
第一节　创业者 …… 1
第二节　创业精神 …… 7

第二章　商业机会发掘与评估 …… 14
第一节　创业机会识别 …… 15
第二节　创业机会评价 …… 20
第三节　创业风险识别 …… 23
第四节　创业者风险承担能力的估计 …… 28

第三章　创新思维与方法 …… 30
第一节　创新导言 …… 30
第二节　创新思维 …… 35
第三节　创造技法 …… 45

第四章　知识产权与创新创业 …… 59
第一节　概述 …… 59
第二节　专利与技术创业 …… 63
第三节　版权与文化创业 …… 66
第四节　商标与品牌建设 …… 69
第五节　知识产权的管理与保护 …… 75

第五章　创业团队的组建与管理 …… 79
第一节　创业团队的基本概念 …… 79
第二节　创业团队的组建 …… 83
第三节　创业团队的管理 …… 91

第六章　商业模式设计与创新 …… 98
第一节　商业模式创新时代 …… 98

第二节 揭开商业模式的面纱…………………………………………………… 100
第三节 几种常见的商业模式…………………………………………………… 102
第四节 商业模式创新的路径…………………………………………………… 108
第五节 精益创业——探索商业模式的工具………………………………………… 119

第七章 创新创业资源与融资……………………………………………… 122
第一节 九屏幕法：创新资源分析法…………………………………………… 123
第二节 创业资源整合…………………………………………………………… 125
第三节 创业融资理论…………………………………………………………… 129
第四节 创业融资渠道…………………………………………………………… 132
第五节 融资案例分析…………………………………………………………… 135

第八章 商业计划设计与撰写……………………………………………… 141
第一节 商业计划导言…………………………………………………………… 141
第二节 商业计划书必备要素…………………………………………………… 145
第三节 商业计划书编写提纲和参照模板……………………………………… 161
第四节 商业计划书的应用……………………………………………………… 172

第九章 创业组织形式选择………………………………………………… 174
第一节 成立新企业……………………………………………………………… 174
第二节 成立社会组织…………………………………………………………… 187

第十章 创业案例分析与反思……………………………………………… 197
第一节 第四届互联网+创新创业大赛金奖项目分享“广州大学—五六点教育” …… 197
第二节 创业方法视角下的“今夜酒店特价”案例分析 ………………………… 201
第三节 创业方法视角下的美国生鲜电商 Webvan ……………………………… 206

第一章　创业者素质与精神

本章导读

创业者是创业活动的核心与灵魂，创业者的素质与精神是创业资源的组成部分。培育创业精神既有助于创业者素质的提升，又有助于促进成长和民族精神完善。本章内容主要分为三个部分：

- ❖ 创业者：理解创业者含义，了解成功创业者特征以及创业者类型；
- ❖ 创业者素质与能力：了解创业者基本素质，掌握创业者必备能力；
- ❖ 创业精神：理解创业精神含义，了解创业精神来源与作用以及创业精神的培育。

☞ **知识目标**

了解创业者素质能力与创业精神

☞ **能力目标**

增强创新、学习、合作意识，提升创业能力

☞ **育人目标**

培育创业精神，树立艰苦奋斗意识

☞ **基本概念**

创业者、创业者素质、创业精神

☞ **教学重点与难点**

- ❖ 创业者素质与能力的关系
- ❖ 创业精神的内涵与塑造

第一节　创　业　者

你梦想成为什么样的人，你就能成为什么样的人。你今时今日所处的位置都是基于你所信赖和梦想的一切。

——美国脱口秀女王　奥普拉·温瑞

创业的行为是在市场经济条件下应运而生的。企业的创建者可以是个人，也可以是团队，通常是一些有着共同愿景和价值观的人，怀着对梦想的渴望而走到一起，形成了最初的创业团队。他们通过对资源和生产要素的重新组合，来开发自己的产品或服务，满足市场上人们的某种需求。这样，企业就诞生了。

一、创业者

(一)创业者的含义

创业者并不是特殊人群，他们具备的一些独特技能和素质有助于创业成功。

从广义角度，创业者指的是参与创业活动的全部人员；从狭义角度，创业者指的是参与创业活动的核心人员。一般情况下，在创业过程中，狭义的创业者会比广义的创业者承担更多的风险，但也会获得更多收益。

(二)成功创业者的特征

①较强的自信

对于成功的创业，自信是首要的。人的意志可以发挥无限力量，可以把梦想变为现实。对于创业者来说，信心就是创业的动力。要对自己有信心，对未来有信心，要坚信成败并非命中注定而是全靠自己努力，更要坚信自己能战胜一切困难。自信是创业的动力，一个创业者有了自信，才有勇气直面困境，才能以积极的态度面对自己的事业，又能用激情去感染团队与员工。

②优秀的学习能力

快速变化的世界里，在竞争激烈的市场中，要想不被淘汰出局，只有一个办法：持续不断地提高自己。而提高自己也只有一条路可走：善于学习、勇于实践。一开始创业者一定要放低身份去学习，哪怕自己是名牌大学的高材生，也需要一点一滴地向人求教，一开始要注重模仿，在创业者信息水平和经验方面不足的时候，最好不要考虑创新。人人创业网认为这个时候创业者能想到的别人未必想不到，之所以别人没有做，必定有他们的道理。因此前期应低调模仿，通过磨炼学习能力来一点点掌握经验。

③成熟的人际关系处理能力

创业者要严格要求自己做一个正直的人、道德的人、诚信的人、谦和的人、有内涵的人、有尊严的人。创业者也要有一定的社交能力，这样才能使创业者得到更多的信任，也才能积累更多的人脉，寻求更大发展。要想成就一番事业，学会做人处事是客户考核创业者的一大要素。

④高超的团队协作能力

团队大于个人，团队不仅要强调个人的工作成果，更要强调团队的整体业绩。团队所依赖的不仅是集体讨论和决策，它同时也强调成员的共同贡献。当团队的每一个人都坦诚相待，都有一份奉献精神时，取长补短，个人的能力肯定会得到大大的提升，团队成员一起分享各自的知识和经验，相互学习，相互交流，共同进步，同时也避免了很多创业“雷区”。

(三)成功创业者的自由权利

自由权利是每个人的生活追求，成功的创业者可以实现人生的三种自由权利：

第一是时间自由。创业者是自己时间的主人，因此可以自由支配时间，不必朝九晚五地去上班。但最初的创业者，加班是常有的，甚至要为此放弃自己的业余爱好而专注于创业活动。

第二是决策自由。创业者是自己活动的主人，在法律范围内可以完全自由决策。没有人告诉他该做什么，不该做什么，什么是正确的，什么是错误的，但是聪明的创业者往往都是善于整合资源、利用外脑的。

第三是财务自由。他拥有的自有资金如何投资、和谁商量、投资什么，可以不受别人干涉，自由支配；同时，当他创业成功以后，他在购买物品的时候，可以不受价格因素的制约。

(四)大学生创业者

大学生创业者，是指那些有理想、有胆识，不通过传统的就业渠道谋求职业发展，而是为自己开辟一条择业新路，利用自己的知识、才能和技术，以自筹资金、技术入股、寻求合作等方式主动参与社会竞争，创立新的企业，为自己、为社会创造就业机会的人。

当前，我国大学生自主创业的环境不断改善，从中央到地方政府以及各高校都鼓励和支持大学毕业生自主创业，各级政府为大学毕业生创业制定了一系列的优惠政策，各高校也积极为大学生创业创造各方面条件，对有能力的大学生来说，可以通过自主创业获得难得的机遇。

虽然目前真正走上自主创业道路的大学生还不多，但他们却代表了一个发展方向，引领了一股新的就业潮流。自主创业要求大学生创业者能结合专业特长，根据市场前景和社会需求创造出新的产品和服务，并因此去实现自身的人生价值。

二、创业者类型

创业是一种复杂的社会活动和职业行为，可以从不同的角度对创业者类型进行划分。

按照创业目标不同，创业者可以分为谋生型创业者、投资性创业者和事业型创业者。

(一)谋生型创业者

谋生型创业者往往是因为迫于生活压力或是为了使自己的生活条件有所改善才决定创业。这种创业者绝大部分是以小额资金起步的，创业范围一般局限在商业贸易领域，也有少量从事实业，但基本上是规模较小的加工业。

(二)投资型创业者

投资性创业者是在已经拥有一定经济基础与实力的基础上进行创业。这一类型创业者的创业目标主要是为了获取更大的经济回报。

(三)事业型创业者

事业型创业者把实现自己的人生梦想作为创业目标，把创办的企业当作自己毕生事业。这类创业者成就意识很强，不甘于为别人打工，愿意为理想放弃一份稳定的职业。他们之所以选择自主创业是希望通过这一途径来证明自己的能力，实现自我价值，得到社会认可。这类创业者往往有了一定的经济基础，经历了市场和社会的磨练之后，更加明确自己的人生追求。

三、创业者素质与能力

(一)创业者的基本素质

创业素质是创业行动和创业者所需要的主体要素，包括知识、技能、经验和人格等。《现代汉语词典》把“素质”解释为：事物本来的性质，是人与生俱来的以及通过后天培养、塑造、锻炼而获得的身体上和人格上的性质特点。素质是能力发展的基础。对于创业者而言，具备优秀的素质，就为开创自己的事业打下了良好的基础。

创业是一门投资学问，因为成功创业涉及人的心理承受能力、判断能力、社交能力、管理能力、应变能力、求知能力、认知能力等创业者内在素质水平的问题。创业是极具挑战性的社会活动，是对创业者自身智慧、能力、气魄、胆识的全方位考验，一个人要想获得创业成功，必须具备基本的创业素质。成功的创业者应该具备哪些素质呢？

①诚信为本

诚信就是“诚实无欺，信守诺言，言行相符，表里如一”。诚信不仅是为人处世的基本准则，更是经商之魂。在创业经商过程中，诚信是第一品质，是创业者的“金质名片”，也是各种商业活动的最佳竞争利器。在2003年中国财富品质论坛上，100位中国内地企业家将诚信列为十大财富品质之首。

②创新思维

创新思维是创造力的源泉，是成功创业的基础条件。创业人才在思维特点上表现为不被陈规旧俗所束缚，能较快适应外界环境条件变化，并能摆脱思维定势，充分发挥个人的创造性。这样才能不断推陈出新，抢占商业竞争的制高点。创新思维可以在不断的学习和教育环境中得到培养和锻炼。

③良好的心理素质

具体表现为：自信、敢于冒险、坚韧不拔等。这些潜在素质在创业过程中的作用不可估量，尤其是在面对挫折的时候，更需要创业者的执着。

④团队精神

创业不是一个人在战斗，学会凝聚整个团队的力量，可以为创业创造更多的价值。一个能让创业者思想、能力、认识水平不断提高和善于学习借鉴的团队，才是创业成功与否的关键所在。大学生在创业之初切忌好高骛远，而应选择一些投入不大、自己擅长的领域和项目，脚踏实地地积累经验，探索市场，先生存再图发展。只有这样才能稳扎稳打，开创出自己的一番天地。

⑤竞争精神

创业者需要具备竞争精神，敢于与他人在市场中拼搏竞争。市场竞争是市场经济的基本特征，是企业为获得更多的市场资源从而获取更高的利益而进行的竞争行为。通过竞争，实现企业的优胜劣汰，创业者要具备竞争精神，在创业过程中通过不断的竞争战胜对手，实现创业目标。

(二)创业者的必备能力

创业是一项具有挑战性的社会活动，是对创业者综合能力的一种全方位考验。创业能力是实施创业和决定创业能否成功的关键。现代社会竞争日趋激烈，一个人能否在竞争中占据优势、成功创业，主要取决于他所拥有的或者能够运用的各种能力。创业者应具备以下几种能力。

①创新能力

创新能力是白手起家创业者的生命源泉。创新不仅仅是从无到有地创造出某种产品和服务，更多的情况是在以往的基础上对原有产品和方式方法的改进。创业者的创新能力往往体现在技术、管理和营销上的创新。从某种意义上来讲，创新能力就是不断反思追问的能力。创业本身就是一项创新活动，很多未知的或不可预料的因素掺杂其间。创业就是开创一项事业，没有一种可以复制的模式让我们一劳永逸。一个新的管理理念或新开发的产品，往往会给创业者带来惊人的回报。

②学习能力

随着科技进步的发展，当前社会已是高度信息化的竞争社会。面对日益复杂的市场竞争与合作关系、日新月异的科学技术手段、不断更新的管理理念以及各种管理手段，创业者只有不断学习才能应对时代潮流的冲击与要求。

学习能力主要是指制订学习目标和计划的能力、阅读能力、分析归纳能力、信息检索能力等自学能力。培养良好的学习能力应注意以下几点：

一是心态归零，吐故纳新。不囿于已取得的成绩和能力，从零开始，保持对环境变化的敏感度，不断学习新知识。

二是精益求精，学有所长。对于创业者而言，学到的知识越多，其能力就增长得越快。但是人的精力是有限的，“门门精通”往往变成“门门不通”。创业者应该学会选择，在某些领域要精益求精，具备一技之长；在某些领域要涉猎粗通。如此，既可以在技术上独当一面，也可以在管理上游刃有余。

三是开阔视野，终身学习。学习能力的表现之一就是善于发现学习的榜样，学其长处，补己短板。如果仅仅局限在一个小的范围内，视野不开阔，就会变成“井底之蛙”，丧失学习的动力和能力。因此，只有走出去，不断接触新事物和新观点，才能不断地找到自身的差距。社会的发展越来越看重能力，创业者不能因为获得了大学文凭就停止学习，而是要终身学习。

③合作能力

每个人的能力都是有限的，善于与他人合作的人，才能够弥补自己能力的不足，达到原本达不到的目标。洛克菲勒说过“坚强有力的合作伙伴是事业成功的基石”。

创业者之所以需要与他人合作，既在于个人的能力有限，同时也因为个人的能力素质与他人具有互补性。创业者要想与他人合作并有所作为，首先要做到知己，要清楚自己的性格类型、素质特点、能力专长，选定一个适合自己的创业目标。其次要注意分析别人的特点，找到互补性和差异性。只有这样才能真正找到合作伙伴，并与其一道为共同的创业理想携手合作。

创业过程中与伙伴合作要注意以下两个方面：一是平等合作，与合作伙伴在人格上是完全平等的，是为了一个共同的目标走到一起的；二是互利合作，合作者之间的互惠互助，是合作者为了某些共同目标和利益需求，在一定基础上进行的物质和精神的相互配合与协作。

④经营管理能力

经营管理能力在较高层次上决定了创业实践活动的效率和成败。经营管理能力是指对人员、资金的管理能力，涉及人员的选择、使用、组合和优化，也涉及资金的聚集、核算、分配、使用、流动。经营管理能力的形成要从学会经营、学会管理、学会理财几个方面去努力。

创业者一旦确定了创业目标，就要组织实施，为了在激烈的市场竞争中取得优势，必须学会经营，学会质量管理，坚持效益最佳原则。要敢于对企业、员工、消费者、顾客负责，保持高度的社会责任感。

市场经济的竞争是人才的竞争，创业者必须学会用人，不仅要吸纳德才兼备、志同道合者，还要吸纳比自己强或有专长的人共同创业。

⑤分析决策能力

只有在进行深刻的科学分析的基础上，才能做出正确的创业决定。分析问题的能力主要有三点：一要做有心人，平时多进行市场调查，在调查的基础上进行决策；二要养成多思考的习惯，对可能出现的结果进行分析，同时准备好应对的措施；三要向同行学习，集思广益。决策能力是各种综合能力的体现，它包括前瞻性、全局性、果断性、正确性等内容。具体表现为：一是选择最佳方案的决策能力；二是风险决策能力；三是当机立断的决策魄力。

⑥人际交往能力

人际交往能力是创业者发展和巩固其人脉资源的重要保障。人际交往能力主要表现在表达能力和反应能力两个方面。

表达能力是指充分、有效地将自己的观点阐释给对方的能力。充分有效的表达能够使大家明白企业目标、面临环境和工作对策，能够使大家更加有效地为完成共同的目标而努力。

反应能力是表达能力的有效补充，良好的反应能力能够帮助表达者随时领会和把握表达对象的需求及对表达内容的理解程度，有效调整表达的方式和内容。

四、创业动机

（一）创业动机的含义

创业动机是引起和维持个体从事创业活动，并使活动朝向某些目标的内部动力，是鼓励和引导个体为实现创业成功而行动的内在力量。

美国心理学家韦纳（Weiner）认为，心理学上的动机，是激发和维持个体进行活动，并导致该活动朝向某一目标的心理倾向或动力，是构成人类大部分行为的基础。创业动机可以理解为激发、维持、调节人们从事创业活动，并引导创业活动朝向某一目标的内部心理过程或内在动力。

创业动机常常决定着创业的行业选择、目标定位等具体去向，源于个体的心智与教育成长环境，是个体在综合自我、环境、价值、目标以及期望等诸多因素之后形成于内在的、个人的初始动力，是创业的开始和最基本的驱动力。

(二)创业动机的分类

从创业动机角度将，国外有研究者根据创业初始动力的差异性，把创业者分为艺术型创业者和管理型创业者。一般而言，艺术型创业者具有强烈个体性动机去做他们想做的事情，驱动他们的也总是个人自由追求、自我挑战的欲望，或者是对某种生活方式的追求等因素。

相较之下，管理型创业者则具有更多的商业色彩，通常是受到经济利益驱动或者从奠定基业等具体目标出发，关注于构建一个组织以便于能更多地参与管理和控制。

艺术型创业者注重非经济利益，管理型创业者则更关注经济利益。

还有的学者把创业动机划分为四类：一类是个人挑战，二类是为家族做贡献，三类是经济需求，四类是生活方式需求。

(三)创业动机产生的驱动因素

①个体成就因素

个人的成就动机是个体创业意向的重要驱动力，一般表现为个体冲动、期许和价值目标等。当个体对自己的人生成就具有较高水平的期望时，创业作为一种职业选择会具有相当的吸引力，会为个体带来其他选择所无法提供的心理和物质满足感。

②团队合作因素

团队合作伙伴素质越高，创业者就越有创业的冲动。团队合作素质高的人，能够处理好团队中各个成员间的关系，吸引他人参与到创业中来，并调动他们的创业热情。

大学生创业动机可以从内在的自我实现和外在的社会支持、家庭影响三个维度来分析。激发大学生的创业动机，除了强调心理需求之外，外界环境的影响也是不可忽略的重要条件。

第二节　创业精神

生活是公平的，哪怕吃了很多苦，只要你坚持下去，一定会有收获，即使最后失败了，你也获得了别人不具备的经历。

——马云

创业精神既是创业的源泉和动力，也是创业活动成功的保证。没有创业精神的创业活动，在面临困难和风险时，创业者往往会退缩，导致创业活动半途而废。因此，创业精神是创业者所必须具备的素质之一。

一、创业精神的含义

(一)创业精神的概念

创业精神是创业者进行创业活动时所具有的知识技能和心理素质的综合反映。创业精神是创业者捕捉和利用商业机会，大胆进行创业，创造新的价值，实现人生理想的前提条件。

（二）创业精神的构成要素

创业精神主要由五大要素构成：

激情。激情是创业精神的首要构成要素，充满了创业激情，创业者才会有创业的冲动，才会在面临创业困境时勇往直前、毫不退缩。

积极性。积极性是一种主动的态度，是士气的来源，具备积极性的创业者，才会主动地去创业，才会在创业过程中拥有饱满的士气。

适应性。适应性是创业者随创业环境变化而不断改变的能力。每个成功的创业者，都会随着客户的意愿设计产品或提供服务，并且乐于改进这些产品或服务，以持续满足客户需求。

领导力。领导力是创业者对创业团队、创业活动的领导能力。成功的创业者一定具有很强的个人魅力和感召力，能够对他人产生影响，让他人心甘情愿地追随自己。

远见卓识。远见卓识是创业者必备的一个素质，具备远见卓识的创业者能够合理地预测未来环境的变化，并积极应对。具备远见卓识有助于改变现状、进行创新。

（三）创业精神的内涵

创业精神是创业者进行创业活动的内驱力，它的内涵主要体现在以下几个方面：

①创新意识。创新是创业精神的核心。创业活动是以创新为基础的，创新关系到创业的成败。创业过程充满艰辛，要获得成功，就必须具备开拓创新的精神。因此，创业离不开创新，创业者要具备创新意识，时刻应对环境的变化，将变革视为正常的、有益的，要顺应变革以寻找新的机会，而不是抵制变革。

②坚强的心理品质。创业是高风险、高收益的活动，失败、挫折充斥着创业过程，但创业成功带来的收益也是巨大的。创业过程本身具有不可抗的动态性与复杂性，创业风险不断变化，并且难以避免。因此，创业者要敢于冒险进行创业，并且面临失败与挫折时要坚持不懈，冒险和坚持不懈是创业者要具备的心理品质。

③良好的职业操守。职业操守是每一个从业者都应遵守的道德规范，它在职业活动中调节个人与他人、集体和社会之间的利益关系。创业者要具备遵纪守法、诚实守信的职业操守，这既符合了职业道德，也是社会主义核心价值观的要求。

④团队合作意识。社会环境的复杂性和市场竞争激烈性使得如今的创业已经告别了单打独斗的个人英雄时代，团队合作成了创业成功的前提条件。具备团队合作意识能让创业者的个人能力得到充分发挥，实现团队绩效最大化。

二、创业精神的来源

创业精神的来源主要有两个方面。

一方面，来源于创业者主观上强烈的创业意愿与兴趣。创业者在正式创业前，在个人创业兴趣、价值观追求、成功创业者的事迹、就业选择、经济环境变化、政府政策鼓励等多种因素的影响下，产生强烈的创业意识与创业动机。在这种创业意识与动机的引导下，创业者会产生强烈的创业冲动，最终会调动各种资源投入创业活动。为实现创业成功的目标，创业者会自发形成勇于面对挫折、坚持不懈、团队合作的创业精神。

另一方面，创业精神来源于创业者的创业实践。创业本身就是一项创新活动，创业者需要向市场提供具有创新性的产品和服务，才能够在市场竞争中赢得顾客的青睐。并且在市场竞争过程中，创业者需要不断调整、提高企业的经营管理策略，以适应市场环境的变化。随着企业的不断发展，创业者的创业精神也会不断进步与提升，最终形成指导创业活动的企业家精神。

三、创业精神的作用

创业精神能够激发人们进行创业实践的欲望，是一种内在的动力机制。它在很大程度上决定着一个人是否敢于投身创业实践活动，支配着人们对创业实践活动的态度和行为，并影响态度和行为的方向及强度。

创业精神的作用主要体现在个人的成长、企业的发展和民族精神的完善三个方面。

(一)创业精神有助于促进创业者素质的提升和完善

创业精神是主观创业观念、思维、能力的综合体现，引领创业者进行自主选择、自由创造，促进创业观念向创业实践的积极转化。在此过程中，培育创业者的创新意识、团队合作意识、面临挫折不言败的意识以及事业心、责任感，提高多元思维能力和创新实践能力，有助于促进创业者综合素质的提升和完善。

(二)创业精神有助于形成团队凝聚力、鼓舞士气

团队合作意识能够让团队成员心往一处想、劲往一处使，形成团队凝聚力，而团队凝聚力的强弱则影响团队绩效的大小。创业者一般思维活跃、缜密，视野宽广，易于接受新鲜事物；他们乐观开朗、精力充沛、信心无限，对未来的发展充满激情与期待；他们有想法、有热情、有勇气、有创新意识。这些是创业者的自身优势，但是当面临困难与挫折时，一些创业者会气馁、失落、彷徨，甚至退缩，这会对创业实践活动产生不利影响，因此需要培养创业者自信、自主、自强、自立的心理品质。创业精神提倡创新、果敢、坚毅、勇于奋斗，不轻言失败有助于创业者不断完善自身的心理品质，能够鼓舞团队士气，促进企业发展。

(三)创业精神有助于民族精神的丰富与完善

独立自主、自强不息、艰苦奋斗是中华民族精神的主要内容，也是创业精神的重要内容。二者之间是整体与局部的关系，创业精神是民族精神在创业领域的发展与实践，培育创业精神有助于民族精神在新形势下的丰富与发展。民族精神的内容是在实践中不断完善的，我们要把创业精神与民族精神结合起来，使创业精神既能体现民族精神的要求，又能促进民族精神的进一步发展。

四、创业精神的培育

创业精神的培育常常从培育创业人格、培养创新能力和强化创业实践等方面进行。

(一) 培育创业人格

个性特征对创业者个体来说非常重要，尤其是“独立性”“坚持性”“敢为性”等。所以，人格塑造与创业精神培养相辅相成。大学生要树立心理健康意识，提高心理素质，增强适应能力，自觉培养坚韧不拔的品质和艰苦奋斗的精神。此外，还可以利用创业案例剖析创业者的人格特征、进行心理训练等，掌握形成良好的心理素质与人格特征的途径和方法。

(二) 培养创新能力

创新是创业精神的核心。大学生要通过保持个性发展和好奇心、求知欲，用于突破前人，突破书本，突破难题，自觉培养科学精神，训练创新思维，提高创新能力。

(三) 强化创业实践

创业实践是创业精神的一个主要来源。通过创业实践，可以培养创业者独立自主、吃苦耐劳、坚持不懈的个人品质，可以培养创业者的创新意识。因此，创业者在创业之前，应积极参与各种创业实践，培养创业精神。

案例与阅读资料

任正非创业历程

1944 年 10 月 25 日，任正非出生于贵州镇宁县一个贫困的小村庄(靠近黄果树瀑布)。任正非的父母是乡村中学教师，家中还有兄妹 6 人。从小就经历了战争、贫困、三年困难时期、政治运动的磨炼，任正非的童年是在贫穷中度过。

1963 年，任正非考上了重庆建筑工程学院(现并入重庆大学)，但此时家里的经济状况更加捉襟见肘，弟妹的处境也更加艰难。母亲竭尽全力为他准备的两件衬衣和一条拼接起来的被单，陪伴任正非度过了四年的大学生活。任正非学习很刻苦，他在大学里自学自动控制学、逻辑学、哲学和几门外语。

苦难是人生一笔最宝贵的财富。任正非说：“如果没有经历童年的贫苦饥饿以及人生的挫折，就不可能取得有今天的成就。如果不艰苦奋斗，就不可能有今天的华为。”大学毕业后，他又入伍成为一名建筑工程兵。1983 年，国家调整建制，撤销基建工程兵。任正非以团副的身份从部队转业来到改革开放试验田的深圳，在当时深圳最好的企业之一，南油集团下的一家电子公司任副总经理。在这里，任正非遭遇了人生的第一个“陡坡”。任正非在一笔生意中被人坑了，导致公司 200 多万元的货款收不回来。那时，内地城市月平均工资只 100 多元。在这种情况下，任正非被南油集团“炒鱿鱼”，成为一名失业者。

任正非失去了经济来源，妻子与他离了婚，他上有老下有小，还要兼顾 6 个弟弟妹妹的生活，他和父母租住在一间小房里，阳台成了厨房，生活陷入窘境。任正非在一波接一波的挫折中，直达人生低谷。为了省钱，任正非的母亲通常在菜市场收档时，捡一些别人扔掉的菜叶、买便宜的死鱼以维持最基本的生活。

处于中年危机之中任正非没有时间去感伤，家庭的责任、事业的急迫，令任正非走向了一条下海干实事的道路。1987 年 9 月 15 日，43 岁的任正非由于生活所迫，找朋友凑了 2.1 万元在深圳注册成立了华为技术有限公司，成为香港康力公司的 HAX 模拟交换机的代理商。

创业初始，任正非的所思所想并没有太多的理想主义，仅仅是为了糊口，为提高家人生活品质。这是一个扛着压力向前、被逼无奈的创业故事。可以说，任正非的创业初期带着些许悲情色彩。

华为技术有限公司成立后，任正非凭借深圳特区信息方面的优势，从香港进口产品到内地，以赚取差价——这是最常见的商业模式，对于身处深圳的公司而言，背靠香港就是最大的优势，至于是代理交换机还是代理饲料，对于任正非这样的通信技术的门外汉都是一样的，都是要从零开始的。

在卖设备的过程中，他看到了中国电信行业对程控交换机的渴望，同时他也看到整个市场被跨国公司所把持。当时国内使用的几乎所有的通信设备都依赖进口。民族企业在其中完全没有立足之地，43 岁的任正非，在这个时候突然表现出了他的商业天才，决定自己做研发。

1991 年 9 月，华为租下了深圳宝安县蚝业村工业大厦三楼，开始研制程控交换机。最初公司员工仅 50 余人。当时的华为公司既是生产车间、库房，又是厨房和卧室。十几张床挨着墙边排开，床不够，用泡沫板上加床垫代替。所有人吃住都在里面，不管是领导还是员工，都是做得累了就睡一会儿，醒来再接着干。这也是创业公司所常见的景象，只不过后来在华为成为传统，被称为“床垫文化”，直到华为漂洋出海与国外公司直接竞争的时候，华为的员工在欧洲也会打起地铺，外国小伙伴无不惊呆称赞。

为了激励员工，也为了坚定自己的决心，在动员大会上，任正非站在五楼会议室的窗口对全体员工说：“这次研发成功，我们都有发展，如果研发失败了，我只有从楼上跳下去。”

1991 年 12 月，首批 3 台 BH-03 交换机包装发货。当时公司已经没有现金，再不出货，直接面临就是破产。幸运的是，这三台交换机很快回款，公司得以正常运营。

1992 年，华为的交换机批量进入市场，当年产值即达到 1.2 亿元，利润则过千万，而当时华为的员工，还只有 100 人而已。

这样的成长速度，响应了深圳速度的口号，而这样的盛况只属于那个时代。

但是，当时，国际电信巨头大部分已经进入中国，盘踞在各个省市多年，华为要与这些拥有雄厚财力、先进技术的百年老店直接交火，未免是以卵击石。最严峻的是，由于国内市场迅速进入恶性竞争阶段，国际电信巨头依仗雄厚财力，也开始大幅降价，妄图将华为等国内新兴电信制造企业扼杀在摇篮里。

此时的华为选择了一个与其他国内电信制造企业不同的经营策略，华为将市场选择在了农村而非城市。华为先占领国际电信巨头没有能力深入的广大农村市场，步步为营，最后占领城市。

电信设备制造是对售后服务要求很高的行业，售后服务要花费大量人力、物力。

当时，国际电信巨头的分支机构最多只设立到省会城市以及沿海的重点城市，对于广大农村市场无暇顾及，而这正是华为这样的本土企业的优势所在。另外，由于农村市场购买力有限，即使国外产品大幅降价，也与农村市场的要求有段距离，因此，国际电信巨头基本上放弃了农村市场。事实证明，这个战略不仅使华为避免了被国际电信巨头扼杀，更让华为获得了长足发展，培养了一支精良的营销队伍，发展起来一个研发团队，积蓄了打城市战的资本。

任正非说："为了活下去，我们必须走出国门，主动进攻，在市场搏击中学习，熟悉市场，赢得市场。我们决不后退、低头，不能被那些实力雄厚的公司打倒。"

在进军海外市场的经营策略上，华为复制了在中国市场的成功经验，依然走"农村包围城市"之路。华为避免与欧美跨国公司争夺欧美市场，迂回侧翼地把非洲和亚洲的一些第三世界国家作为企业国际化的起点。

1996 年华为在香港完成了第一单海外业务，1999 年迎来了国际市场上真正的零突破——在也门和老挝正式中标。

在华为走向海外市场的时候，任正非发现了华为相较国外竞争对手的不足。1997 年圣诞节，任正非走访了美国 IBM 等一批著名高科技公司，所见所闻让他大为震撼——他第一次那么近距离，那么清晰地看到了华为与这些国际巨头的差距。任正非回到华为后不久，一场持续五年的变革开启，华为进入了全面学习西方经验、反思自身，提升内部管理的阶段。

自 2000 年起，华为开始在海外市场全面拓展，包括泰国、新加坡、马来西亚等东南亚市场以及中东、非洲等区域市场。特别是在华人比较集中的泰国市场，华为连续拿下了几个较大的移动智能网订单。此外，在相对比较发达的地区，如沙特、南非等，华为也取得了良好的销售业绩。

在发展中国家的连战告捷，使华为信心倍增。此后，华为开始在关注已久的发达国家市场上行动。在西欧市场，从 2001 年开始，以 10GSDH 光网络产品进入德国为起点，通过与当地著名代理商合作，华为产品成功进入德国、法国、西班牙、英国等发达国家。华为认为最难啃的骨头是北美市场，它既是全球最大的电信设备市场，也是思科等跨国巨头的老巢。华为生产的无线、NGN（下一代网络）数据通信、光网络产品在北美已经实现销售，但进展相对迟缓。任正非回忆说："华为刚走出去的那个阶段是很艰苦的，一个人在几个国家来回转悠，但是一直没有单子。第一次中标是在 1999 年，越南和老挝两国招标是华为在国际市场上第一次真正中标。国际化的初级阶段华为的重心还是在发展中国家。"

2009 年，华为在全球电信设备市场已超越阿尔卡特朗讯、诺基亚西门子，仅次于爱立信，成为第二大电信设备商。华为真正实现了全球通信设备市场的"三分天下"。而到了 2013 年，华为的销售收入达到 395 亿美元，其中 66%来自海外，华为的销售收入首次超越爱立信，成为全球同行业的老大，从追随者变成领导者。

资料摘自《任正非和华为：非常人非常道》，作者余胜海，长江文艺出版社出版。

参考文献

[1]敖四，兰顺东．大学生创业基础[M]．武汉：武汉大学出版社，2015.
[2]李燕．创业基础[M]．北京：北京理工大学出版社，2018.
[3]陈文华．创新创业基础[M]．成都：四川大学出版社，2016.
[4][美]杰弗里·蒂蒙斯，小斯蒂芬·斯皮内利．创业学[M]．周伟民，吕长春，译．北京：人民邮电出版社，2005.

第二章　商业机会发掘与评估

本章导读

商业机会发掘与评估是创业行为的开端，如何才能具有一双在纷繁复杂的商业业态中识别创业机会的慧眼，如何掌握创业机会发掘工具与创业风险评估方法，是本章的重要学习内容。

- ❖ 理论基础：理解创意、商业机会、创业机会等基本概念；
- ❖ 关系厘清：理解创意和创业机会之间的关系，掌握创业机会的特征与分类；
- ❖ 实践方法：掌握识别创业风险的方法，进行精益创业。

☞ **知识目标**

了解创业机会识别、创业风险评估和精益创业的基本理论

☞ **能力目标**

增强创业风险防范意识，提升风险评估能力

☞ **育人目标**

- ❖ 认识到创业应以满足社会需求为目的，盈利是副产品
- ❖ 培养学生树立积极向上的人生观和价值观对待创业，以个人历练、丰富人生为终极目标

☞ **基本概念**

创意、商业机会、创业机会、创业风险、精益创业

☞ **教学难点与重点**

- ❖ 掌握商业机会发掘与风险评估的方法
- ❖ 如何进行精益创业

【开篇案例】

小问题中的大商机

在中国的快递行业，有一个从穷小子变身总裁，连马云都佩服——他就是王卫，管理着顺丰20余万名员工的庞大快递王国。20多年前，22岁的王卫因工作需要，经常往返香港和顺德两地。他经常受朋友所托，从香港将包裹免费运到深圳指定的人手

中，并将一些信件带到香港。久而久之，托王卫送包裹的人越来越多，又不好意思每次免费，于是“小打小闹”地塞给他一些红包。王卫想，既然市场需求那么大，能否成立一家公司，专门做运送业务呢？

王卫将他的想法向经常托他送货的人咨询，得到非常爽快的回答：“如果是这样那就太好了，以后运包裹的业务就都交给你了。”随后，王卫在香港砵兰街开了一小店面，承接业务。1993 年，顺丰速运公司（简称顺丰）在广东顺德正式注册成立。一段时间后，顺丰已经局部垄断了深港货运，顺德到香港的陆路通道上，70%的快件均由顺丰承运。

一段时间后王卫发现，用户除了有货物运输的需求，对货物和信件的到达时间也有需求。为了解决这一问题，王卫提出用飞机送快递，做一家速度最快的快递公司。最终于 2009 年底，获得民航总局批准，顺丰航空公司正式开始运营，直接为顺丰速递提供航空快递运输业务服务。

资料来源：孙洪义主编，创新创业基础 [M]. 机械工业出版社，2016.

第一节　创业机会识别

创造力是指具有新颖性、独创性、实用性并能够创造社会价值、艺术价值、科学价值或者经济价值的能力。创造力可以应用到各个领域，包括教育、科学、技术、管理、经济、艺术以及创业等。创造力是目前比较流行的一个热门词语，且与创业有着密不可分的关系。就创业教育而言，怎样解决问题是发挥创造力的最佳切入点，也可以说找到解决问题的想法和方案是创造力和创业的第一个衔接点。除此以外，创造思维和创造力在新产品设计和开发、商业模式设计等阶段也发挥着重要的作用。

一、创意与机会

创意是传统的叛逆，是打破常规的哲学。创意就是具有新颖性和创造性的想法，而且能够通过创意创造出更大的效益，包括物质的、精神的效益。商业创意中蕴含着商业机会，巴林杰认为商业创意源泉主要包括三个：变化的环境趋势、尚未解决的问题和市场缝隙。

创意作为名词是指具有创业指向，同时具有创新性甚至原创性的想法；作为动词是指将问题或需求转化成逻辑性架构，让概念物像化或程序化的形成过程。具有价值潜力的创意具有以下基本特征：

新颖性。新颖性可以是新的技术和新的解决方案，可以是差异化的解决办法，也可以是更好的措施。新颖性还意味着一定程度的领先性。不少创业者在选择创业机会时关注国家政策优先支持的领域，就是在寻找领先性的项目。不具有新颖性的想法不仅将来不会吸引投资者和消费者，对创业者本人也不会有激励作用。新颖性还可以加大模仿的难度。

真实性。有价值的创意不是空想，而要具有实用价值。创意首先要可实现，简单的判断标准是能够开发出可以把握机会的产品或服务，而且市场上存在对产品或服务的真实需求，或可以找到让潜在消费者接受的产品或服务的方法。

价值性。价值特征是创意的根本，好的创意要能给消费者带来真正的价值，要经由市场检验。

机会是未明确的市场需求或未使用的资源或能力。机会总是存在的，当一类机会消失了，另一类机会又会产生。未充分利用的资源意味着机会，当一种需求得到满足，另一种需求又会产生。对机会的识别源自创意的产生。

二、创业机会与商业机会

创业机会是具有商业价值的创意，是一种特殊的商业机会。创业机会是可以引入新产品、新服务、新原材料和新组织方式，并能以高于成本价出售的情况。创业机会要比一般的商业机会更具有创新性甚至创造性。比较创业机会与商业机会，前者的目的是激发创业者的创造性，进而更好地创新，为社会创造更大的价值。当然，创新性强的创业机会容易形成竞争优势，有利于创业活动的成功。创业机会与商业机会之间并不存在严格的界限。

《21 世纪创业》的作者杰夫里・第莫斯教授提出，好的创业机会有以下四个特征：第一，它很能吸引顾客；第二，它能在你的商业环境中行得通；第三，它必须在“机会之窗”敞开期间被实施(机会之窗是指创意推广到市场上去所花的时间，若竞争者已经有了同样的思想，并已把产品推向市场，那么机会之窗也就关闭了)；第四，必须有资源(人、财、物、信息、时间)和技能才能创立业务。

三、创业机会的特征与类型

创业机会可以分为问题型机会、趋势型机会和组合型机会三种类型。

问题型机会，指的是由现实中存在的未被解决的问题所产生的一类机会。问题型机会在人们的日常生活中和企业实践中大量存在。比如，顾客的抱怨、大量的退货、无法买到称心如意的商品、服务质量差等，在这些问题的解决中，会存在着价值或大或小的创业机会，需要用心发掘。据说联邦快递的创业者史密斯因为在工作中感觉采购的物品经常不能在要求的时间内到达而产生了创办联邦快递公司的想法。

趋势型机会，是在变化中看到未来的发展方向，预测到将来的潜力和机会。这种机会一般容易产生在重要领域改革或时代变迁的时期。在这种环境下，各种新的变革不断出现，但往往不被多数人所认可和接受，一般处于萌发阶段。一旦能够及早地发现并把握，就有可能成为未来趋势的先行者和领导者。趋势型机会一般出现在经济变革、政治变革、人口变化、社会制度变革、文化习俗变革等多个方面，一旦被人们所认可，它产生的影响将是持久的，带来的利益也是巨大的。

组合型机会，是将现有的两项以上的技术、产品、服务等因素组合起来，实现新的用途和价值而获得的创业机会。这种机会类型好比“嫁接”，对已经存在的多种因素重新组合，往往能实现与过去功能大不相同或者效果倍增的局面(1+1>2)。比如，芭比娃娃就是将婴幼儿喜欢的娃娃与少男少女的形象结合起来，形成了一个新组合，满足了脱离儿童期但还未成年的人群的需求，最终获得了创业上的巨大成功。

四、创业机会的来源

创业机会从何而来，这个问题很重要但难以清晰阐述。在比较众多学术观点的基础上，我们认为美国谢恩教授的观点比较有代表性。谢恩教授提出了产生创业机会的四种变革，分别是技术变革、政治和制度变革、社会和人口结构变革以及产业结构变革。

技术变革可以使人们去做以前不可能做到的事情，或者更有效地去做以前只能用不太有效的方法去做的事情。新技术的出现也改变了企业之间竞争的模式，使得创办新企业的机会大大增加。例如，网络电话协议技术使得传统的资本密集型的电话业务，转化成为一种只需要少量资金就可行的业务，为那些资本缺乏的新企业提供了新的机会。

政治和制度变革，革除过去的禁区和障碍，或者将价值从经济因素的一部分转移到另一部分，或者创造了更大的新价值。比如，环境保护和治理政策出台，会将那些污染严重、对环境破坏大的企业的资源，转移到推进生态文明建设的创业机会上来；专利技术的严格执行，通过专利费用的形式将价值转移到拥有专利的大公司，使得那些缺乏核心技术的品牌企业沦为加工厂或破产倒闭。

社会和人口变革，就是通过改变人们的偏好和创造以前并不存在的需求来创造机会。比如，西方国家的情人节、母亲节等诸多节日，正在逐渐影响着中国人的生活，因而创造了或将要创造许多新的创业机会和价值增值。

产业结构变革，指因其他企业或者为主体顾客提供产品或服务的企业的消亡，企业吞并或者互相合并等原因而引起的变化，进而改变行业中的竞争状态。产业结构变革影响创业机会。

不难看出，变化是创业机会的重要来源，没有变化，就没有创业机会。在现实中，许多人都充满了创业主意，富有创业幻想，但能否在众多的创业想法中发现真正的创业机会，并有能力抓住它，最终成为一个成功的创业者，却受到许多因素的影响。

五、影响机会识别的关键因素

对于是什么因素导致一些人更善于识别出有价值的创业机会，不少学者进行过研究，下面是取得共识的四类主要因素。

先前经验(也可以说历史经验)。在特定产业中的先前经验有助于创业者识别机会。在某个产业工作，个体可能识别出未被满足的利基市场。某个人一旦投身于某产业创业，将比那些从产业外观察的人，更容易看到产业内的新机会。

认知因素。机会识别可能是一项先天技能或一种认知过程。有些人认为，创业者有“第六感”，使他们能看到别人错过的机会。多数创业者以这种观点看待自己，认为他们比别人更“警觉”。警觉很大程度上是一种习得性的技能，拥有某个领域更多知识的人，倾向于比其他人对该领域内的机会更警觉。例如，一位计算机工程师，就比一位律师对计算机产业内的机会和需求更警觉。

社会关系网络。个人社会关系网络的深度和广度影响着机会识别。建立了大量社会与专家联系网络的人，比那些拥有少量网络的人容易得到更多机会和创意。一项针对 65 家初创企业的调查发现，半数创建者报告说，他们通过社会联系得到了他们的商业创意。一项类似的研究，考察了独立创业者(独自识别出商业创意的创业者)与网络型创业者(通过社会联系识别创意的创业者)之间的差别，研究人员发现，网络型创业者比单独创业者识别出多得多的机会，但他们不太可能将自己描述为特别警觉或有创造性的人。

创造性。创造性有助于产生新奇或有用的创意。从某种程度上讲，机会识别是一个创造过程，是不断反复的创造性思维过程。在听到更多趣闻轶事的基础上，你会很容易看到创造性包含在许多产品、服务和业务的形成过程中。

六、识别创业机会的一般过程

利用各种渠道和各种方式掌握并获取到有关环境变化的信息，从而发现现实世界中在产品、服务、原材料和组织方式等方面存在的差距或缺陷，找出改进或创造目的—手段关系的可能性，最终识别出可能带来新产品、新服务、新原料和新组织方式的创业机会。

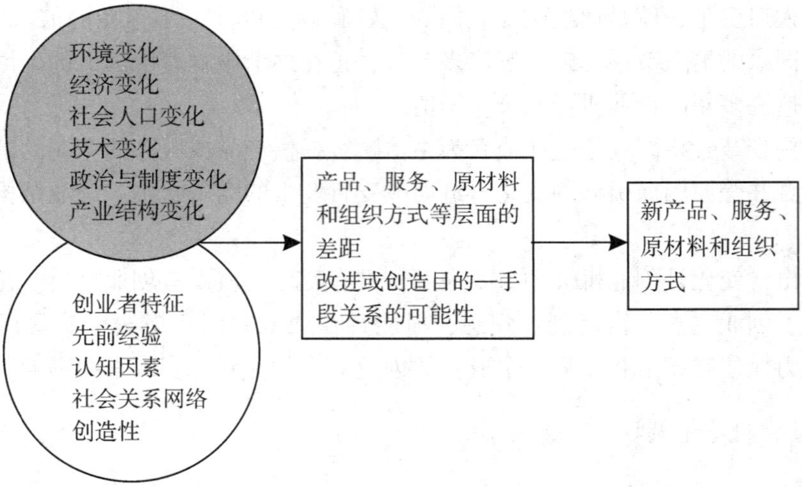

创业机会的识别过程

七、识别创业机会的行为技巧

可以使用多种技术和方法帮助识别创业机会，这里主要归纳了较为常用的几种方法。在其中，有的也许来自启发，或者依靠经验获得，另一些则很复杂，也许需要市场研究专家的支持。知道捕捉市场机会的途径和有效的方法，对于识别机会的整个过程会有帮助。

(一)通过系统分析发现机会

多数机会都可以通过系统分析得到发现。人们可以从企业的宏观环境(政治、法律、技术、人口等)和微观环境(顾客、竞争对手、供应商等)的变化中发现机会。借助市场调研，从环境变化中发现机会，是机会发现的一般规律。以日本汽车公司识别并把握美国汽车市场机会为例。20世纪60年代初，日本汽车公司利用政府、综合贸易商社、企业职能部门甚至美国市场研究公司广泛搜集信息。通过市场调研，他们发现，美国人把汽车作为身份或地位象征的传统观念正在逐渐削弱，人们把汽车作为一种交通工具，更重视其实用性、舒适性、经济性和便利性；美国的家庭规模正在变小，核心家庭大量出现；美国汽车制造商无视环境变化，因循守旧，继续大批量生产大型豪华车，因而存在一个小型车空白市场。于是，日本汽车商设计出满足美国顾客需求的美式日制小汽车，以其外形小巧、价格便宜、舒适平稳、耗油量低、驾驶灵活、维修方便等优势敲开了美国市场的大门。

(二)通过问题分析和顾客建议发现机会

问题分析从一开始就要找出个人或组织的需求和他们面临的问题，这些需求和问题可能很明确，也可能很含蓄。创业者可能识别它们，也可能忽略它们。问题分析可以首先问“什么才是最好的”，一个有效并有回报的解决方法对创业者来说是识别机会的基础。这个分析需要全面了解顾客的需求，以及可能用来满足这些需求的手段。

一个新的机会可能会由顾客识别出来，因为他们知道自己需要什么。这样，顾客就会为创业者提供机会。顾客的建议多种多样，最简单的，他们会提出一些诸如“如果那样的话不是会很棒吗”这样的非正式建议。还有，他们可以有选择地采取非常详尽和正式的短文形式。例如，如果顾客是一个组织，巨额支出就得包括在内，一些组织在将它们的需求“反向推销”给潜在的供应商的过程中非常积极。无论使用什么样的手段，一个讲究实效的创业者总是渴望从顾客那里征求想法。

(三)通过创造获得机会

这种方法在新技术行业中最为常见，它可能始于明确拟满足的市场需求，从而积极探索相应的新技术和新知识，也可能始于一项新技术发明，进而积极探索新技术的商业价值。通过创造获得机会比其他任何方式的难度都大，风险也更高。同时，如果能够成功，其回报也更大。这种情况下所产生的创新在人类所具有重大影响的创新中，居于压倒性的主导地位。索尼公司开发随身听(Walkman)就是一个很好的例子。索尼公司觉察到人们希望随身携带一个听音乐的设备，并利用公司微缩技术的核心能力从事项目研究，最终开发出划时代的产品——随身听，取得了巨大的成功。

【扩展阅读】

火腿肠的故事

在20世纪80年代中期以前，中国市场并没有火腿肠这种产品。火腿肠的出现源于中国人民生活水平提高之后，一些肉卖不出去了，这时洛阳肉联厂负责人通过到日本去考察，引进了中国第一条火腿肠生产线，生产“春都”牌火腿肠，一炮打响，占领了100%的市场。但很快邻近的漯河肉联厂也引进了“双汇”牌火腿肠生产线。

洛阳肉联厂当然属于开拓性创新，漯河肉联厂则是模仿性创新，而现在众多的火腿肠企业生产出不同种类的火腿肠，都属于适应性创新。从经济效益来说，模仿性创新可以取得最大的经济效益，因为它不需要支付创新成本，更不需要承担创新风险。

模仿性创新最适合中小企业赶超行业巨头，但当与行业巨头取得平等地位后，则必须进行开拓性创新，否则企业很难进一步发展。

资料来源：孙洪义主编，创新创业基础［M］. 机械工业出版社，2016.

第二节　创业机会评价

创业者在正确识别创业机会之后，还要能够对机会进行有效的判断，这个机会是否能够产生预期的利润？是否具有吸引力、持久性、适时性？是否能够对其所服务的目标市场创造一点价值？这就涉及创业机会的评价问题。

一、有价值创业机会的基本特征

较好的创业机会一般具有以下几方面的特征：

(1)有吸引力。蒂蒙斯等人认为，好的机会需要有需求旺盛的市场和丰厚的利润，而且还容易赚钱。

(2)持久性。好的创业机会一般具有可持久开发的潜力，并且能够为企业带来持续的竞争优势。

(3)及时性。这些机会需要很快满足某项重大的需要或愿望，或者尽早帮助人们解决一些重大问题。

(4) 依附于为买者或终端用户创造或增加价值的产品、服务或业务。好的创意必须能为顾客带来价值和利益，所以，无论创业的形式表现为产品，还是服务，抑或业务，都必须能为顾客带来实实在在的价值。

但在实践中，准确把握有价值的创业机会并不容易。其原因在于，时间对创业者来说，既可以是朋友，也可以是“敌人”。如果想要通过深刻细致的方法来评价创业机会，1个季度可能不够，1年不一定够，甚至10年都不一定够，这就是残酷的事实。而在这个现实中最困难的一点就是：创业者必须找到能把好的思路付诸实施的最佳时机，并准确把握住这个时机。正因为如此，创业活动才形成了集创造神话与梦想幻灭于一身的独特魅力：许多人尝试，一些人成功，少数人出类拔萃。比如在美国，仅在2000年一年中就有大约400万家新企业成立，即每月有30多万家。但在所有这些企业中，仅有10%～15%最终获得了成功，销售额达到或超过了100万美元。

对于创业者来说，关键在于如何能够从众多机会中寻找出真正有价值的创业机会，并采取快速行动来把握机会。在此，将介绍几种可用于评价创业机会价值潜力的一般方法，掌握这些方法，有助于打算创业的学生在发现创业机会后花费较少的时间、精力和成本迅速形成对创业机会价值潜力的基本判断。

二、个人与创业机会的匹配

对任何人而言，有些机会只能看见，却不能为自己所把握。即使创业机会的价值潜力再大，如果自己缺乏相应的必备条件和因素，盲目行动带来的后果往往也可能是血本无归。那么，如何才能判断创业机会是否适合自己？至少需要从个人经验、社会网络、经济状况三个方面评价。

在个人经验层面，要考虑以前的工作和生活经验是否能够支撑后续开发创业机会所必需的知识和技能。此时，经验的广度和深度扮演着重要角色。个人的工作经验越广，既从事过营销工作，也从事过财务工作，既在房地产行业内工作过，也有餐饮业的从业经验，既做过公司的部门经理，也当过另一家公司的首席执行官，这些宽广的经验就可能对把握创业机会产生帮助。

在社会网络层面，要考虑自己身边认识、熟悉的人们能否支撑后续开发机会所必需的资源和其他因素。有研究已经证实，社会关系网络在创业活动中起到了重要的作用。社会关系网络越广，个体越容易发现创业机会，也更容易把握创业机会实施创业活动，因为在创业过程中，社会关系网络不仅为创业者提供了信息、知识和资源，还为创业者提供了必要的情感和心理支持。创业绝非易事，这些情感和心理支持是支撑创业者走向成功的关键因素。此时，需要对社会关系网络做出自我评价：有没有朋友愿意资助或借贷资金，可能性有多大；有没有朋友能带来生意，可能性有多大；有没有朋友能提供情感和心理支持，等等。

在经济状况层面，要重点考虑的是能否承受从事创业活动而带来的机会成本。大量研究表明，在创业之初，大部分成功创业者并没有充足的自有资金用于创业，但都有着报酬丰厚的工作机会。也就是说，需要考虑创业机会的价值潜力能否在长期内弥补因放弃工作而承担的损失。大规模问卷调查也发现，创业前的收入水平越高，个体越不倾向于放弃当前工作机会去创业；相应地，一旦个体做出了创业选择，创业活动的价值和利润创造潜力也较那些创业前机会成本较低的创业者更高。

当然，上述三个因素是打算创业的人们在评价创业机会时需要考虑的因素，但由于创业本身就是一项具有高度风险的活动，没有一个创业机会是完美的，也没有任何创业者是在完全适合自己的条件下开展创业活动的，因此，在评价创业机会之后决定是否投入创业，仍然是一个比较主观的决策。

创业活动是创业者与创业机会的高度结合，一方面创业者识别并开发创业机会，另一方面创业机会也在选择创业者，只有创业者和创业机会之间存在着恰当的匹配关系时，创业活动才最可能发生，也更可能取得成功。

三、创业机会评价的特殊性

大公司对机会的识别一般会借助周密的调查研究。个体创业者往往依据以往的工作经验、对市场和消费者提出的问题、朋友的建议、环境的变化以及意想不到的事件等识别创业机会。有些创业机会甚至是偶然发现的，一些创业机会建立在创业者自身独特的创意基础上，其商业概念包含了创业者的智慧和隐性知识，这些都会使对创业机会价值的评价变得相对困难。从这些角度分析，创业者评价创业机会，首先要看创业者是否具备开发创业机会的条件，也就是说要注重创业者和创业机会的匹配；然后要对创业机会的价值作初始判断，重要的是开展市场测试，以便检验是否有真实的顾客，这是开发创业机会的基础，也为判断创业机会提供依据。

创业者对机会的评价来自他们的初始判断，而初始判断，简单地说，就是假设加上简单计算。比如，假设一个家庭平均一周吃一袋方便面，中国有那么多的家庭，市场显然是很大的。这样的判断看起来不绝对可信，甚至会觉得有些幼稚，但是有效的。机会稍纵即逝，如果都要进行周密的市场调查，经常会难以把握机会。有时甚至在调研中发现了很多的困难，最后反而失去了创业的激情。

假设加上简单计算只是创业者对机会的初始判断，进一步的创业行动还需依靠调查研究，对机会价值做进一步的评价。

一个靠预测分析、调查论证得出的有价值而且适合自己的机会不一定有顾客，更不一定能创造出巨大的市场。大公司可以投入巨大的资源开展周密的市场调查和策划，因为他们有实力，可以投入资金做广告宣传，可以投入大量的资源推销创意。即使如此，不少大公司在此基础上还是谨慎地开展市场测试。杜邦公司当年开发了一种用于生产皮鞋的皮革——可发姆，公司大规模投产前专门用这种皮革生产了一批鞋让消费者试穿，搜集消费者的意见反馈；雀巢咖啡为打开中国市场，选择一些城市向住户投递小袋包装咖啡。创业者经常容易犯的错误是，自己认为好的，就一厢情愿地断定顾客也应该认为好。“己所不欲勿施于人”，然而“己所欲施于人”也不一定能奏效。市场测试是把产品或服务拿到真实的市场中进行检验。市场测试与市场调查不完全相同，询问一个消费者是否想购买和这位消费者实际是否购买很多时候是两回事。市场测试可以说是一种比较特殊的市场调查，是创业者的必修课程。

【扩展阅读】

诺基亚对新生的苹果手机反应迟钝

在iPhone刚推出的时候，诺基亚的工程师们就做了一个全面的研究。研究结果表明，当时的iPhone制造成本过高；并且只支持2G网络，比诺基亚的3G技术要逊色不少。更为有趣的是，iPhone没有通过诺基亚严格的“坠落实验”——诺基亚工作人员把iPhone在五英尺的高度，从不同的角度摔到混凝土地面进行抗摔测试，结果显示iPhone不如诺基亚手机抗摔。最后诺基亚得出结论，iPhone不会带来威胁。

然而事情并没有诺基亚想象的那么美好。苹果CEO蒂姆·库克(Tim Cook)，已经向世界展示了如何能够减少制造成本。而苹果在iPhone面世的第二年，就解决了3G的技术问题。之后的几年，全世界的“果粉”们更是让诺基亚看到了一个残酷的现实，消费者居然宁愿多花钱去购买时髦的智能手机，尽管这个手机可能不如那些笨重的手机那么抗摔。

然而直到2008年，诺基亚高管们才真的意识到iPhone是他们身边的一个重磅炸弹。但是诺基亚的努力却被自身组织问题阻碍——诺基亚的研发团队被迫互相竞争，而有太多人进入了企业决策层，最终导致该公司发展缓慢。

资料来源：敖四，兰顺东主编，大学生创业基础［M］. 武汉大学出版社，2014.

第三节　创业风险识别

创业机会评估更多考虑的是机会的正面、需要保障的因素；而创业风险评估是事前考虑创业过程中的负面因素，是更深层的创业机会评估。很多创业机会不能得到投资者的青睐，或者虽然获得投资但最终依然失败，就是因为事先没有考虑到创业机会中风险的存在。

一、创业风险的构成与分类

(一) 创业风险的定义及主要来源

1. 创业风险的定义

创业风险就是指创业企业财产(优先资产与无形资产)与潜在获利机会的不确定性。创业风险是创业决策环境中的一个重要因素，其中包括处理进入新企业或新市场的决策环境以及新产品的引入。

2. 创业风险的主要来源

(1)管理缺口

管理缺口主要包括管理者综合素质缺口、团队稳定性缺口和决策缺口。管理者综合素质缺口是指创业者不一定具备出色的管理才能，特别是大学生创业时由于经验、知识等方面不足，虽然可能是技术方面的专业人才，但却不一定具备专业的管理才能，从而形成管理缺口；团队成员的凝聚力也非常关键，创业初期往往非常艰难，如信念不统一则团队很容易分崩离析；决策如果过于轻率和随意，则会导致企业的方向性错误，造成风险。

(2)资金缺口

资金缺口包括两点，一是融资缺口。创业者可以证明其构想的可行性，但往往没有足够的资金实现商品化，从而给创业带来一定的风险。通常，只有极少数基金愿意鼓励创业者跨越这个缺口，如天使投资以及政府资助计划等。二是财务缺口。创业之初，如何进行科学合理的财务预算和管理、如何编制可操作性强的财务报表等，是制约大学生创业和融资能否成功的风险因素之一。

(3)产品和市场缺口

由于创业企业选择新市场或新产品或服务进行开发，因此在创业初期市场风险很大，如不能很好地了解市场需求、不能预知商业模式的可持续性、不能很好地把握产品的销量和利润等，会造成一定风险。

(二) 机会风险的分类

1. 按风险来源的主客观性分类

按风险来源的主客观性划分，机会风险可分为主观风险和客观风险。主观创业风险，是指在创业阶段，由于创业者的身体与心理素质等主观方面的因素导致创业失败的可能性；客观创业风险，是指在创业阶段，由于客观因素导致创业失败的可能性，如市场的变动、政策的变化、竞争对手的出现、创业资金缺乏等。

2. 按风险影响的范围分类

按风险影响程度的范围，机会风险可分为系统风险与非系统风险。系统风险是源于创业者或创业企业之外的，由创业环境变化带来的风险，诸如商品市场风险、资本市场风险等，创业者或创业企业无法对其进行控制或施加影响；非系统风险是源于创业者或创业企业本身的商业活动和财务活动而引发的风险，如团队风险、技术风险和财务风险等，可以通过一定的手段进行预防和分散。

3. 按风险的可控程度分类

按照风险的可控程度，机会风险分为可控风险和不可控风险。可控风险是指在一定程度上可以控制或部分可以控制的风险，如财务风险、团队风险等；不可控风险是指创业者或创业企业无法左右或控制的风险，如上述的系统风险等。

4. 按创业的过程分类

按照风险在创业过程中出现的环节，机会风险可分为机会的识别与评估风险、团队组建风险、确定并获取创业资源风险、准备与撰写创业计划风险和创业企业管理风险。

机会的识别与评估风险是指在机会识别和评估过程中，由于信息缺失、推理偏误、处理不当等各种主客观因素影响，创业面临的方向选择和决策失误的风险；团队组建风险是指在团队组建过程中，由于团队成员选择不当或缺少合适的团队成员导致的风险；确定并获取创业资源风险是指由于存在资源缺口，无法获得所需资源，或获得资源成本较高给创业活动带来的风险；准备与撰写创业计划风险是指创业计划的准备与撰写过程中各种不确定因素的存在，或制定者自身能力的限制导致的创业风险；创业企业管理风险是指由于管理方式、企业文化的选取与创建，发展战略的制定、组织、技术、营销等各方面管理中存在的风险。

5. 按风险内容的表现形式分类

按照创业风险内容的表现形式，可将机会风险分为机会选择风险、环境风险、人力资源风险、技术风险、市场风险、管理风险和财务风险等。

机会选择风险是指创业者由于选择创业而放弃自己原先所从事的职业，所丧失的潜在晋升或发展机会的风险。

环境风险是指创业活动所处的社会、政治、经济、法律环境等变化或意外灾害导致的创业者或企业蒙受损失的可能性。如战争、国际关系变化或有关国家政权更迭、政策改变，宏观经济环境发生大幅度波动或调整，法律法规的修改，创业相关事项得不到政府许可，合作者违反契约等给创业活动带来的风险。

人力资源风险是指由于人的因素对创业活动的开展产生不良影响或偏离经营目标的潜在可能性。创业者自身的素质和能力有限，创业团队成员的知识和技能水平不匹配，管理过程中用人不当，关键员工离职等因素是人力资源风险的主要诱因。

技术风险是指由于技术方面的因素及其变化的不确定性而导致创业失败的可能性。技术成功的不确定性，技术前景、技术寿命的不确定性，技术效果的不确定性，技术成果转化的不确定性等，都会带来技术风险。

市场风险是指由于市场情况的不确定性导致创业者或创业企业损失的可能性。市场风险包括产品市场风险和资本市场风险两大类。市场供给和需求的变化、市场接受时间的不确定、市场价格变化、市场战略失误等原因会给创业活动带来一定的市场风险。

管理风险是指管理运作过程中因信息不对称、管理不善、判断失误等影响管理水平而形成的风险。管理风险可能由管理者素质低下、缺乏诚信、权力分配不合理、不规范的家族式管理或决策失误等引起。

财务风险是指创业者或创业企业在理财活动中存在的风险。对创业所需资金估计不足、难以及时筹措创业资金、创业企业财务结构不合理、融资不当、现金流管理不力等可能会使创业企业丧失偿债能力，导致预期收益下降，形成一定的财务风险。

(三)机会风险的管理

机会风险管理的基本程序一般包括风险识别、风险评估和风险应对三个阶段。

1. 风险识别

风险识别是创业人员对创业过程中可能发生的风险进行感知和预测的过程。首先，风险识别应根据风险分类，全面观察创业过程，从风险产生的原因入手，将引起风险的因素分解成简单的、容易识别的基本单元，找出影响预期目标实现的各种风险。创业者可以采用绘制创业流程图、制作风险清单、建立风险档案、头脑风暴、市场需求调查、分解分析等方法进行风险识别。

2. 风险评估

风险评估包括风险估计和风险评价。

风险估计是通过对所有的不确定性和风险要素的充分、系统而有条理的考虑，确定创业过程中各种风险发生的可能性以及发生之后的损失程度。风险估计主要是对风险事件发生的可能性大小、可能的结果范围和危害程度、预期发生的时间、风险因素所产生的风险事件的发生概率四个方面进行估计。创业者在进行风险估计时应充分考虑风险因素及其影响，对潜在损失和最大损失做出估计。

风险评价是针对风险估计的结果，应用各种风险评价技术来判定风险影响大小、危害程度高低的过程。风险评价可以采用定量的方法，如敏感性分析、决策性分析、影像图分析等，也可以采用定性分析的方法，如专家调查法、层次分析法等。创业者应针对不同的风险选用不同的方法进行评价，并客观对待评价的结果，做好风险预警工作。

3. 风险应对

风险应对是创业者在风险评估的基础上，选择最佳的风险管理技术，采取及时有效的方法进行防范和控制，用最经济合理的方法来综合处理风险，以实现最大安全保障的一种科学管理方法。

(1)风险应对方法

常用的风险应对方法有风险避免、风险自留、风险预防、风险抑制和风险转嫁等。

风险避免是指设法回避损失发生的可能性，从根本上消除特定的风险单位或中途放弃某些既有的风险单位。这种方法是一种消极的风险管理方法，通常当某种特定风险所致损失的频率或者损失的幅度相当高时，或者采用其他方法管理风险不符合成本效益原则时才会采用。

风险自留是创业者自我承担风险损失的一种方法。风险自留常常在风险所致的损失概率和幅度较低、损失短期内可以预测以及最大损失不影响创业活动的正常进行时采用。

风险预防是指在风险损失发生前为消除或减少可能引发损失的各种因素而采取的处理风险的具体措施，其目的在于通过消除或减少风险因素而达到降低损失发生概率的目的。风险预防通常在损失的频率高且损失的幅度低时使用。

风险抑制是指在损失发生时或在损失发生后为缩小损失幅度而采取的各种应对措施。损失抑制常常在损失幅度高且风险又无法避免或转嫁的情况下采用，如损失发生后的自救和损失处理等。

风险转嫁是指创业者为避免承担风险损失，有意识地将损失或与损失有关的财务后果转嫁给他人去承担的一种风险管理方法。具体来说，创业者可采用保险转嫁、转让转嫁和合同转嫁等方式。

(2)风险应对策略

创业者或创业企业需要针对风险评估的结果和具体的评估环境选择合适的风险应对方法，采用科学的风险应对策略。如对于损失金额小的风险采取风险自留的方式，对于那些出现概率大、损失金额高的风险采用风险转嫁的方式等。

风险应对策略矩阵

	高频率	低频率
高程度	风险避免 风险抑制 风险转嫁	风险避免 风险抑制
低程度	风险避免 风险预防	风险自留

二、系统风险防范的可能途径

系统风险是由某种全局性的共同因素引起的，创业者或新创企业本身控制不了或无法施加影响，并难以采取有效方法消除的风险，因此，系统风险也称为“不可分散风险”。一般来说，环境风险、市场风险等属于系统风险。

对于系统风险，创业者或创业企业应设法规避，从以下三方面做好风险的防范：

(一)谨慎分析

创业者应对其所处的创业环境进行深入了解、谨慎分析。目前，我国实施更加积极的就业政策，贯彻鼓励创业的方针，在自主创业税费减免、小额担保贷款、创业地落户以及场地、项目、技术、培训等方面，为大学生创业提供了一揽子优惠和鼓励政策，创造了更为宽松的环境。创业者首先应对创业环境进行正确的认识和了解，采用“层次分析法”等方法对创业环境进行合理评估，通过层层细化、逐级分析，来熟悉创业的宏观环境、行业环境、地区环境等，以求准确深入地解释创业过程中可能遇到的系统风险。

(二)正确预测

创业风险中，有些是可以预测的，有些是不可预测的。创业者应尽可能运用所学知识和所掌握的资源，采用科学的方法对那些能够预测的风险进行深入分析，通过和团队成员探讨、请教外部专家等方法来预测创业环境的可能变化，以及变化会对创业企业带来的影响，尽量对创业的系统风险做到心中有数，制定相应的应对策略。

(三)合理应对

由于系统风险的不可分散性，创业者只能根据以上两步骤对系统风险进行分析和预测来制定合理的应对措施，巧妙规避并尽可能降低系统风险发生对创业者自身或创业企业的不利影响。如预测到市场利率上升则尽量筹集长期资金，预测到未来经济低迷则尽可能持有较多现金等。

三、非系统风险防范的可能途径

非系统风险是由特定创业者或创业企业自身因素引起的，只对该创业者或创业企业产生影响。因此，创业者和新创企业可以在某种程度上对其进行控制，并通过一定的手段予以预防和分散。

(一)机会选择风险的防范

机会选择风险是一种潜在风险，是由于选择创业失去其他发展机会所可能丧失的最大收益。因此，创业者在创业准备之初就应该对创业的风险和收益进行全面权衡，将创业目标和目前的职业收益进行比较，结合当下的创业环境、自己的生涯规划进行权衡分析。如果认为创业时机已经成熟，刚好有一个绝佳的商业机会可以转化为创业项目，而且该项目又和自己的生涯规划相吻合，那么就要狠下决心，立即着手创业。否则就不要急于创业，而是先就业或者继续从事目前的工作，边工作边认真观察，学习所在公司各层领导的工作方法和技巧，并用心学习所在公司开拓市场的技巧，以及公司高层管理者管理公司的技巧等；同时学会利用自己的工作机会建立良好的关系网络，待时机成熟再开始创业。

(二)人力资源风险的防范

人力资源是创业活动中最重要的资源，由此产生的风险对创业企业来说往往也是致命的风险，所以一定要予以充分关注。首先，创业者应不断充实自己，持续提高个人素质，使自己的知识和能力与创业活动相匹配；其次，通过沟通、协调、激励、奖惩、评价、目标设定等多种手段管理团队，并在创业团队发展的不同阶段确定相应的管理内容，科学合理地对成员进行绩效评价；最后，招聘那些具有良好职业道德和团队合作意识、拥有与岗位相匹配技能的员工，通过在合同中明确权利义务关系和适当授权，以及通畅的人力资源管理系统，使关键员工的工作管理与非工作管理相结合。

(三)技术风险的防范

技术创新能够给拥有者带来丰厚的回报，但掌控不好也可能会使创业者颗粒无收。因此，创业者一定要通过加强自身能力建设或建立创新联盟等方式减少技术风险发生的可行性。第一，应加强对技术创新方案的可行性论证，减少技术开发与技术选择的盲目性，并通过建立灵敏的技术信息预警系统，及时预防技术风险；第二，可通过组建技术联合开发体或建立创新联盟等方式来分散技术创新的风险；第三，提高创业企业技术系统的活力，降低技术风险发生的可能性；第四，高度重视专利申请、技术标准申请等保护性措施的采用，通过法律手段减少损失出现的可能性。

（四）管理风险防范

通过提高管理者的素质，改变管理和决策方式可以有效应对创业企业的管理风险。具体来说，可以采取以下主要措施：第一，应努力提高核心创业成员的素质，树立其诚信意识和市场经济观念，并以此为基础搞好领导层的自身建设，建立能够适应企业不同发展阶段变革的组织机构；第二，实行民主决策与集权管理的统一，将企业的执行权合理分配，避免不规范的家族式管理影响创业企业发展；第三，明确决策目标，完善决策机制，减少决策失误。

（五）财务风险防范

筹资困难和资本结构不合理是很多创业企业明显的财务特征和主要财务风险的来源。有效规避财务风险要求做到以下几点：第一，创业者要对创业所需资金进行合理估计，避免筹资不足影响创业企业的健康成长和后续发展；第二，要学会建立和经营创业者自身和创业企业的信用，提高获得资金的几率；第三，创业者或团队一定要学会在企业的长远发展和目前利益之间进行权衡，设置合理的财务结构，从恰当的渠道获得资金；第四，管好创业企业的现金流，避免现金断流带来的财务拮据甚至破产清算的局面。

第四节　创业者风险承担能力的估计

创业者在进行风险识别的过程中，不但要确定其决定接受的风险程度，还要对其实际能承受风险的程度进行评估，以采取合理的风险管理方法，减少创业过程中的不确定性。

创业者风险承担能力是指创业者所能承受的最大风险。有两层意思：第一，创业者能够承受的总风险的大小。在层出不穷的创业风险面前，创业者能否不违背创业的初衷。第二，一旦创业风险变成实际的亏损，是否会极大影响创业者的情绪和生活水平。

创业者风险承担能力与创业者的个人能力、家庭情况、工作情况、收入情况等息息相关。对风险承担能力的估计可以从以下四个方面进行：

（一）计算特定时间段所要承担的风险

从创意到商业构思，再到创业企业的建立，不同阶段的创业风险大小会有所不同。一般来说，随着时间的发展和创业活动的深入，创业者或创业团队（以下简称创业者）面临的风险会逐渐增大。创业者首先要能够根据风险的来源及其对创业活动的影响程度，采用前述的层次分析法等估计出在不同时间段可能要承受的总的风险。

（二）计算可用于承担风险的资金

一般来说创业者的年龄和家庭状况会对创业者用于承担风险的资金有所影响。刚毕业的大学生因为很少有创业资金的积累，其用于承担风险的资金较少；同样，家庭比较困难的创业者会更多考虑到家庭基本生活对资金的需求，以及拥有较少的家庭支持等，其用于承担风险的资金一般也会较低。正常情况下，用于承担风险的资金数量和创业者的风险承担能力呈正相关关系。

(三)从其他渠道取得收入的能力

从其他渠道取得收入的能力越强，创业失败对创业者的情绪和生活水平的影响就越小，创业者能够用来偿还创业失败所引致的债务的能力也就越强(采用公司制作为企业法律形式的创业活动除外，因为公司制企业是有限责任，只以创业者投入企业的资金为限对公司债务承担责任)，其风险承担能力也就越强。因此，从其他渠道取得收入的能力和创业者的风险承担能力也呈正相关关系。

(四)危机管理的经验

创业者的危机管理能力会影响到创业风险发生时采取的风险抑制措施的效果，从而影响到损失的大小。危机管理能力越强，风险因素导致风险事件发生并进而可能形成风险损失时，创业者就越能及时采取有效的风险防范措施对损失状况进行抑制，避免损失的进一步扩大，减少损失所产生的危害。所以，创业者的危机管理经验越丰富，其风险承担能力就越强，二者也呈正相关关系。

思　考　题

1. 与同学或朋友一起讨论开发至少5个以上的创业想法。
2. 运用所学到的创业机会评价理论来对这些想法进行评价和筛选，最后确定一个最适合自己的创业项目。
3. 你对创业风险及其主要来源有何认识？
4. 你觉得应该如何去衡量并管理创业风险？

参考文献

[1]孙洪义主编．创新创业基础[M]．机械工业出版社，2016.
[2]敖四，兰顺东主编．大学生创业基础[M]．武汉大学出版社，2014.
[3][美]克里斯·安德森．长尾理论[M]．乔江涛，石晓燕，译．中信出版社，2012.
[4][美]埃里克·莱斯．精益创业[M]．吴彤，译．中信出版社，2012.
[5][瑞士]亚历山大·奥斯特瓦德，[比利时]伊夫·皮尼厄．商业模式新生代[M]．机械工业出版社，2013.

第三章　创新思维与方法

本章导读

创新是创业的源泉、是企业的灵魂。人人是创新之人，人的创新潜力是可以经过学习和培训而被激发出来的！本章以提高自主创新能力，培养创新型人才为目标，从思维、方法和实践层面实施全方位创新能力开发模式，课程内容主要分为三个部分：

- ❖ 理解创造创新：了解创造创新的魅力和威力，认识创造的基本原理，发掘无限创新潜能；
- ❖ 创新思维训练：改变思维模式，培养创新思维，掌握创新的策略；
- ❖ 实用创造技法：学习实用的传统创造技法提升创新能力；学习世界最新TRIZ创新方法，能够利用技术进化法则判断现有产品成熟度和预测未来发展趋势，会用TRIZ工具解决创新中遇到的各类矛盾。

☞ **知识目标**

了解创新思维，学习常用创造技法和创新方法的基本理论

☞ **能力目标**

增强创新意识，提升创新能力

☞ **育人目标**

- ❖ 认识到创新在创业过程中的重要性和作用，激发创新的热情
- ❖ 培养和建立敢于创新的开拓精神

☞ **基本概念**

创新思维、思维定势、创造技法、TRIZ创新方法

☞ **教学重点与难点**

- ❖ 如何运用TRIZ技术进化法则进行技术创新和技术预测
- ❖ 创新过程中矛盾问题的解决

第一节　创新导言

21世纪可能是创造的伟大时代，那时机器将最终取代人去完成所有单调的任务，电子计算机将保障世界的运转，而人类则最终得以自由地做非他莫属的工

作——创造。

——E. 阿西莫夫

一、创新与创业

创业的本质在于把握机会，创造性地资源整合、创新和快速行动。所以说创业的本质是创新，创新是创业的灵魂，两者之间存在密切的内在联系。

反过来看，创新的价值在于创业，从一定程度上讲，创新的价值就在于将潜在的知识、技术和市场机会转变为现实生产力，实现社会财富的增长，造福于人类社会。而实现这种转化的根本途径就是创业。创业者可能不是创新者或是发明家，但必须具有能发现潜在的商机和敢于冒险的精神；创新者也并不一定是创业者或是企业家，但是创新的成果是经由创业者推向市场的，使潜在的价值市场化，创新成果也才能转化为现实生产力。

那么，究竟什么是创新呢？创新是以新思维、新发明和新描述为特征的一种概念化过程，起源于拉丁语，它原意含有三层意思，第一，更新；第二，创造新的东西；第三，改变。创新是人类特有的认识能力和实践能力，是人类主观能动性的高级表现形式，是推动民族进步和社会发展的不竭动力。

1912 年，经济学家熊彼特首先赋予创新一词以经济学意义上的特殊用法。他提出，所谓“创新”就是“建立一种新的生产函数”，就是把一种从来没有过的关于生产要素和生产条件的“新组合”引入生产。包括：生产新产品、使用新的生产方法、开拓新市场、开辟和利用原材料新的供应来源、实现工业新组织等。

“创新”是一个过程，其目的是为了发现前所未有的事物。这些事物对于人类来说一定是要有价值的。“创新”的成果有大有小，这里的“成果”既可以是一种新概念、新设想、新理论，也可以是一项新技术、新工艺、新产品，既可能是世界性的或地区性的，也可能是个人“前所未有的”，但这无关紧要。迈克尔·米哈尔科曾说过：你自己培育的一株小草也比邻居花园里的一车玫瑰更有价值。

随着人们对现代社会的科学、技术与经济发展、社会进步关系的研究的深入，将会产生对于创新概念的更为深刻的理解。

二、创新的意义

幽默作家柏吉斯（Gelett Burgess）曾说过：“如果在过去这几年中，你未曾丢弃一些重要的旧观念，或者学到一些重要的新观念，赶快测一测自己的脉搏，很可能你早已成为一具尸体。”

对于个体而言，创新的意义体现在：

(1) 有利于增强你生活的动力。一个人生活的动力来源于他对理想的信念力和对社会的贡献力。创新性的张力能使我们始终保持高昂的创新激情、清醒的头脑和敏锐的目光，看清背景、厘清愿景、科学设计、奋力践行，为理想而生存，为使命而奋斗。

(2) 创业过程中会遇到各种各样的困难与风险，在解决这些问题的同时增强了自身的综合能力，使自己不断成熟。

企业为什么要创新?

其一，从企业生命生长和自身健康的角度，创新就相当于企业的营养液。

其二，从企业创造价值的角度，为确保可持续地价值创造，唯有大胆创新一条路。企业的基本使命是为用户(客户)提供产品或者服务，并获得利润。获得利润是企业生命得以保障的必要条件，保障利润必须是企业能够赢得超于平均水平之上的盈利能力，创新是企业保障利润水平的最高门槛。

创新作为企业发展和市场制胜的关键，核心技术不是别人赐予的，不能只是跟着别人走，而必须自强奋斗、敢于突破。下面有一组具体的数据：世界500强企业的平均寿命是40~50岁、美国每年新生50万家企业而10年后仅剩4%、日本存活10年的企业比例为18.3%、中国大企业的平均寿命是7~8岁、中国中小企业的平均寿命是2.9岁。由此，可以看出中国的企业最缺少的是创新能力，缺乏适应市场经济发展和国际竞争需要的各类创新人才，特别是具有创新精神和开拓能力的企业家、高科技自主知识产权的产品。企业要获得较大的利益份额，应大力提高自主创新能力，有自己的核心技术。

三、创新的基本原理

一提到创新创造，有些同学往往都会这样想：那是爱迪生、瓦特、牛顿、居里夫人等大科学家、发明家或一些绝顶聪明的人的事；有人认为创新源于天赋，认为创新自古以来好像都是少数伟人天才的事情，自己没有天赋，只是一个智力平平的普通人，怎么能发明创造呢？还有人认为创造源于灵光一现的偶然……大家对创造方法莫衷一是。上述这些观点误区都是大家把创造创新看得太神秘、太难了，因而退避三舍。

“只有天才人物才具有创造能力”这种误区，严重地阻碍了创造力的开发。创造力是一种特殊的心理能力，它不同于记忆力等心理能力，人的记忆力在25岁开始衰退，但创造力到80岁借助训练还有可能得到加强。创造能力人皆有之，并且可以开发。

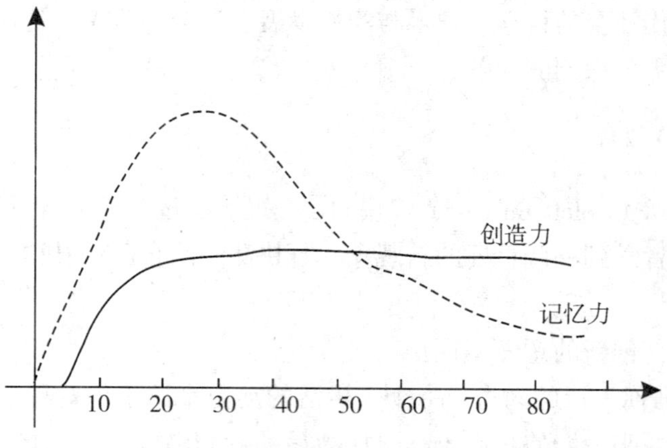

创造力和记忆力与年龄的关系

波兰有一个绿山发明学校，学生是来自工厂和中等技术学校的革新能手。教学大纲内容有：发明法、创造性工作的方法学等。学习期限10个月，毕业时，每个学生都能获得一项新的发明成果。

有人又说，环境太平凡了，生活太单调了，不可能有什么创造。这种也是模糊认识。其实不是平凡中、单调中没有创造，是缺少发现，缺少发明的意识。平中见奇，平中见伟大。一支绣花针很平常，但由于原来的绣花针一头尖，绣花时颠来倒去不方便，有个同学设计了两头尖、扎在中间的针，绣起花来既方便又加快了速度。这项发明获得全国一等奖。你说这不伟大吗？

还有人说，现在科学技术这么发达，该创造的已经创造完了，已经没有什么好创造的了。事实上，无论科学技术怎么发达，但每项技术都不可能十全十美的。“金无足赤，人无完人”，产品或商品也是一样，总会有这样那样的缺点、毛病和问题，如不顺手、不方便、不省力、不节能、不美观、不耐用、不轻巧、不安全、不省时、不便宜、不长寿等。改正缺点，就是创新，就可能导致发明。而且，随着人们生活水平和审美水平的不断提高，对事物的要求也越来越高，发现事物的缺点也越来越多，这是推动人们创新活动的动力。

所以，创造具有普遍性，正如，我国著名教育家陶行知先生在创造宣言中所说：人人是创造之人，天天是创造之时，处处是创造之地。我国教育专家刘佛年先生也指出：“什么叫创造，我想只要有点新意思、新思想、新观念、新设计、新意图、新做法、新方法就可称得上创造。我们要把创造的范围看得广一点，不要把它看得太神秘，非要新的科学理论产生才叫创造，那就高不可攀了。”

也就是说，日常生活中总会有不合理、不方便、不习惯、不顺手、不科学的用具、用品和方法，把它革新或改进一下，就是创造发明。如果我们从这个角度来想问题，你就会看到，生活处处有创造，创新创造就在你身边。

创造的基本原理一：人之初，性本创。人人都有创造力，大脑是创造的源泉，创造是人脑的机能和属性，创造力是人人皆有的一种潜在的自然属性。普通人，当然也包括中小学生和普通大学生，都具有这种属性。因此，除非一个人患了严重的脑部疾病，否则他就一定具有创造潜力。这已经被大量的实践证明是正确的。

实际上，很难说哪方面的人不能进行发明创造或不能成为发明家。甚至像马克·吐温这样的美国大文豪也获得了两项美国专利，一项是用在背心和裤子上的可拆装皮带，另一项是带胶的剪贴簿，只要将上面弄湿了就能粘上其他东西。

创造的基本原理二：创造性是每个人生下来就有的特质，创造能力是人的一种潜能，是人人都具有的一种能力，创造性是非经验的，无法以传授的方式直接获得，但创造的潜能是可以被唤醒、激发和培养出来的，并能转化成为显性的创造力。

四、创新的途径与种类

根据熊彼特的创新的定义，企业要实现创新有多种途径——

第一种途径：引进新产品属于原创性创新。即引入新技术，生产出市场需要的产品。

采取这种途径创新，必须掌握两条原则：一是了解市场需求，二是运用科学技术。

第二种途径：采取一种新的生产方法，目的是提高质量、降低成本，这也需要把科学技术引入生产领域。

第三种途径：开发一个新的市场。如上市公司太原刚玉原来叫太原砂轮厂，刚玉是生产砂轮的原料。由于市场竞争力不强，太原砂轮厂濒临破产，后来被附近一家企业兼并。这家企业负责人经考察认为，如果继续生产砂轮，企业难以为继，不如直接把刚玉作为产品，因为刚玉用来铺高速公路、飞机场跑道效果很好，可以达到100年不变形。结果，太原刚玉质优价廉很快畅销美国市场。通过些种途径创新，一要眼观六路，耳听八方，通过收集、处理信息发现市场；二要根据市场形势，在生产链中随时组合产品。

第四种途径：获得一种原料或半成品的新来源是创新的。这是一种逆向思维的创新途径。此种创新是逆生产链往上游走，在供应商身上打主意，说到底也是一种市场意识，比如集体采购、互联网采购等，都可以有效降低成本。现代物流使企业做到零库存，也可以达到同样的目的。

第五种途径：是实行一种新的企业组织形式。麦当劳的成功一是因为它实现了标准化制作，二是实现连锁经营的形式。而连锁经营就属于组织形式的创新。

因此，按照创新的途径，可以看出创新是多种多样的，对于企业内部而言，创新分为体制创新、机制创新、管理创新、技术创新和商业模式创新等。

三个和尚没水喝

一个和尚挑水喝，两个和尚抬喝，三个和尚没水喝，是大家非常熟悉的寓言故事，从创新管理的角度来说这是一种自然的、无政府状态。如果我们采用不同的创新手段为三个和尚解决“水”的问题，其效果是截然不同的：

第一种：制度创新，规定三个和尚每天轮流挑水保证当天的饮用水。制度创新，明确了责、权、利。

第二种：体制创新，每次挑水时先由一个和尚挑一段路程，然后交给第二个和尚，挑一段路后再交给第三个和尚，第三个和尚挑至倒入水缸，采取这种接力棒式的挑水方式直至将水缸装满水，喝完再挑；或者三个和尚同时来抬水。

三个和尚同时抬水

第三种：管理创新——激励政策、挑多奖励、比赛挑、裁员或增员，譬如，可以再聘请或者解聘一个和尚。

第四种：三个和尚利用山间的竹筒引流，研发抽水机，将水源源不断地引入寺内等，可谓是科技创新。

第五种：细分客户，洞察客户需求，建立新的经营模式，譬如，在庙里建许愿池或者给水赋予一定含义，让香客从山下带水上山。

由三个和尚没水喝的故事，我们可以看出观念在变，方法也在变，也就会产生不同的方案。这其中每一个环节都离不开创新，创新是最强大、最持久的管理原则之一，它对我们的企业、我们的世界乃至我们的未来都有着巨大影响。

第二节 创新思维

作为一个未来的总裁，应该具有激发和识别创新思想的才能。

——[美]斯威尼

创造性思维是一切具有崭新内容的思维形式的总和。一切需要创新的活动都离不开思考，离不开创新思维，可以说，创新思维是一切创新活动的开始。

一、克服思维定势

如果告诉你，一个“1”组成的最大数是 1，再问你四个“1”组成的最大数是多少时，很多人应该会感知为 1111，而不是 1 1 的 11 次方。

“你见过方形车轮吗？”大多数人听了这个问题后可能会说，车轮怎么是方形的呢？方形车轮又如何转动呢？实际上，方和圆并没有绝对的界限，方形车轮已经有了：高速磁悬浮双转列车，其底部车轮就是方形的。

这样的现象其实常常会发生，我们不停地思考，总是自觉或不自觉地沿着以前所熟悉的方向和路径进行，事后回头一看，才发现自己的思路多么狭窄。这种以熟悉的方向和路径进行的思维就是思维定势。思维定势就是人们反复思考同类问题，在头脑中形成的一种固定的思维程序和思维模式，若再遇到类似问题，思维活动便会自然地沿着已形成的思维程序和思维模式进行思考。

（一）了解思维定势

思维可以指导人们的行动，同时也约束人们的行动。在平常的日常生活当中我们会养成一种固定的思维模式，会形成一些思维习惯。如果我们长期保持这种思维习惯模式，就会影响我们的创新思维，要想创新，就必须克服这种思维习惯和模式。

苏联心理学家曾做过这样一个经典的关于“思维定势”的实验：研究者分别向参加实验的两组大学生出示同一张照片，但在出示照片前，对第一组学生说：这个人是一个万恶不赦的罪犯；对第二组学生却说：这个人是一位大科学家。然后他让两组学生各自用文字描述照片上这个人的相貌。

描述这个人

第一组学生的描述是：深陷的双眼表明他内心充满仇恨，突出的下巴证明他沿着犯罪道路顽固到底的决心……

第二组的描述是：深陷的双眼表明此人思想的深度，突出的下巴表明此人在认识道路上克服困难的意志……

对同一个人的评价，仅仅因为先前得到的关于此人身份的提示不同，得到的描述竟然有如此戏剧性的差距，可见心理定势对人们认识过程的巨大影响！

那到底什么是思维定势呢？

在长期的思维实践中，每个人都形成了自己所惯用的、格式化的思考模式，当面临外界事物或现实问题的时候，我们会不假思索地把它纳入特定的思维框架，并沿特定的思维路径对他们进行思考和处理，这种倾向称为思维定势。

有一位心理学家说过：“只会使用锤子的人，总是把一切问题都看成是钉子。”就好像卓别林主演的《摩登时代》里的那个可笑的工人那样，由于一天到晚拧螺丝帽，一切圆的东西，包括衣服上的纽扣和圆形图案，在他眼里都成了螺丝帽，他都会用扳手去拧。

有一个小学的老师，给小学二年级的学生出了这么一个考题。题目是在一条船上有75头牛，有32只羊，问船长的年龄有多大？

抽样调查的结果，一个班有百分之七八十，用75减32答案是43岁。也有少数用75加32后得到107岁，用75除32，得到二点几岁，等等。这个问题中也能够体现小朋友们的思维定势，小学二年级的小朋友，他们大多数想的是：有75头牛，32只羊，75加32100多岁了，不可能啊！再一想75减32等于43岁正好可以当船长。而事实上，这是一道没有答案的题，船长的年龄与多少头牛多少只羊没有关系，可孩子们认为题目既然出来了，就肯定有标准答案。

为什么会这样？因为我们想到的，只是我们熟悉的。

思维定势对于我们解决问题既有一些消极的影响，也有积极的作用。归纳起来说，思维定势的作用具有二重性。一方面，它有利于常规思考；另一方面，它不利于创新思考。这后一方面，就是我们所讲的创新思考要“跳出框框”的客观根据。

（二）突破思维定势

我们的创新活动有可循的经验和可以利用的现成的方法，但是方法和经验不是一成不变的。时代的发展，条件不断变化，要根据条件的变化而不断创新。

创造性思考的最大障碍，是寻求与他人的一致性。采取差异化战略是我们在创业过程中突破思维定势的很好途径。采取差异化战略是将公司提供的产品或服务差异化，形成一些在全产业范围中具有独特性的东西。实现差异化战略可以有许多方式：营造设计或品牌形象、技术特点、外观特点、客户服务、经销网络及其他方面的独特性。

日本的东芝电器公司1952年前后曾一度积压了大量的电扇卖不出去。7万多名职工为了打开销路，费尽心机地想了不少办法，依然进展不大。有一天，一个小职员向公司领导人提出了改变电扇颜色的建议。当时全世界的电扇都是黑色的，东芝公司生产的电扇也是这样。这个小职员建议把黑色改为浅色。这一建议引起了公司领导人的重视。经过研究，公司采纳了这个建议。第二年夏天，东芝公司推出了一批浅蓝色电扇，大受顾客欢迎，市场上还掀起了一阵抢购热潮，几个月之内就卖出了几十万台。从此以后，在日本，以及在全世界，电扇就不再板起一副统一的黑色面孔了。

这一事例具有很强的启发意义。只是改变了一下颜色，就开发出了一种面貌一新、大大畅销，竟使整个公司因此而渡过了难关的新产品。这一改变颜色的设想，其经济效益和社会效益何等巨大！而提出这一设想，既不需要渊博的科学知识，也不需要有丰富的商业经验，为什么东芝公司其他的几万名职工就没人想到，没人提出来呢？为什么日本以及其他国家的成千上万的电器公司，在以往长达几十年的时间里，竟都没人想到、没人提出来呢？看来，这主要是因为，自有电扇以来，它的颜色就是黑色的。虽然谁也没有作过这样的规定，而它在漫长的时间里已逐渐形成为一种惯例、一种传统，似乎电扇就只能是黑色的，不是黑色的就不成其为电扇。这样的惯例，这样的传统，反映在人们的头脑中，便成为一种源远流长、根深蒂固的思维定势，严重地阻碍和束缚了人们在电扇设计和制造上的创新思考。

(三)改变心智模式

《列子》一书中有一个典型的疑人偷斧故事，故事说有一个人遗失了一把斧头，他怀疑是邻居孩子偷的，便暗中观察他的行动，怎么看都觉得他的一举一动像是偷他斧头的人，绝对错不了。当后来他在自己的家中找到了遗失的斧头，他再碰到邻居的孩子时便怎么看也不像是会偷他斧头的人了。

疑人偷斧的故事就是一种心智模式的体现。心智模式是根深蒂固于心中，影响人们如何了解这个世界，以及如何采取行动的许多假设、对事物作出价值评价，沉积在自我心灵深处的印象等；人们通常不易察觉。心智模式影响自我表现出来的行为，通常在刹那间决定什么可以做或不可以做，这就是心智模式在发挥着作用。

如何改变心智模式？

第一，把镜子转向自己。彼得·圣吉博士在《第五项修炼》中提出把镜子转向自己，审视自己内心心智模式，就是心智模式修炼的起步。

第二，倒掉壶中之水。就是以敞开胸怀，以开放的心灵容纳别人想法。壶中水是满满的，你再往里倒已经装不下了；你把自己的心封闭了把自己的观念塞满了，也听不进别人的想法。

第三，用多棱镜看世界。上山道路无数条，每条道路上的风景都不一样，换个角度爬山，每次都有新收获。我们的思维要想有新的收获，有创新创造，我们就要换角度去观察、去思考。在实际的生活中，人的思维正如诗中写道的那样，往往受到自己所处的环境和传统思维习惯的影响，而不善于变换思维角度。请看下面这幅歧义画。

年轻的妻子和岳母

这是1930年W. 希尔所画的《年轻的妻子和岳母》。如果把埋在大衣领中的白色部分看成是没了牙的嘴巴和下颌，接着向上看去，就会看到一个戴白头头巾、穿毛领大衣的老太婆。如果把老太婆的鼻子看成一个侧过去的脸的下颌，将老太婆的嘴巴看成脖子和挂在脖子上的项链，老太婆的眼睛看作耳朵，于是，就出现了一个漂亮的少妇像。虽然大衣和头巾对于头有些比例失调，但是谁也不会计较这一点。又是少妇，又是老妪，一个形态被看成了两个不同的形象，只有变换思维角度，才能看到这样两个不同的形象。

两个推销人员到一个岛屿上去推销鞋。一个推销员到了岛屿上之后，气得不得了，他发现这个岛屿上每个人都是赤脚，没有穿鞋的。他气馁了，没有穿鞋的，推销鞋怎么行，这个岛屿上人是没有穿鞋的习惯的。马上发电报回去，鞋不要运来了，这个岛上没有销路的，每个人都不穿鞋，这是第一个推销员。第二个推销员来了，高兴得几乎昏过去了，不得了，这个岛屿上鞋的销售市场太大了，每一个人都不穿鞋，要是一个人穿一双鞋，那要销出多少双鞋出去。同样一个问题，不同的思维得出的结论是不同的。

事实上，创新未必一定是我们经过苦思冥想后才能获得的发明，转换一下自己的思考角度，就会发现一切都豁然开朗。创业过程中这样的例子很多，管理者与被管理者对换、服务者与被服务者角色互置，都可以获得创新思维的启示。有一句话我们要永远记住，一切“不可能”都是相对的，任何事情都是“可能”的。

二、逆向思维与方法

创造性思维是创造力的核心，是人类智慧的体现。创造性思维与一般传统思维的不同，就在于创造性思维不传统、不常规、不因循守旧。在别人认为不可能和没有注意到的地方有所发现、有所建树。而创造性思维的相当一部分来自逆向思维，创意也不妨从逆向思维开始!

看看下面两张图片，把一张图片倒过来看，效果就截然不同。

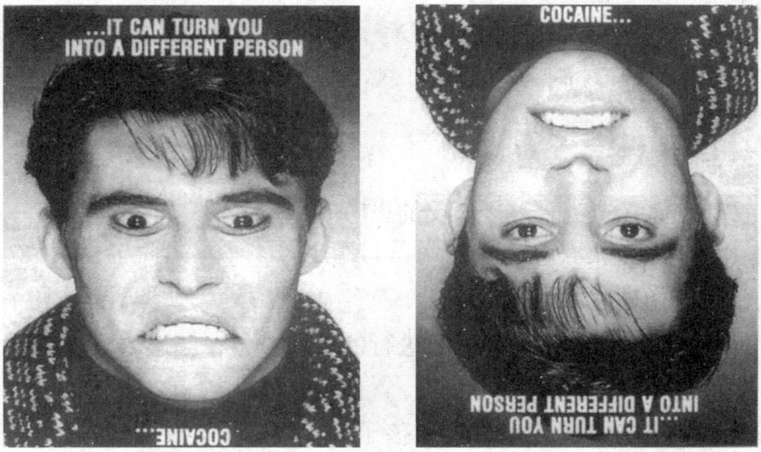

倒过来看

在一次欧洲篮球锦标赛上，保加利亚队与捷克斯洛伐克队相遇。当比赛剩下 8 秒钟时，保加利亚队领先 2 分，按说已稳操胜券，但那次锦标赛是循环制，保加利亚必须赢够 5 分才能获胜。但在剩下的 8 秒钟里，保加利亚队要想赢得 3 分是不可能了，所有人都这么想。这时，保加利亚队的教练突然要求暂停，借机向队员们面授机宜。比赛继续进行后，球场上出现了众人意想不到的事情：只见保加利亚队员突然运球向自己篮下跑去，并迅速起跳投篮，球应声入网。全场观众目瞪口呆。此时比赛时间到。等到裁判宣布双方打成平局，需要加时赛时，观众才恍然大悟。保加利亚队以出人意料之举，为自己创造了一次起死回生的机会。加时赛的结果，保加利亚赢球6分，如愿以偿地出了线。保加利亚队的成功，全凭这位教练突破思维定势，运用逆向思维，转换了解决问题的思路。本来是一步死棋，换一个角度，说不定就是“柳暗花明又一村”。

什么是逆向思维？

逆向思维与一般的思维方向相反，它常常表现为与传统的、逻辑的或群体的思维完全相反的一种思维方式。

提倡逆向思维的理由至少有两条：一是原来的活动方式的各种情况，各种细节，大家都按照“传统”和“习惯”思考过了，要想有所突破，只有反其道而行之，即“逆向”思维，二是传统思维或习惯思维可能包含着某些不合理不科学的因素，长此以往，甚至可能出现某种“危险”，因此也需要提倡“逆向思维”。

测验一个人的智力是否上乘，只要看他脑子里是否同时容纳反向思维。逆向思维好比开汽车需要学会倒车技术一样，如果只会正向前进，不学会倒车技术，一旦你的汽车钻进了死胡同，就无法出来。逆向思维的应用包括：

（一）原理逆向

原理逆向就是从事物原理的相反方向进行的思考。

制冷⟷制热、电动机⟷发电机、压缩机⟷鼓风机、声转电（话筒）⟷电转声（听筒）、吸尘器⟷吹尘器

1901年，伦敦举行了一次“吹尘器”表演，它以强有力的气流将灰尘吹起，然后收入容器中。而一位设计师却反过来想，将吹尘改为吸尘，岂不更好？根据这个设想，研制成了吸尘器。

（二）功能逆向

是按事物或产品现有的功能进行相反的思考。

保温瓶（保热）⟷装冰（保冷）、雨伞⟷阳伞、锤子⟷起子

（三）结构、位置逆向

就是从已有事物的结构和位置出发所进行的反向思考，通过改变事物中组成部分所处的位置，来解决问题。如结构位置的颠倒、置换等。

在一个故事里有这样的描述：老师问孩子们：“人怎样抵御老虎的攻击？”有的孩子答：“把老虎关在笼子里。”有的孩子答：“把老虎打死。”只有一个孩子说：“把人关在笼子里。”最后一个答案让大家哄堂大笑，但西方一家旅游公司并不把它当作笑话，而是受此启发开办了一个天然动物园。在这个天然动物园里，各种猛兽是散放的，而游客则被关在笼子里进行游览。

野生动物园的设计，通过“放出老虎，关起人”，即改变了传统动物园中的人和动物的位置，以前是老虎关在笼子里面，被约束着，人在外面自由自在；人和老虎的位置互换，人被关在安全笼子通道里面被约束着，老虎在外面自由自在。

（四）意义型缺陷逆用：巧用缺陷实现意义转变

詹姆士·杨是新墨西哥州高原上经营果园的果农。每年他都把成箱的苹果以邮递的方式零售给顾客。有一年冬天，新墨西哥高原下了场罕见的大冰雹，一个个色彩鲜艳的大苹果被打得疤痕累累，詹姆士心痛极了。“是冒着会被退货的危险呢，还是干脆退还订金？”他越想越懊恼，歇斯底里地抓起受伤的苹果拼命地咬。忽然，他发觉这苹果比以往更甜更脆，汁多味美，但外表的确非常难看。“唉，多矛盾！好吃却不好看。”他辗转反侧，夜不能寐。一天，他忽然产生了一个创意。第二天，他根据构想的方法，把苹果装好箱，并在每个箱子里附了一张纸条，上面写着：“这次寄你的苹果，表皮上虽然有点受伤，但请不要介意。那是冰雹的伤痕，这是真正在高原上生产的证据呢！在高原因气温较低，因此苹果的肉质较平时结实，而且产生一种风味独特的果糖。”在好奇心驱使下，顾客无不迫不及待地拿起苹果，想尝尝味道。“嗯，好极了！高原苹果的味道原来是这样！”顾客们赞不绝口。

陷入绝望的詹姆士·杨所想出来的创意，不但挽救了他重大的危机，而且大量订单专为这种受伤的苹果而来。

追求完美是人之常情。对于事物的缺陷，是否就该一概排斥呢？詹姆士·杨的成功给了我们一个特别的启示：巧用缺陷也是一个能助你定向成功的好方法。

（五）效果型缺陷逆用：利用缺点达到出奇的效果，实现化弊为利

金边凤尾裙的故事也是一个典型的缺点逆用获得成功的案例。一位裁缝吸烟时不小心掉下烟灰，将一条高档裙子烧了一个洞，使裙子变成了残品。裁缝为了挽回损失，凭借其高超的技艺，在裙子小洞的周围又挖了许多小洞，并精心饰以金边，然后，将其取名为“金边凤尾裙”。这款金边凤尾裙不但卖了好价钱，还一传十，十传百，风靡一时，生意十分红火。

（六）属性逆向：改变物体或材料的属性

材料有软的⟷硬的、密度有大⟷小的、形状有方⟷圆形的、有直的⟷弯的、尺寸有大⟷小。

例如，丹麦设计师 John Brauer 的作品《看不见的桌子》就是极有说服力的。常规的思维模式认为一张小桌子，其结构是由桌腿和桌面组成，小桌子上面覆盖着一块桌布，桌布柔软、细腻，自然下垂到地面。它们之间的关系为桌腿支撑桌面，桌面承载桌布。这一切都那么自然、合理、平常甚至无聊，没有一点新意。而这一切都被 John Brauer 天才般的逆向思维所打破了。首先，利用逆向思维将桌上那块柔软、细腻自然下垂到地面的桌布，变成了坚实、硬挺的材料，使之可以独立承载自身的重量。这使原本起支撑作用的桌腿和桌面失去意义。然后，将桌腿和桌面全部撤除，呈现人们面前的就成了只有桌布而没有桌子的“看不见的桌子”了。同时桌布的角色和地位都产生了逆向的变化，原来桌布是被承载物，现在桌布成为可以独立承载其他物体重量的承载物。其形为桌布，而本质却是桌子。这样一个合理而不平常甚至美妙的小桌子就诞生了。这样赋情于表、喻理于本的逆向思维创意，很容易被人们所接受，可谓是设计的捷径。

丹麦设计师 John Brauer 的作品《看不见的桌子》

三、九屏幕法：系统资源分析法

给你一根蜡烛、半盒图钉、一张说明书，要求你在尽量短的时间内，把这根蜡烛安放在垂直的木板墙上。这就是著名的“邓克尔蜡烛”问题。这个问题的答案有很多种。你可以把说明书折成一个小袋子，然后用图钉固定在木板上，再把蜡烛放进袋子里；或者不用折，直接就把说明书的三条边用图钉固定在木板上，就像我们的上衣口袋一样，然后把蜡烛放进去；你也可以直接把几个图钉钉在墙上(不完全钉入)，然后直接把蜡烛安放在图钉上等。但是在实验过程中，很少有人能想到把图钉盒钉在木板上，然后把蜡烛安放在图钉盒里。很少有人能够想到这个方法，一个很重要的原因就是大家没有对现有的系统进行资源分析，只把图钉盒看成是装图钉的东西，而没有想到可以把它用作蜡烛托。那是因为我们在寻求解决问题的方案之前没有进行系统资源分析。

创新理论认为，任何没有达到理想状态的系统都有可以利用的资源。资源可分为自然资源、时间资源、空间资源、系统资源、物质资源、能量资源、场资源、信息资源和功能资源等。从问题解决的角度又可分为系统内资源和系统外资源两大类。对资源进行分析和深刻理解是解决创新问题的有效途径。

资源分类

序号	类　型	意　义
1	自然或环境资源	自然界任何存在的材料或场
2	时间资源	系统启动之前、工作之后、两个循环之间的时间
3	空间资源	位置、次序、系统本身及超系统

续表

序号	类　型	意　义
4	系统资源	当改变子系统之间的连接、超系统引进新的独立技术时，所获得的有用功能或新技术
5	物质资源	任何用于有用功能的物质
6	能量/场资源	系统中存在的或能产生的场或能量场
7	信息资源	系统中任何存在或能产生的信号
8	功能资源	系统或环境能够实现服装功能的能力

九屏幕法就是一种资源分析方法，也叫天才思维屏幕，它包括三个层次、九块屏幕，主要利用九屏幕法来分析系统资源与约束的情况。创新理论认为考虑问题不仅要考虑当前系统的过去和未来，还要考虑当前系统子系统和超系统的过去和未来。寻找解决问题的资源和方案时，我们可以不仅仅局限在中间的区域，而是从空间轴和时间轴上画出系统的九块屏幕，沿着八个方向，多层次寻找可利用资源，寻找解决问题的办法。

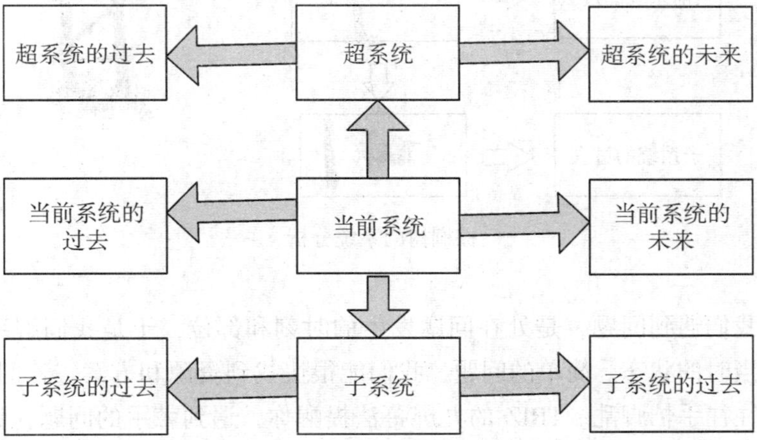

九屏幕法

中间是系统本身，在空间上往下分析该系统是由哪些子系统组成，可以从这些子系统中寻找资源；往上就是系统以外的超系统拓展，也可能会有一些可以利用的资源，资源分析不仅要考虑子系统和超系统，还要考虑当前系统的过去和未来，还要考虑当前系统子系统和超系统的过去和未来。

案例：孟加拉国约有1300万的棕榈树。一颗棕榈树每季可产240升树汁用来制造棕榈糖。但是在获取树汁时需要从树冠向下割槽，树干高20米，怎么办？

利用树的子系统：树干，在树干上砍一些台阶，边砍边往树顶爬。但如果砍出很多台阶棕榈树会死亡，如果台阶少，很难爬树。

利用树的超系统：利用这一片棕榈树林，两两之间搭上架子，既方便爬上树梢，又方便在树枝间移动。

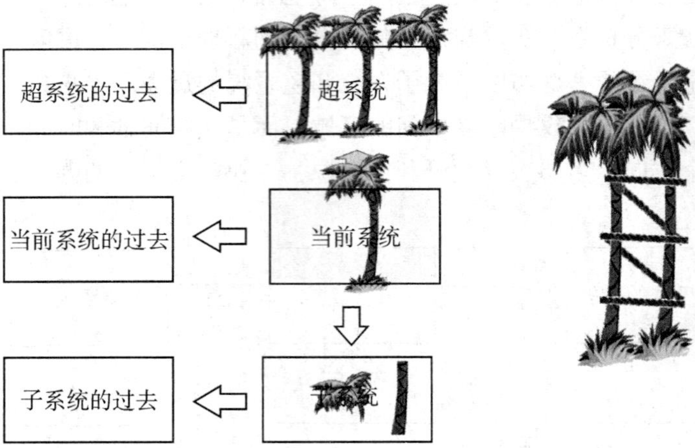

棕榈树的系统分析

很多时候我们遇到问题，是处在问题发生的时刻和部位，于是我们解决问题的入手点，往往也是当时的状态。简单的问题，我们能很快找到资源和方案。若问题比较棘手，找不到资源，往往手忙脚乱。TRIZ 的九屏幕法提醒你，遇到棘手的问题，你可以在这九宫格里面寻找资源和方案。

超系统也是资源。在航天飞机即将发射升空去月球工作的时候，地面模拟实验中发现电灯的玻璃外壳很难承受火箭发射时产生的震动和加速度时的冲击，一个小小的灯泡竟使人类登月时间推迟了整整一年！如果解决这个问题之初能从资源分析的角度分析系统可利用的资源，就能帮助我们跳出“开发新的抗冲劲能力强大的透明灯泡外罩”这一思维惯性，事实上灯泡的超系统即真空状态的月球本身就是一个现成的可以免费使用资源，根本就不需要玻璃外壳。阿奇舒勒曾指出：普通工程师都会想当然认为，凡是资源都有代价，解题时总是自以为是内行地按照常规计算代价的大小。按照常规进行折中，还自以为是设计优化了。

创新资源追求的“现成的”“白得的”“无价值”的资源，可以称为“理想资源”。它首先是本系统中现成的资源，也包括超系统及环境中的现成资源；还包括近似于现成的(从现成资源转化来的)资源；还进一步包括无物质能量(无代价)的时间、空间资源，功能资源，系统资源和差别资源；以及近似于无代价的信息资源。因此，资源分析是克服资源代价定势的有力的方法。

第三节　创 造 技 法

美国斯坦福大学教授亚当斯在 *A guide to better ideas* 中指出了创造性解决问题的方向：产生尽可能多的观念和想法，从中挑选出最有魅力的解决方案。对于初学创造的人而言，如何才能产生大量的观念和设想？——这就是创造技法所要解决的问题。

创造技法就是进一步总结出来的用以提高创造能力的各种规则、技巧和方法的总称。它是根据创造活动的客观规律总结而成的，有利于促成创造性成果的途径、手段和方式的总和，属于方法论范畴，解决“如何做”的问题。

一、头脑风暴法

智力激励法是美国著名发明家、企业家、创造学家 A. 奥斯本于 40 年代提出的，该技法的核心是高度充分的自由联想。这种技法一般是为了解决某个问题，举行一种特殊的小型会议，让参加会议的人员围绕议题毫无顾忌地提出各种想法，敞开思想，畅所欲言，各抒己见，暂不质疑，互相启发，互相激励，使创造思维在“零障碍”的环境里产生共鸣和连锁反应，在短时间内获得最多、最好的新创意和解决问题的方法。其原理，类似于“集思广益”。

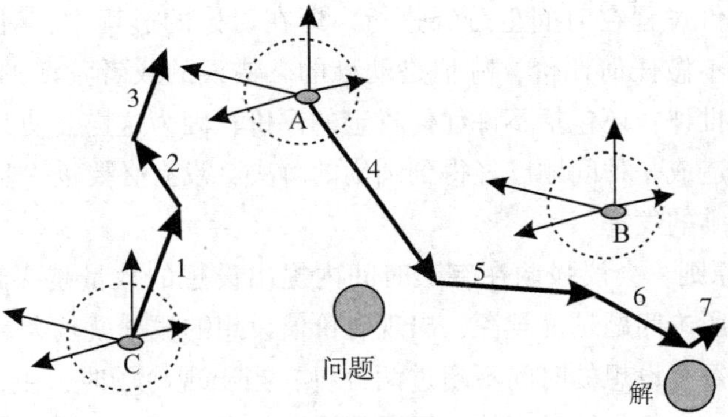

头脑风暴法模型

其具体实施要点如下：

(a)召集 5~12 人的小型特殊会议，人多了不能充分发表意见。

(b)会议有 1 名主持人，1~2 名记录员。会议开始，主持人简要说明会议议题，要解决的问题和目标；宣布会议遵循的原则和注意事项；鼓励人人发言和各种新构想；注意保持会议主题方向、发言简明、气氛活跃。

记录员要记下所有方案、设想(包括平庸、荒唐、古怪的设想)，不得遗漏。会后协助主持人分类整理。

(c)会议一般不超过 1 小时，以半小时最佳。时间过长，头脑易疲劳。

(d)会议地点应选在安静不受干扰的场所。切断电话，谢绝会客。

(e)会议要提前通知与会者，使他们明确主题，有所准备。

(f)禁止批评或评判。即使是对幼稚的、错误的、荒诞的想法，也不得批评。如果有人不遵守这一条，会受到主持人的警告。

(g)自由畅想。思维越狂放，构想越新奇越好。有时看似荒唐的设想，却是打开创意大门的钥匙。

(h)多多益善。新设想越多越好，设想越多，可行办法出现的概率就越大。

(i)借题发挥。可以利用他人想法，提出更新、更奇、更妙的构想。

智力激励法遵循的基本原则：

(a)自由畅想原则：体现了“创造”需要科学的自由精神和质疑精神。在讨论过程中，要营造一种自由的气氛，激发与会者任意想象，尽情发挥，不受熟知的常识和已知的规律束缚，鼓励人们提出各种各样的思想，包括不着边际的、不得要领的、粗陋浅薄的甚至荒唐可笑的思想，来者不拒，只要这些思想有一丝合理的成分，有一线导致创见的希望。想法越新奇越好，因为设想越不现实，就越能对下一步设想的产生过程起更大的启发作用。来自 A 的思想往往可以激发 B 的思想，有时还会产生连锁反应。

(b)延迟评判原则：智力激励法是一种通过强调推迟判断和推迟批评，克服获得创造力的障碍，以产生创造性观念的活动，它为“创造”提供一个有利的政治和文化的环境。主要是为了排除在讨论过程中，人们由于害怕批评而产生的心理障碍。所以奥斯本提出把畅所欲言和对其评价过程在时间上分开进行。即在讨论的过程中，对他人提出的各种意见、方案和设想等不做任何评价，哪怕是幼稚的、错误的或者荒诞的。其中不做任何评价，不仅包括不许批评，还包括不许任何肯定的评价，因为这样会使其他参与者有一种被冷落的感觉，或者造成一种问题已经得到圆满的解决，没有必要进一步思考的错觉，从而大大阻碍创造性思维的发挥。

(c)以量求质原则：会议强调在有限时间内提出设想的数量越多越好，发言量越大，意见越多种多样，所论问题越广越深，出现有价值设想的概率就越大。为了更多地提出设想，可以限定提出每个设想的时间不超过两分钟，当出现冷场时，主持人要及时地启发、提示或是自己提出一个幻想性设想使会场重新活跃起来。

尤金·冯·范济在《专业创造力》一书中也提供了一个博采众议、从量获质的典型例证。他写道：“潜水采珠员登上船板，来到珍珠贝养殖场，脱去衣服，穿上游泳衣，戴上面罩，肩上背一只尼龙袋，一头潜入水中。他开始采集珍珠贝，手脚麻利，效率很高。一会儿工夫袋子就装满了。于是他浮上水面，爬上小船，来到岸上，一个一个地打开贝壳，挑出珍珠。他决不会愚蠢到这种程度：先是潜入水中，四处找寻，找到一只珍珠贝便马上浮出水面，爬上船板，回到岸上，卸掉各种潜水设备，穿上衣服，取出小刀，剖开这只贝壳寻找珍珠，如果一无所获，便再从头开始，驾起船板去寻找另一只珍珠贝，重复上述整个过程。”(朱士群，袁玉立编。创造性思维的艺术[M]. 北京：中国城市出版社，2002：66。)

(d)结合改善原则：鼓励与会者通过别人的设想来开拓自己的思路，或是提出更新奇的设想，或是补充他人的设想，或是将他人若干设想综合起来提出新的设想。

二、组合创造方法

爱因斯坦说：“创造性思维好像是一件组合的事。”

组合创新的特征与要领

熊彼特认为：创新是将技术发明应用到经济活动中所引起的生产要素和生产条件的重新组合，即新的生产功能的建立。创新是通过对各种要素和条件的有机联系与重新组合来建立具有特定功能的新系统的思维与实际的过程。

常说的组合有广义的组合和狭义的组合。

广义的组合是指不受学科、领域限制的信息的汇合、事物的结合、过程的排列等。例如，饮食中的烹调、产品新功能的设计、文学艺术形象的创作、两种观念的组合、建筑学和电影中的“蒙太奇”等。美国创造学家奥奇曾写到——最喜爱的一幅广告是在60年代白查尔斯和蒙特为了发起全国图书馆周活动而创作的。它的标题是一行英文字母：abc d……一直到z，就是我们的26个英文字母。接下来是这样一段话：“在公共图书馆里，这26个字母以各种方式排列组合起来，它们能给引你哭、逗你笑、惹你爱、激你恨、使你惊奇、发你深思和促你理解。这26个小符号的功能是多么令人惊叹啊！”

狭义的组合则是按照一定的技术原理或功能目的将现有的事物的原理、方法或物品作适当组合而产生出新技术、新方法、新产品的创新技法。

那么组合创造技法有哪些特征与要领呢？

(1)组合要有选择性

世界上的事物千千万万，把它一样一样不加选择地加以组合是不可能的，应该选择适当的物品进行组合，不能勉强凑合。

(2)组合要有实用性

通过组合提高效益、增加功能，使事物相互补充，取长补短，和谐一致。

(3)组合应具创造性

通过组合要使产品内部协调，互相补充，相互适应，更加先进。注意：不是什么组合都有实用性，如电话+洗衣机、衣柜+冰箱等就没有太大的实用性。但是如果是电话控制的洗衣机或热水器则有创造性和实用性。

即事物内部的不同组合可以引起量变进而导致质变，这也告诉我们思考和处理问题时不应该仅仅把眼光盯在人力物力绝对数量的增减上，还应该从多方面、多角度着眼，精心协调，科学使用现有人力物力，力求达到最佳效果。

三、列举法

列举是人类最基本的思维方式之一，通过列举事物某些方面的特点、属性、作用、缺陷等，就可以启发人们的思路，找到解决问题的办法。特别是在经济已经高度发展的今天，各种商品种类繁多并且已有相当的完善程度，想要做进一步的改进就必须系统地列举出全部特性，寻找出不足点，进行再创造。同时，借助于对现有发明或产品的特性列举，还会发现许多的空白点，启发人们更有效地选择发明课题，使发明更具有针对性和实用性。

按照列举问题的特点，可以有不同的问题列举法：缺点列举法、希望点列举法和特性列举法。其中缺点列举法特别是产生创意和创业机会的很好途径。

缺点列举法，是通过列举事物缺点获得新信息或改进方案的一种创造技法。列举缺点的常用方法可以通过召开讨论会、走访用户、到消费者协会收集投诉意见或亲身体验，对比分析等来进行。有一种极普通但又极有益于新产品开发的原理：消费者的消费心理从来没有满足过，因此任何新产品上市后，尽管比先前的先进了许多，但熟悉或者使用一段时间之后，总可以发现仍有好些不如意的地方。这些不足，实质就是消费者不太满意的地方。如果能认真地寻找新产品中那一个个令消费者产生的“新的不满意”，然后有针对性地予以改进，一定又可以创造出许许多多的新产品。

技法应用案例：液体创可贴

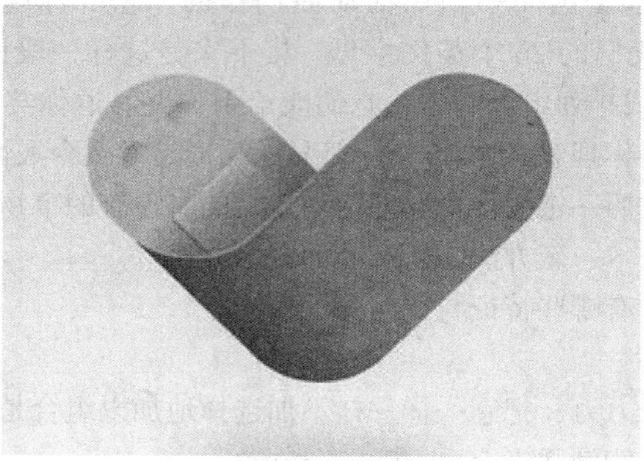

传统创可贴

液体创可贴是近年来新出现的有别于传统的绷带创可贴的新型创可贴。传统的创可贴是长条形的胶带，中间附有纱条。传统创可贴的缺点有：

所用的胶布透气性差，人体局部所正常分泌的水汽和汗液不能穿透这层胶布；

不防水；

容易掉；

不能适用于不规则的创口；

胶带粘在皮肤上不容易擦掉；

撕掉时感到疼痛；

不透明，看不到伤口的状况；

贴在脸上手上不好看；

不能对伤口进行消毒……

而液体创可贴是小瓶子所装的溶剂，属于生物成膜型消毒剂。它将创面的持续消毒功能与创面的持续保护功能合二为一，具有良好的防水性(直接与水接触浸泡也不会产生渗透)和透气性，而且能有效杀灭大肠杆菌，所形成的弹性透明膜具有透气性好的创口保护作用。

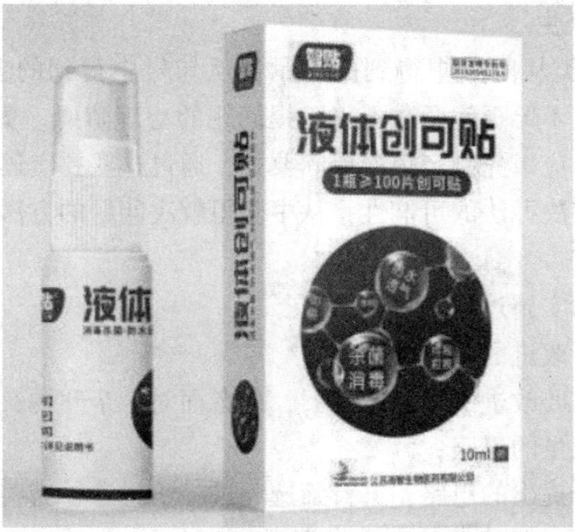

液体创可贴

与传统创可贴相比，液体创可贴的不同点在于：

以涂抹或者喷出的方式涂药，在伤口上快速形成保护膜，保护创面，促进愈合。液体创可贴可在创面上形成保护膜，隔绝外界环境中的细菌，对创口进行持续保护，促进愈合；

有良好的防水性和透气性；

传统创可贴在不规则的创口难以使用，而液体创可贴则方便许多，没有形状的限制，只需直接涂抹在伤口上；

涂抹患面不油腻，不沾衣褥，活动自如，清洁干爽；

抑菌消炎，液体创可贴是生物成膜型消毒剂，涂抹在伤口上能够消灭菌体，达到抑菌和消炎的效果，对伤口愈合有较好的作用；

立即止痛，有的液体创可贴中含有适量的天然局麻成分，能迅速阻断创面痛觉神经递质的传递，使用后30秒即可显著降低疼痛感。

缺点列举法应用范围广泛，要养成对任何事物永不满足、力求完美的习惯；以“吹毛求疵”的心态去挑毛病，找缺点，创新的思路就会无限宽广。平时上街、逛商店、乘车、旅游、参观、走亲访友，只要你能够留心、注意观察、动脑思考，到处都能应用缺点列举法，发现新的发明课题，创造出新的发明成果。若能如此，我们就真正进入“处处是创新之地，天天是创新之时，人人是创新之人”的美好境地。

四、检核表法

打开一切科学的钥匙都毫无疑议是问号，我们大部分的伟大发明都应该归功于“如何”，而生活的智慧大概就在于逢事都问个为什么。

——[法]巴尔扎克

(一)检核表法的产生

奥斯本指出：“人类从问号中得到的启示比从句号中得到的多。”因为它强制人去思考，有利于突破一些人不愿提问题或不善于提问题的心理障碍。奥斯本认为：“针对一项任务或一个新的产品，应事先制定很多提问要点，通过这些要点逐个核对讨论就可以全面地、系统地考虑各种解决办法的可能性，从中获得解决问题的方法和创造性设想，进而选定改进及创新的方向。”

奥斯本检核表法的实施过程是：

第一，选定一个要改进的产品或方案；

第二，面对一个需要改进的产品或方案，或者面对一个问题，从下列角度提出一系列的问题，并由此产生大量的思路；

第三，根据第二步提出的思路，进行筛选和进一步思考、完善。

(二)奥斯本的问题检核表法的九大类问题

奥斯本的问题检核表法提出 75 个问题，按其具体内容可归纳为 9 大类问题，这 9 类问题对于任何领域创造性地解决问题都有很大实用价值。九大类问题是：

❖　**能否它用？**

即现有的东西(如发明、材料、方法等)有无其他用途？保持原状不变能否扩大用途？稍加改变，有无别的用途？

例如，日本一家公司将妇女烫发用的电吹风，用于烘干被褥，结果就发明了一种被褥烘干机。

思路扩展。方便面是一种只用开水一冲就能食用的快餐食品，它以不需烹调并且味道鲜美可口而深受消费者欢迎。正是这一创新，使发明方便面的日本一家小企业一跃成为食品行业的明星。许多企业触类旁通，沿着这一思路，开发出以“方便”为特点的方便米饭、方便米粉、方便蔬菜、方便啤酒、方便饮料等新食品。

产品应用范围扩展。最早提出拉链设想的是美国发明家贾德森，其初衷是代替鞋带用的，于 1905 年获得专利第 5 号专利。可是仅作为系鞋子用的拉链并不畅销，是个赔本的生意。而有位服装店老板首先认为拉链应该有更多的用途，他先在钱包上安上拉链，使钱包身价倍增；又用之于海军服装，销路很好；接着，美国彼得公司又在运动衣上装了拉链，使之大受欢迎。如今，拉链已经在日常生活的各个方面进入了每家每户，而且还在向更多领域扩散。

功能扩展。以枪为例。枪作为武器已有很多品种，如步枪、手枪、冲锋枪、机枪、信号枪、无声枪等。用之于以民，又开发了许多新的功能。原来是军用之物，可以将其功能为民用服务，用之于以民，又开发了许多新的功能。

如救生枪：这是一种潜水员用的抢险、救难的工具，可以修补船体，或给失事潜艇供气；

注射枪：用来给猛兽打针；

种植枪：加拿大研制成了种树枪，在塑料子弹里装有土壤和种子，这样植树每天可种二千棵，且成活率高。而美国则创造了“机枪播种法”，把“播种机枪”装在飞机上，向大片土地扫射，便大功告成了；

建筑装修用的射钉枪可以方便快捷地在木头、水泥上钉钉。

技术扩展。激光技术发明之后，其应用扩展迅速，几乎遍及各个领域。如测量、基准、通信、特种加工、全息印刷、激光音响、激光武器、激光手术、激光麻醉等都有不寻常的应用。电灯在开始时只用来照明，后来，改进了光线的波长，发明了紫外线灯、红外线加热灯、灭菌灯等。

❖ **能否借用**

能否借用或模仿现有的产品或事物？能否从别处得到启发？能否借用别处的经验或发明？外界有无相似的想法，能否借鉴？过去有无类似的东西，有什么东西可供模仿？谁的东西可供模仿？现有的发明是否引入其他的创造性设想之中？

在创新过程中，人们往往由于自身知识的局限性和思维惯性，只关注自己的领域的发展，对自己领域以外的知之甚少，即所谓的隔行如隔山，从而造成遇到问题优先在自己所处的领域寻找答案，而很少在自己不熟悉的领域去寻找解决方案。研发过程中遇到的问题，对于这个行业来说可能是一个新问题，但对于其他行业来说，可能不是一个新问题，其最佳解决方案恰恰有可能在其他行业已经出现。因此，我们经常在重复解决某一类问题。他山之石，可以攻玉。如果把思路放开，借鉴其他行业内的解决方案就有可能解决。因此，通过类比找到可供借鉴启迪的思路与技术，移花接木，借月生辉，无师自能，难题也就迎刃而解了。

例如：泌尿科医生引入微爆破技术而使体内结石得到粉碎清除，免去患者开膛破肚的手术之苦；借用认养宠物的理念，香港一玩具公司实施认养玩具的营销模式——香港生产了一种“椰菜娃娃”，其别出心裁之处在于它们的面孔、发型和服饰都互不雷同，并由电脑赋予不同的名字，屁股上还打印上“出生年月日”，附有“出生证”，使之像真小孩一样。销售时竟然煞有介事地宣扬说不能“卖”，只能“认养”，声称至一周岁时厂方还会寄去生日卡等。经此拟人化后，这种小布娃娃深受宠爱，价格大涨，供应不求，甚至掀起了集体认养、排队“领”小宝宝的热潮。开创了玩具产品销售的新纪录。

❖ **能否改变**

现有的东西是否可以作某些改变？改变一下会怎么样？可否改变一下形状、颜色、味道？是否可改变一下意义、形态、模具、运动形式？……改变之后，效果又将如何？

颜色变化：汽车，改变一下车身的颜色，就会增加汽车的美感，从而增加销售量；传统的白色家电也披上了彩色盛装。

❖ **能否放大**

现有的东西放大体积？能否扩大使用范围？能不能增加一些东西？能否添加部件，拉长时间，增加长度，提高强度，延长使用寿命，提高价值，加快转速？

“为什么不用更大的包装呢？”橡胶工厂大量使用的粘合剂通常装在一加仑的马口铁桶中出售，使用后便扔掉。有位工人建议粘合剂装在五十加仑的容器内，容器可反复使用，节省了大量马口铁。

“能使之加固吗？”织袜厂通过加固袜头和袜跟，使袜的销售量大增。

“能添加一下成分吗？”牙膏中加入某种配料，成了具有某种附加功能的牙膏，可制成防酸、脱敏、止血、抗龋齿等治疗保健牙膏。

❖　**能否缩小**

缩小、省略一些怎么样？现在的东西能否缩小体积，减轻重置，降低高度，压缩、变薄？……能否省略，能否进一步细分？……

袖珍式收音机、微型计算机、折叠伞等就是缩小的产物。

缩小的另一种途径是通过折叠、弯曲、盘卷、排放气体(液体)、拆卸等方法，让产品在非使用状况下变小。

❖　**能否代替**

可否由别的东西代替，由别人代替，用别的材料、零件代替，用别的方法、工艺代替，用别的能源代替？可否选取其他地点？

用纸代替金属制成各种不生锈、可装固体或液体的精美容器。

以纸代布，制成卫生纸、餐巾纸代替毛巾，纸衬衣、纸领带、纸帽、纸制结婚礼服等“一次性产品”，其色彩鲜艳、造型别致、价格低廉。

❖　**能否调换**

从调换的角度思考问题。能否更换一下先后顺序？可否调换元件、部件？是否可用其他型号，可否改成另一种安排方式？原因与结果能否对换位置？能否变换一下日程？这样那样更换一下，会怎么样？

商店柜台的重新安排，营业时间的合理调整，电视节目的顺序安排，机器设备的布局调整……都有可能导致更好的结果。

❖　**能否颠倒？**

从相反方向思考问题。对比也能成为萌发想象的宝贵源泉，启发人的思路。倒过来会怎么样？上下是否可以倒过来？左右、前后是否可以对调位置？里外可否倒换？正反可否倒换？可否用否定代替肯定？……

❖　**能否组合？**

组合起来怎么样？能否装配成一个系统？能否把目的进行组合？能否将各种想法进行综合？能否把几种部件进行组合？等等。

由于心理习惯驱使，人们很难对同一个问题从不同的角度和方向去思考，这就给广泛思考造成障碍。巧妙的设问可以启发想象，开阔思路激发人们的思维热情和创造才能。而奥斯本检核表的9类76个问题，实质就是从9个方面的76个角度，启发我们提出问题和思考问题，使思路沿着正向、侧向、逆向及合向发散开来。因此它的核心是启发和发挥联想的力量。

五、TRIZ 创新方法

传统创造方法，是以西方心理学理论研究为基础而不断发展，心理学家的注意力主要集中在心理因素方面。如试错法、头脑风暴法等，更多的是依赖心理因素，创新结果依赖于参与者的知识和经验以及其想象力和灵感，而这种基于心理惯性的方法是有局限性的，人们常局限“在一个固定的轨迹上”，不能够跳出“盒子”之外进行思考。其次，解决问题的方法没有规律可循，具有很大的随机性和偶然性，也是不可重复的。而且以量求质，产生大量的想法，然后对想法进行过滤，效率低下，往往费时费力，创新效果很难保证。

有没有一种方法能指导我们高效地进行创新呢?

(一) TRIZ 是什么

TRIZ 理论被称为现代企业创新的独门暗器，是当今世界最强大的创新设计理论。

TRIZ 理论起源于苏联，流行并发展于欧美，被西方国家誉为的“神奇的点金术”。TRIZ 理论是由苏联发明家阿奇舒勒(G. S. Altshuller) 于 1946 年创立的，阿奇舒勒也被尊称为 TRIZ 之父。阿奇舒勒在苏联海军专利局工作期间，总是考虑这样一个问题：当人们进行发明创造、解决技术难题时，是否有可遵循的方法和法则，阿奇舒勒领导一批研究人员和学生，在分析研究世界各国 250 万件专利的基础上，从抽样的 20 万件专利中选出 4 万件作为解决发明问题的代表，提出一套进行发明即产品创新的方法理论 TRIZ。20 世纪 80 年代前，它作为苏联的国家机密，对外严格保密。随着苏联解体，一批 TRIZ 专家移居美国等西方国家，才逐渐流传到美欧亚和世界各国。

(二) TRIZ 的核心思想：

- ❖ 发现了技术系统的进化趋势——系统/产品是按照一定规律在发展的(提出了技术系统进化法则)。
- ❖ 同一条进化规律在不同技术领域中已经被反复应用，利用进化规律能够预测产品的未来发展趋势，有预见性地进行产品创新设计。
- ❖ 没有解决矛盾的设计不是创新设计，设计中不断发现和解决矛盾是推动产品向理想化方向进化的动力(建立解决物理矛盾和技术矛盾的一套工具)。
- ❖ 在以往不同领域的发明和创新中所用到的原理方法并不多；不同行业中的问题，采用了相同的解决方法(提出解决发明问题的四十创新原理)。

(三) TRIZ 技术进化法则

❖ **S 曲线进化法则**

任何领域的产品改进、技术的变革、创新和生物系统一样，都存在产生、生长、成熟、衰老、灭亡，是有规律可循的。阿奇舒勒通过对大量的发明专利的分析，发现产品的进化规律满足一条 S 形的曲线，技术系统都在随着时间向着更高级的方向发展和进化，进化过程一般经历四个阶段，即婴儿期，成长期，成熟期和退出期。

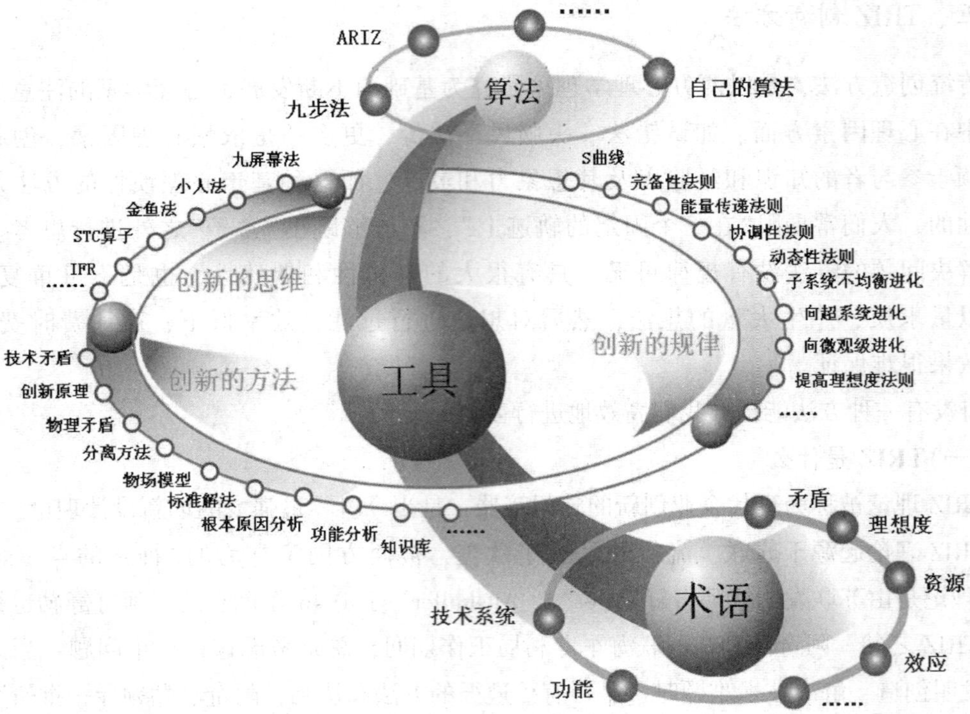

TRIZ 理论系统结构

下图是一条典型的 S 曲线。S 曲线描述了一个技术系统的完整生命周期，图中的横轴代表时间，纵轴代表技术系统的某个重要的性能参数。

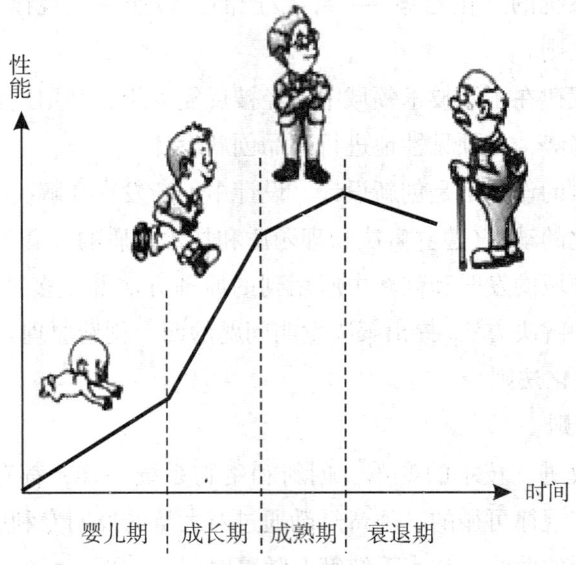

系统进化 S 曲线

婴儿期：此时，新技术刚刚诞生，虽然它提供了一些新功能，但是系统本身存在着效率低下，可靠性差或一些尚未解决的问题。同时，由于人们对它的未来比较难以把握，而且风险较大，只有较少数独到者才会进行投资。处于此阶段的系统所获得的人力，物力上的投入是非常有限的，因此，在这一阶段，系统发展非常缓慢。

成长期：在这一阶段，社会已经认识到新系统的价值和市场潜力，为系统的发展投入了大量的人力、物力和财力。因此，系统中存在的各种问题被很好地解决，效率和性能都有很大程度的提高，系统的前景很好，能吸引更多的投资，促进系统的高速发展。

成熟期：系统发展到这一阶段，大量的人力和财力的投入使技术系统日趋完善，性能水平达到最高，所获得的利润达到最大并有下降的趋势。实际上，此时大量投入所产生的研究成果，多是较低水平的系统优化和性能改进。

衰退期：当一个技术系统进化完成了 S 曲线中婴儿期、成长期、成熟期和衰退期 4 个阶段以后，系统进化就达到其进化极限，旧的技术系统将被具有新的核心技术的系统代替。如此不断代替，就形成了 S 形曲线族，如下图所示，即技术规范发生整体变化，由一个技术系统轨道跳跃到另一个有关联的技术轨道的结果。一个技术系统的发展轨道，既具有总体上的连续性，又具有阶段性的跳跃性，这种间断性是由技术规范内发生部分要素的质变所致。

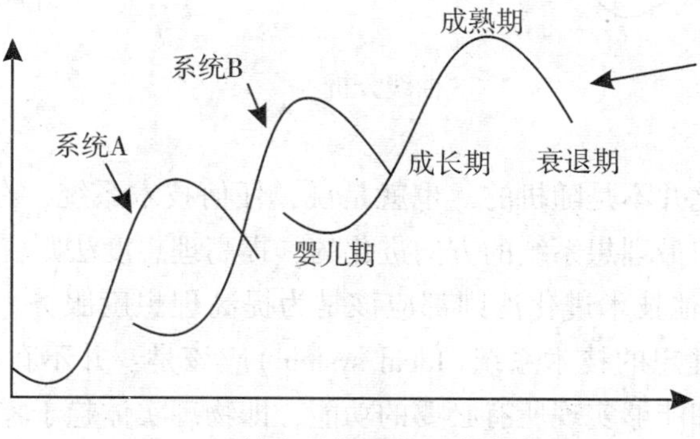

技术系统进化 S 曲线族

下面结合 S 曲线从性能参数、专利级别、专利数量、经济收益 4 个方面来描述技术系统。在各个阶段所表现出来的特点，以帮助我们有效了解和判断一个产品或行业所处的阶段，从而制定有效的产品策略和企业发展战略。

S 曲线分析的作用：

评估系统现有技术的成熟度；

有利于合理的投入和分配；

帮助我们做出正确的研发决策。

❖　**提高理想度法则**

提高理想度法则是所有进化法则的核心，其他进化法则最终都是为提高理想度法则服务的。

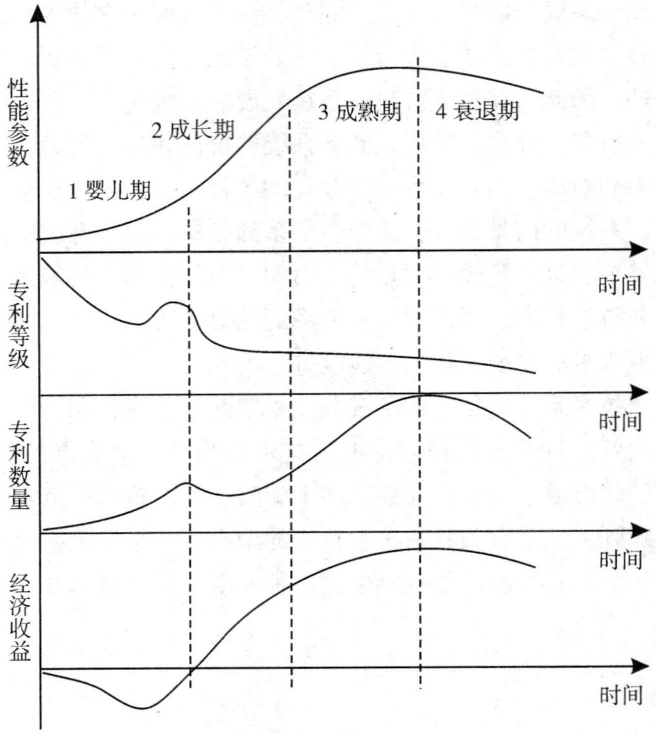

S 曲线分析

所有技术系统的进化并不是随机的，也就是说，任何技术系统，在其生命周期之中，是沿着提高其理想度、向最理想系统的方向进化的，提高理想度法则代表着所有技术系统进化法则的最终方向(其他技术进化法则都应该是为提高理想度服务)，理想化是所有技术系统进化的方向。最理想的技术系统(Ideal system)应该是：并不存在物理实体，也不消耗任何的资源，但是却能够实现所有必要的功能，即物理实体趋于零，功能无穷大，简单说，就是功能俱全，结构消失。

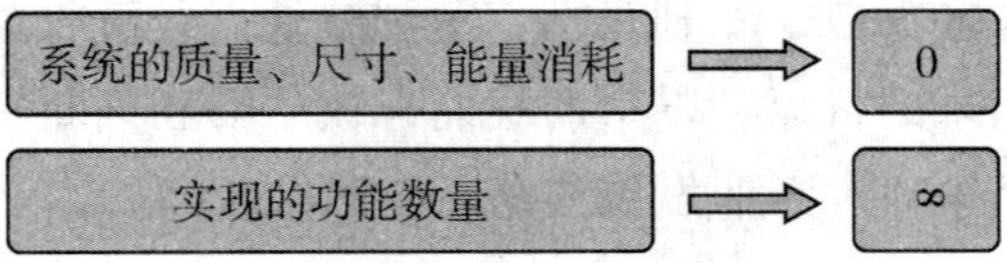

理想化的最终结果不是永远都能达到理想化的最终结果，但是理想化的最终结果能给我们指明方向，也有助于克服思维惯性。最终理想解的作用在于：指明通往解决方案之路(指路星)；使问题尖锐化，不走折中之路。如果将创造性解决问题的方法比作通向胜利的桥梁，那么最终理想解(IFR)就是这座桥梁的桥墩。

案例 1：射击飞碟运动中，用陶瓷或石灰制作的飞碟被射碎后会落在草丛里或地面上，很难清理……费时、费力？怎么解决这个问题？这个问题的最终理想解是：碎片不用清扫，会自动消失。那么这个问题就和吹沙机用砂子打磨工件内部后，“砂子”会自行消失一样，那就引导我们去寻找这么一种物体：开始是固体，后来最终会改变状态自行消失。那么用干冰做成的飞碟就可以达到这样的目的。

案例 2：割草机在割草时，发出噪音、消耗能源、产生空气污染、高速飞出的草有时会伤害到操作者，设计者可能会很快想到要减少噪声、增加安全性、降低燃料消耗。设计者的第一任务是改进已有的割草机，解决噪音问题。传统设计中，为了达到降低噪音的目的，一般的设计者要为系统增加减震器等子系统，这不仅增加了系统的复杂性，而且增加的子系统也降低了系统的可靠性。显然，这不符合最终理想解的特性。

但如果采用理想解来分析，就会勾画出未来割草机及草坪维护工业的更佳蓝图。试问：

什么是系统的最终目标？

什么是理想化最终结果？

用户需要的究竟是什么？是非常漂亮且不需要维护的草坪。割草机本身不是用户需要的一部分。从割草机与草坪构成的系统看，其理想解为草坪上的草长到一定的高度就停止生长。当传统工程的思考方式是关注“如何降低割草机的马达噪音”时，从 TRIZ 最终理想结果角度思考，应该是“如何不使用割草机”，进而转向思考“如何使草不会长高”。

已有多家制造割草机的公司正在试验这种理想草坪的草种。该草种被称为“聪明草种”。

钻头制造者可能认为客户需要一个钻头，但是，实际上客户需要的是一个洞；客户需要的是功能，而不是工具。

哈佛大学著名的市场营销学教授西奥多·莱维特(Theodore Levitt)曾告诫他的学生：“顾客不是想买一个 1/4 英寸的钻孔机，而是想要一个 1/4 英寸的孔！”从技术系统发展的最终理想解来看，莱维特的洞见不无道理。所以，从顾客要求“钻孔机”的这个例子来说，如果只是要打个孔的话，并非一定需要“钻孔机”。因此，从最终理想解出发，可以使产品的改进更多地符合顾客的需求，而不会是南辕北辙，是忙于增加产品的特色。

参考文献

[1]李元授．创造训练[M]．华中理工大学出版社，1999：4-5.
[2]张正华，雷晓凌编著．创新思维、方法和管理[M]．冶金工业出版社，2013：35-36.
[3]陈承贵主编．创造性思维方法概要[M]．黑龙江人民出版社，2008：168-180.
[4]陈承贵主编．创造性思维方法概要[M]．黑龙江人民出版社，2008：168-180.
[5]陈承贵主编．创造性思维方法概要[M]．黑龙江人民出版社，2008：168-180.
[6]水木编著．创造卓越：创新思维训练方法[M]．中国商业出版社，2004：24.

第四章　知识产权与创新创业

本章导读

知识产权主要包括专利、商标、版权。知识产权既可以激发创业热情、助推创新创业，又可以为创新创业提供有效支撑。本章以培养知识产权创业意识，提高运用知识产权创业能力为目标，从理论、实务与案例等方面分析了知识产权与创新创业的关系。

☞ **知识目标**

了解知识产权的基本理论，认识知识产权助推创新创业的作用。

☞ **能力目标**

增强创新意识，提高运用知识产权创新创业的能力。

☞ **育人目标**

认识知识产权在创新创业中的重要作用；

培养创新的观念和保护知识产权的意识。

☞ **基本概念**

知识产权　技术创业　文化创业　品牌建设

☞ **教学重点与难点**

❖ 如何运用知识产权进行创业；

❖ 如何对企业的知识产权进行管理与保护。

第一节　概　述

一、知识产权概述

(一)概念

知识产权(Intellectual Property〈IP〉或 Intellectual Property Right〈IPR〉)是指人们对于自己的智力活动创造的成果和经营管理活动中的标记、信誉所依法享有的专有权利。①

知识产权用一句形象的话来描述它的特征，那就是“知识是公开的，权利是垄断的”。

① 吴汉东．知识产权法学[M]. 北京：北京大学出版社，2014：4.

知识产权所涉及的知识技术信息必须向全社会公开，让人们所知悉、了解，但是它的权利是为所有人所控制的，其他人利用这个知识技术和信息，必须征得权利人同意并且支付报酬。

(二)种类

根据我国《民法总则》第123条的规定，受法律保护的知识产权范围主要包括：作品；发明、实用新型、外观设计；商标；地理标志；商业秘密；集成电路布图设计；植物新品种；法律规定的其他客体。现实生活中，比较常见的知识产权主要包括：版权(著作权及其邻接权)、专利权和商标权。

(三)知识产权的性质

知识产权的性质是一种私权，知识产权私人所有的法律性质，在《与贸易有关的知识产权协议》(TRIPS)协议序言中已经得到明确界定。

知识产权的私权含义是指，知识产权属于一种私人的权利，其获得、使用、收益和处分等皆以权利人的意志，适用民法的基本原则和基本制度，遵循"主体平等、意思自治、等价有偿"的交易规则依法而行。除依法定理由外，不受任何形式的剥夺限制和阻碍。知识产权是私权的另一层含义是，知识产权是一种消极权利或称防御性权利，除非依据合同或法律，知识产权权利人并不能主动要求他人为何种行为，而仅能在其知识产权受到他人侵犯时，才有权制止他人的侵权并主张其承担相应的法律责任。

(四)知识产权的特点

1. 知识产权客体的无形性

知识产权客体的无形性，又叫非物质性，是指相对于有形的动产、不动产而言，知识产权的客体是无形的智力成果。知识产权客体的无形性是知识产权本质属性所在。

作为知识产权客体的智力成果，具有不同于有形财产的存在、利用和处分形态：第一，就其存在形态来说是无形的或无体的，不占有一定的空间，不发生有形控制的占有。智力成果的无形性并不妨碍该成果被固定到有形的载体地，也不妨碍该成果通过技术方法得到证明。第二，不发生有形损耗的使用，而且在一定时空条件下，一项智力成果可以被若干主体共同使用，即知识产权客体的使用具有非竞争性，即一项发明创造可以被多个企业使用，一项作品可以同时被无数人阅读，一部电影可以被多人同时观赏。智力成果占有和使用不具有技术上的排他性，容易导致"搭便车者"的现象及未经许可使用的情形。第三，不发生消灭知识产品的事实处分和有形交付的法律处分，知识产品不可能有实物形态消费而导致其本身消灭的情形。

2. 独占性

又称专有性或排他性，是指权利人对其智力成果的占有和使用具有排他性，未经其同意，无法定事由，他人不得随意使用，否则就可能构成侵权。知识产权的独占性表现在：第一，知识产权为权利人所独占，权利人垄断这种专有权并受到严格的法律保护；第二，对同一项知识产品，不允许有两个或两个以上同一属性的知识产权并存。

3. 地域性

知识产权的地域性是指知识产权一般仅在本国范围内有效。知识产权的地域性决定了知识产权获得和保护的独立性，即某项智力成果的所有人能否在一个国家获得知识产权授权，以及当其权利受到侵犯时能否得到救济，仅由该国法律及管理或司法机关决定。

4. 时间性

知识产权的时间性是指知识产权仅在法律规定的期限内受到保护，一旦超过法律规定的有效期，这一权利就自行消灭，相关知识产品即成为整个社会的共同财富，可为全人类所共同使用。

二、知识产权与创新创业

知识产权是联结创新与市场之间的桥梁和纽带，知识产权制度是保障创新创业成功的重要制度，是激发创新创业热情、保护创新创业成果的有效支撑。

(一)知识产权激励创新创业

知识产权的一个很重要特点是，智力成果占有和使用上不具有技术上的排他性，通过法律授予权利人在一定时期内享有独占使用其知识产权的权利，权利人可以禁止或许可其他人使用其知识产权，从而使包含了知识产权的产品以较高的价格出售，获得垄断利润。这种垄断利润即是对进行知识产权创造的研发投入的补偿，以保证知识产权权利人收回创新成本，并能赚取合理的利润和回报，从而激励创新创业。如果忽视对知识产权的保护，人们的创造成果有可能被他人无偿占有、利用，就可能导致很多搭便车的现象，就会极大削弱人们的创新动力，历史上很多发明家、作家、艺术家一生穷困潦倒就是例证。

(二)知识产权支撑创新创业

随着“大众创业、万众创新”的深入实施，越来越多的创业者开始运用知识产权开展创新创业活动。但是我们也注意到，很多初创企业的存活时间非常短，创业失败的原因虽然多种多样，但创业项目技术门槛低、创造力不强、同质化现象严重、创业者知识产权意识薄弱、没有自己的知识产权，好的想法和商业模式又极容易复制模仿，是导致初创企业缺乏核心竞争力和创业失败的重要原因。

(三)知识产权助推创新创业

知识产权可以为创业者谋取市场竞争优势，引导创业者选择高技术含量、高附加值的创业项目，运用知识产权开展创新创业。知识产权尤其是专利技术在企业项目研发、专利布局、产品生产、市场推广、侵权制止等方面具有不可替代的作用。另外，拥有知识产权还可以有助于企业获得知识产权转让、许可收益，取得风险投资基金青睐，运用知识产权进行质押融资贷款，获评高新技术企业、知识产权示范企业等以争取政府政策资助和帮扶。

(四)知识产权保护创新创业

保护知识产权就是保护和激励创新。保护知识产权也是优化、完善法治化营商环境的重要内容。强化知识产权保护、加大保护力度、优化保护程序、引入惩罚性赔偿措施、提高赔偿额度，能保护创新成果、激发公众的创造活力、促进市场主体持续扩大创新投入，从而增强企业发展的持久动力，加快创新型国家建设步伐。知识产权保护创新创业主要是通过知识产权行政执法和侵权救济等途径来实现的。

三、大学生运用知识产权创新创业的必要性

（一）贯彻实施创新驱动发展战略和国家知识产权战略的需要

当前，中国经济已从高速增长发展为中高速增长，从中低端水平向中高端水平迈进，从粗放型发展向创新驱动发展转变。在转型升级过程中，中国的产业特别是制造业，面临着产能过剩、竞争加剧、效率低下、能力不足等突出问题，这些问题可以通过知识产权的有效供给予以解决。

2015 年 12 月，国务院发布了《关于新形势下加快知识产权强国建设的若干意见》提出实行更加严格的知识产权保护，优化知识产权公共服务，保障和激励大众创业、万众创新，为实施创新驱动发展战略提供有力支撑，大幅提升知识产权创造、运用、保护、管理和服务能力，进一步优化创新创业环境。

（二）适应知识经济时代的需要

随着知识经济的快速兴起和经济全球化的深入发展，产业结构正由劳动密集型向知识密集型转变，知识产权已成为国家地区发展的战略性资源和核心竞争力，成为增强自主创新能力的重要支撑和成为掌握发展主动权的关键因素。作为创新驱动的基础保障，创新创业的重要支撑，知识产权的角色地位正在产生新变化，发挥越来越重要的作用。当前，推动我国实体经济发展，知识产权仍有较大发力空间。从知识产权密集型产业的发展来看，我国知识产权密集型产业增加值及其占 GDP 的比重、占就业百分比等方面与美国和欧盟相比都有较大差距。从知识产权许可贸易来看，我国逆差较大，发展与追赶空间较大。

（三）适应“走出去、引进来”发展对外贸易的需要

知识产权是国际贸易的标配。随着一带一路战略的实施，越来越多的创业者开始走出国门开拓国际市场。一方面，知识产权是企业“走出去”的“敲门砖”，如果没有知识产权，将受附加值低、缺乏核心竞争力等问题困扰，难以持续发展；如果依赖他人知识产权，往往需要缴纳高额的知识产权“入门费”，给企业盈利造成较大影响；如果侵犯他人知识产权，则受贸易调查、海关执法等影响，可能根本“走不出去”。只有拥有自主知识产权，制造业企业才能顺利走入国际市场。另一方面，知识产权也是先进技术“引进来”的“铺路石”，曾有研究报告指出，一个国家或地区在以专利为代表的知识产权保护强度每提高 1%，将会多吸引 2. 8%的外国投资；同时，外来投资每增加 1%，也可以促进知识产权保护强度增加 0. 3%。

（四）适应大学生创业方式转变的需要

当前，大学生创业正在由生存型创业向机会型创业方式转变。过去中国高校的毕业生很大比例的创业属于生存性创业，是解决高校扩招以后无法找到合适的工作而选择创业，是一种被动型的创业。相较于生存型创业，机会型创业是一种主动型创业，其特点是谋定而后动，更多地崇尚创新和个人价值，更多地运用所学知识和技能的创业。因而更具有可行性、更容易取得成功。

（五）适应专业教育与创业教育融合的需要

2015 年 5 月 13 日，国务院办公厅发布了《国务院办公厅关于深化高等学校创新创业

教育改革的实施意见》，提出要完善人才培养质量标准、创新人才培养机制、健全创新创业教育课程体系，要促进专业教育与创新创业教育有机融合，调整专业课程设置，挖掘和充实各类专业课程的创新创业教育资源，在传授专业知识过程中加强创新创业教育。面向全体学生开设研究方法、学科前沿、创业基础、就业创业指导等方面的必修课和选修课，纳入学分管理，建设依次递进、有机衔接、科学合理的创新创业教育专门课程群等。

大学生运用知识产权开展创新创业较好地契合了专业教育与创业教育的要求。高校理工科大学生可以运用发明创造进行创新创业，人文艺术社科专业学生可以从事版权创造和文化创意产业，经管专业可以从事知识产权管理，法学专业学生可以从事知识产权保护。几乎所有专业的大学生都可以在运用知识产权开展创新创业过程中找到用武之地，发挥专业特长。

第二节　专利与技术创业

一、专利基础知识

（一）专利的含义

"专利"一词来自英语 patent。从汉语"专"和"利"这两个字的意思来看，很容易将"专利"理解为"专有其利"，也就是利益只能专属于某一个人所有，其他人无法享有这种利益。因此，汉语"专利"与"垄断"的意思非常相近。但是，仅仅将"专利"理解为"专有其利"或"垄断"是不准确的。实际上 patent 的本意有"公开"和"垄断"双重含义。①

"专利"一词有多种含义，通常可以作几种理解：(1)是指专利权的简称；(2)是指专利法保护的"发明创造"；(3)是指专利文献；(4)是指专利证书。"专利"最基本的含义是法律对发明创造授予的一定期限独占权。

（二）专利保护的客体

发明——是指对产品、方法或者其改进所提出的新的技术方案。

实用新型——是指对产品的形状、构造或者其结合所提出的适于实用的新的技术方案。

外观设计——是指对产品的形状、图案或者其结合以及色彩与形状、图案的结合所做出的富有美感并适于工业应用的设计。

（三）授予专利权的条件

根据我国法律规定申请发明创造必须符合一定的条件，例如发明和实用新型，应当具备新颖性、创造性和实用性。

新颖性是指可以获得专利权的技术是新的、前所未有的。根据专利法第 22 条规定，新颖性是指该发明或者实用新型不属于现有技术。现有技术是指申请日以前国内外为公众所知的技术，也没有任何单位或者个人就同样的发明或者实用新型在申请日以前向国务院

① 王迁．知识产权法教程[M]．北京：中国人民大学出版社，2016：266.

专利行政部门提出过申请，并记载在申请日以后公布的专利申请文件或者公告的专利文件中。

创造性，是指与现有技术相比，该发明具有突出的实质性特点和显著的进步，该实用新型具有实质性特点和进步。申请书中的技术文件是否具有创造性应当按照以相关领域一般技术人员的技术水平进行判断。

实用性，是指该发明或者实用新型能够在产业上应用，并且能够产生有利于人类社会的积极效果。

外观设计保护的客体要求对所设计的产品外表所作出富有美感的设计。外观设计要获得专利权，有两个要件，即新颖性和创造性。

根据专利法的规定，不授予专利的情形主要包括：违反国家法律、社会公德及妨害公共利益的发明创造；科学发现；智力活动的规则和方法；疾病的诊断和治疗方法；动物和植物品种；用原子核变换方法获得物质；对平面印刷品的图案、色彩或者二者的结合作出的主要起标识作用的设计。

（四）专利的保护

发明或实用新型专利的保护范围以其权利要求书为准，说明书及附图可以用于解释权利要求书的内容。

外观设计专利的保护范围以表示在图片或照片中的该产品的外观设计为准，简要说明可以用于解释图片或者照片所表示的该产品的外观设计。

发明专利的保护期为自申请之日起 20 年，实用新型和外观设计的保护期为自申请之日起 10 年。

（五）专利的作用

1. 激励创新、鼓励技术发明

专利是一种以技术内容公开换取权利垄断的制度，使权利人可以通过转让、许可、实施生产等方式获取经济利益，收回投资并取得合理回报，从而激励创新。同时，同行或竞争对手为取得竞争优势，也会努力在现有技术的基础上进行再创新取得新的专利从而推动科技进步。

2. 传播技术信息、提升创新起点

科学技术上的创新需要建立在前人研究的基础上，技术人员在缺乏充足的技术资料和文献的情况下很难作出创新。专利制度以公开的技术方案作为授予专利权的条件，这样就有大量原本保密的技术资料得以公开，成为为他人进行研究和发明的原始材料。借助专利数据库，技术人员可以迅速获得大量有价值的技术资料进一步开展研究并避免重复劳动，这对于促进科学研究和技术创新十分重要。

3. 防御竞争对手、提升市场竞争力

专利是一种以技术公开换取权利垄断的制度。企业拥有专利，可以防止他人抄袭，阻止他人未经许可的使用，制止他人专利侵权，谋取市场竞争优势。专利除了用于自我保护，还可以用作跟踪竞争对手研发策略、提升企业研发与市场竞争力的重要工具。

二、专利与技术创业

大学生运用专利进行技术创业，在创业项目的筛选、创业项目与产品的保护防止抄袭、创业融资等方面具有较为明显的优势。

(一)专利分析与创业项目的筛选

创业项目的筛选需要考虑的因素主要有：市场前景、技术的先进性与成熟程度、技术与市场的竞争者、国家的产业政策支持力度等。

大学生创业选择知识产权密集型产业，更容易获得社会资金投入和政府采购的支持，创业成功的可能性更大。2016 年 10 月 11 日，国家知识产权局关于印发《专利密集型产业目录(2016)》(试行)(国知发规字〔2016〕76 号)专利密集型产业目录包括：信息基础产业、软件和信息技术服务业、现代交通装备产业、智能制造装备产业、生物医药产业、新型功能材料产业、高效节能环保产业、资源循环利用产业，共计 8 大产业，涵盖 48 个国民经济中类行业。目录内产业具有较明显的专利优势，依赖技术创新和知识产权参与市场竞争，大学生在选择创业项目时可以根据具体情况进行筛选。

比如，武汉市自 2012 年 5 月启动专利创业孵化链，为创业者提供具有市场前景好、见效快且专利权稳定的创业项目，同时指导他们选择具有较高科技含量和自主知识产权的合适专利项目创业，已逐步探索出了一条扶助大学生依靠专利自主创业的新思路。

(二)专利布局与创业项目与产品的保护

大学生创业往往不缺好的技术、创意、商业模式与方法，但由于缺少知识产权意识和专利创业经验，导致产品一经投入市场，就出现抄袭模仿，加之对政府的专利扶持政策知之甚少、创业初期资金有限等因素，专利项目往往很难成功。

初创企业进行专利布局，为核心技术申请专利组合，提高专利攻防能力，可以为创业产品提供法律保护，不至于在被仿造抄袭后，束手无策。可以说，针对一些科技型公司和初创企业，专利便是他们的生存之本。

企业产品的专利布局不仅要匹配产品销售和市场推广计划，还要综合考虑产品的生命周期、不同国家和地区知识产权制度的差异性等因素。

(三)专利与创业融资

优质的专利资产、专利运营和专利业务会为公司带来有效的商业价值。专利，尤其是核心专利是企业能取得天使投资、风险投资、私募股权等的青睐关键；专利还可以通过许可或授权获得专利授权费用。创业者还可以采用投资入股的方式获取创业资金；另外，创业者还可以通过专利取得专利质押贷款融资。

三、专利技术创业需注意的问题

(一)破除专利神秘感，积极申请专利

专利就是技术创新。发明来源于生产或生活的方方面面，一些简单的生活物品都存在着技术创新的可能性。发明不仅仅是发明家的事，人人皆具有发明创新的潜能。专利虽然有新颖性、创造性、实用性的要求，但专利法并不要求每一项专利都具有了不起的进步，像爱迪生的电灯、贝尔的电话等类似的改变人类历史的发明都需要天才的头脑加长久不懈的努力。在专利实践中大部分专利都是在原有技术方案的基础上改进而成，属于改进型专利。

（二）从小处着手，抓住机会争取配套

比如，潘政名的瑞声科技。1996年，潘政名在深圳创立瑞声科技，创业之初，瑞声科技抓住了当时摩托罗拉日本的供应商在短时间内不愿意研发一款新的薄的翻盖手机配件——微型喇叭的契机，发动所有的关系找到南京大学的一位声学教授，经过不懈的努力，在15天的时间内突破了难题，一举拿下了几亿美元的订单。慢慢的，瑞声科技用低价高质的产品把市场份额做到了老大。如今潘政名的瑞声科技已经做到全球智能手机微型声学器材的第一品牌，生产的手机喇叭在全球的市场占有率高达40%，苹果、三星和大部分国产手机制造商都是它的客户，该公司也成为苹果最赚钱的供应商之一，仅次于台积电等芯片商。

（三）综合考虑，坚持市场导向的专利原则

首先，针对企业的核心技术产品，创业者对其法律保护十分必要，应从法律、技术、市场等方面综合考虑后作出选择。技术保密与专利保护各有长处与不足，企业应结合自己的经营发展情况综合考虑研发成果采用技术秘密还是专利技术进行保护，或者两者结合进行保护。通常情况下申请专利需要考虑如下因素：是否属于专利的保护范围、是否具有可专利性、产品的生命周期、市场前景、技术的先进性、技术的保密性、技术对竞争对手的限制程度、投入的产出比等。

第三节　版权与文化创业

一、版权概述

（一）版权的含义

版权，又称著作权，指文学、艺术、科学作品的作者依法对作品享有的权利。广义版权，还包括：表演者、录音录像制作者、广播电台、出版者在传播作品中享有的权利，即邻接权。

版权保护的是作品，作为版权保护的作品必须有以下要件：属于文学、艺术和科学领域；必须是人类的智力成果；表现一定的思想或情感。

（二）版权的特点

版权区别于其他知识产权的特征：

版权保护作品的表达（expression），不保护思想（idea），必须是能够被他人客观感知的外在表达。

作品具有如下特点：

1. 独创性，具有一定的智力水准。

2. 可复制性，又称可固定性，受版权保护作品能够以某种形式固定下来。

3. 自动保护性，版权自作品创作完成之时自动产生，作品创作完成后即享有著作权，不需要履行任何登记手续。通常情况下，作品实行自愿登记制度，但除计算机软件外。

（三）作品的种类

根据我国著作权法的规定，作品包括如下种类：文学作品；口述作品口；音乐、戏剧、曲艺、舞蹈、杂技艺术品；美术建筑作品；摄影作品、电影作品和以类似摄制电影的方法创作的作品；工程设计图、产品设计图、地图、示意图等图形作品和模型作品、计算机软件、民间文学艺术作品等。

不受著作权法保护的作品主要包括：法律法规；国家机关的决议、决定、命令和其他具有立法、行政、司法性质的文件以及官方正式译文；时事新闻、历法、通用数表、通用表格和公式等。

（四）著作权的内容

著作权的内容包括作者的精神权利和经济权利两方面。作者的精神权利包括：发表权、署名权、保护作品完整权和修改权。经济权利主要包括：复印权、发行权、演绎权、传播权等。

二、版权与文化产业

文化产业是精神产品的生产，如影视制作、动漫创作、软件开发、视觉、音乐以及表演艺术等。

文化产业又在经济学界被认定为是“低能耗高产出的新型绿色产业”，发展文化产业可以有效缓解我国资源消耗的压力，缓和社会主要矛盾，满足人民的物质、精神文化需求。

（一）文化产业的界定

文化产业是一个新兴的产业门类。目前国际上关于文化产业的概念很多，名称各异，主要有“版权产业”“文化产业”“创意产业”“文化创意产业”等不同概念，其中使用最频繁的是文化产业和文化创意产业。

一般认为，文化产业是指以文化内容和创意成果为核心内容，以知识产权实现或消费为交易特征，为满足人们的精神需要，为社会公众提供文化产品和文化相关产品及文化体验的产业集群。

（二）文化产业的行业范畴

根据国家统计局修订颁布的《文化及相关产业分类(2018)》，将文化及相关产业分为文化核心领域和文化相关领域，共设置9个大类，在大类下设有43个中类、146个小类。文化产业包括新闻信息服务、内容创作生产、创意设计服务、文化传播渠道、文化投资运营和文化娱乐休闲服务等活动。文化相关产业包括为实现文化产品的生产活动所需的文化辅助生产和中介服务、文化装备生产和文化消费终端生产等活动。

（三）文化产业的特点

1. 内容为王

文化产品满足的是精神消费，包括知识和资讯传递及娱乐和审美的体验。虽然文化产品具有时尚化、娱乐化和互动性的特点，但是文化产业如果没有大量优秀的原创作品作支撑，就等于没有灵魂，就会失去可持续发展的能力。

内容为王的核心是重视内容的生产与传播，以提升文化产品质量为目标，以注重文化资源挖掘为宗旨，注重文化创意的提升。坚持内容为王，要避免文化产品同质化、跟风现象和低俗倾向，主打内容定位，做到有特色、吸引人。

2. 粉丝经济

文化创意产业最容易形成粉丝经济，没有粉丝经济的文化创意产业也会逐渐走向消亡。文化创意产业应着力于打造“星”“迷”，培养粉丝，提升消费者的喜爱与忠诚度。

近年来，随着人们生活水平不断提高，国人更愿意为文化去消费，品牌与情怀的力量也正逐步成为刺激人们消费的因素之一。当下，越来越多的人已经开始摈弃以前的“便宜思维”，他们并不吝啬于为自己喜爱的东西去花钱，这背后代表的是人们消费理念的升级。

比如，市场上热销的褚橙，除了口感的原因，更多的是因为它是 89 岁高龄的褚时健在人生低谷期间种植的，它代表的是一种永不言弃、从头再来的精神。

3. 故事驱动

故事驱动就是以故事为核心，运用想象力把文化资源转化为文化产品，形成包括故事创作、故事改编、故事内容的跨媒体应用、跨渠道运营和跨产业整合在内的故事产业价值链，打造文化产业和文化经济。故事驱动给传统的文化资源插上创意的翅膀，实现文化创新和产业创富的比翼高飞。

文化产品生产的过程也就是故事驱动的过程，故事作为文化产业的源头，是文化产业发展的内在动力。我们的邻国韩国更是以国家名义寻找故事、资助故事。2009 年韩国提出“故事强国”战略，打造“百年感动作品计划”。①

故事以情节性、趣味性、生动性为受众所喜爱。故事与生俱来的感染力和吸引力，是作者俘获受众情感的一种有效方式，进而触发一系列的消费行为和传播行为。对文化创意企业而言，领导应是“会讲故事的领导”，营销应是“故事营销”，管理就是“讲故事”。

几乎所有的经典文化产品和成功的文化企业都是故事演绎的典范。“迪士尼是一个讲故事的公司，我们最终诉诸故事而不是商务或技术”。中国襄阳唐城更是凭借电影《妖猫传》讲述了“一只口吐人语的妖猫搅动长安城，诗人白乐天与僧人空海联手探查，令一段被人刻意掩埋的真相浮出水面的故事”而大获成功、人气爆棚。

4. 跨界融合

随着科技和信息网络的发展和人们对文化消费多样化需求的不断增加，文化创意产业逐渐突破了传统的发展领域，产业功能不断延伸，文化越来越多地与科技，与互联网融合；影视、出版、动漫、游戏、文化传媒、文艺演出、广告会展等相互交叉、相互渗透。

例如《哈利·波特》系列小说，可以用小说进行叙事，也可以通过电影、动画、网络游戏和主题公园进行故事再现。《杜拉拉升职记》最初形态只是网络博客上描述职场白领心态的寥寥数语，最后发展成系列小说、电影、电视剧、舞台剧以及服装品牌等周边衍生品的授权开发。

① 向勇．文化产业导论[M]．北京：北京大学出版社，2015.

三、文化创业需注意的问题

（一）与专业相结合，发挥专业优势

创业与专业相结合，将专业知识应用于社会生产实践，有利于提高大学生的实践能力，更有利于将所学知识应用于市场和社会，转化为社会经济发展的动力。

文化创意产业相关专业具有较强的实践性和创业前景，通常情况下，大学生利用所学专业知识从事文化创意产业创业更容易发挥专业优势取得创业成功。

创业并不是理工科学生的专利，人文社科专业的学生发挥自己在文学、艺术、广告、传媒等方面的学科专业优势，同样可以成就一番事业。

（二）鼓励原创，融合发展

版权是文化产业的核心和基础，文化产业的竞争实质上是内容的竞争。只有重视内容的生产与传播，把内容做扎实，文化产业才能做大做强。刘云山同志指出："坚持内容为王，要把提升文化产品质量作为基本着力点。对文化产业来讲，内容永远是根本，是核心竞争力，发展文化产业要把内容摆在十分突出的位置，要以内容赢得产业发展优势。"

近年来，文化产业融合发展的趋势越来越明显，文化与科技、金融、旅游、体育等其他产业的结合，对文化产业的传统形态产生了显著的影响。现实生活中，可以发现文创无处不在、无所不容，从事文化创业更不能单枪匹马，单打独斗。

（三）以消费者为中心，提供消费者所需的内容

互联网时代，各行各业都从过去以产品为中心转向以消费者为中心。在体验消费时代，消费者需要变得越来越"奢侈"、越来越个性化，他们所需的未必是最好的，但却要独一无二、专属于自己的。文化企业如何关注消费需求，增加消费体验，创作出好的产品内容，是创业成功的关键和取胜的王道。

（四）多元全产业链开发，实现作品价值的最大化

文化产业链条越长，文化衍生品越多，文化产品的价值就越高。迪士尼每出一个作品，至少有 5 种以上营利模式，如票房收入、音像、盒带、DVD、主题公园、特许经营和品牌许可、电视媒体和网络传播等。又如，《花千骨》最初是小说，先是拍成电视剧，后来又推出游戏。① 再如，《盗墓笔记》进行了包括出版、游戏、舞台剧、网络剧、电影在内全产业链开发，最大限度地发挥了作品的价值。

第四节　商标与品牌建设

一、商标概述

（一）商标的概念

商标（trademark），也称为"牌子"。关于商标的概念，有多种表述。IRIPS 协议第 15

① 吴汉东：《人文天下》，2017 年 9 月刊第 11 页。

条规定："能够将一个企业商品或服务与其他企业的商品或服务区别开来的任何标识或标识的组合，即可构成商标。"我国《商标法》第 8 条规定："任何能够将自然人、法人或者其他组织的商品与他人的商品区别开的标志，包括文字、图形、字母、数字、三维标志、颜色组合和声音等，以及上述要素的组合，均可以作为商标申请注册。"简单地说，商标就是一种标志，是区分不同企业的商品或服务的标志。如"东风"汽车、"骆驼"蓄电池、"回天"粘胶、"石花"酒等。

（二）商标的种类

商标由于表现形式不同，根据不同的标准可以将商标分为以下几类：①按商标的结构分为文字商标、图形商标、字母商标、数字商标、三维商标、颜色商标、声音商标、气味商标，以及上述的类型的组合。②按照商标使用者的不同可以分为商品商标、服务商标、集体商标、证明商标。③按照商标的功能、用途、作用可以分为等级商标、从属商标、备用商标、联合商标和防御商标。

（三）商标的功用

商标作为一种商业性标志，在市场竞争中发挥着十分重要的作用，商标同经营者的商业信誉密不可分，具有多种功能。

1. 识别功能，又称认知功能，是指商标可以用来区分商品和服务的来源。商标所具有的识别功能是商标最初始，也是最基本的功能，甚至是历史上被认为是商标所具有的唯一功能，即所谓"表明出处"的功能，这一功能的本质就是标明商品生产者或服务的提供者。

2. 品质保证功能，亦称质量保证或担保功能，是指使用相同商标的商品或服务具有相同的质量。商标的品质保证功能并非保证商标所标示的商品的高品质的，而是指同一商标所标示的商品具有一致的品质标准或一定的质量水平。在全球经济一体化的背景下，出现了越来越多的知名品牌的"定牌生产"，商品的制造者与商标的所有者发生了分离，消费者凭借商标往往只能识别商品的最终提供者，也即商标所有者，相信使用相同商标的商品具有相同的质量和售后服务，这就是商标质量保证功能的体现。

3. 广告及竞争功能，商标是联系经营者与消费者的桥梁与纽带，商标所具有的识别功能特性使商标所有者很容易利用商标进行广告宣传。经营者通常都会利用包含商标的广告使消费者认识、了解、选择自己的商品或服务，而消费者往往是通过商标来判断商品的品质，决定自己的消费选择。

商标的竞争功能体现为商标的竞争性和经营者在市场竞争中的地位。信誉良好、知名度高的商标，在市场竞争中占据有利地位，市场竞争力强，所占的市场份额会不断扩大。而信誉不良的商标，竞争力弱，市场占有份额会不断缩小，甚至被淘汰出局。

4. 商誉承载功能，商标代表着企业的商誉，是企业的重要无形资产。商标在商业活动中可以有偿转让，并在注册范围内有偿许可他人使用，获得经济收益。商标还可以进行质押贷款融资筹集创业及发展资金。

（四）商标的注册

商标权的取得主要包括，商标权注册取得和商标使用的原始取得以及商标转让或继承的继受取得。

1. 商标注册的原则

根据我国商标法的规定，商标注册的主要原则如下：

（1）自愿注册的原则。《商标法》第 6 条规定："法律、行政法规规定必须使用注册商标的商品，必须申请商标注册，未经核准注册的，不得在市场销售。"根据该条规定，我国以商标自愿注册为原则，强制注册为例外。目前必须使用注册商标的商品只有烟草制品。企业在经营活动中既可以使用已注册商标，也可以使用未注册商标。经商标局核准注册的商标产生商标专用权，未注册商标不能产生专用权。

（2）诚实信用原则。《商标法》第 7 条明确规定了"申请注册和使用商标，应当遵循诚实信用原则"。申请商标注册损害他人在先权利或以不正当手段抢先注册他人已经使用并有一定影响的商标、以欺骗或其他不正当手段取得商标注册的均是对该原则的违反。

（3）申请在先、使用为辅的原则。根据《商标法》第 31 条的规定，该原则是指两个或两个以上的申请人，在同一种商品或类似商品上分别就相同或近似的商标申请注册的，初步审定并公告申请在先的商标。同一天申请的，初步审定使用在先的商标。

此外，根据《商标法》的规定，商标注册的原则还有：全面审查的原则、分类注册和一标多类的原则、统一注册和分级管理的原则、优先权的原则等。

2. 商标注册的条件

一件为商标法所认可的商标，应当满足合法性、显著性和非功能性三个要件，又称为可注册性。

（1）合法性。商标的合法性是指，申请注册的商标不应违反商标法的规定或者含有违反商标法或其他法律的因素。商标的合法性体现在三个方面：商标应由合法的要素组成；商标不应含有商标法所禁止的因素，如我国《商标法》禁止将国家、国际组织的官方标志、徽记、带有民族歧视和有损社会主义道德风尚及仅有本商品通用名称、图形、型号或仅表示商品的主要原料、质量、数量、功能、用途等文字图形注册为商标；最后，商标不得侵犯他人在先的著作权、外观设计权、姓名权、肖像权、企业名称权等合法权益。

（2）显著性。商标的显著性也称区别性，是指商标的构成要素应具有明显的特征，使消费者能够将不同的生产者或经营者所生产、经营的商品或者提供的服务区别开来，凭借商标购买商品或接受服务。

商标法对于商标显著性的要求，既不同于专利法对于发明创造新颖性要求，也不同于著作权法对于作品独创性要求，而只要该商业标记能够与其他商业标记相区分且满足商标法的其他要求，就可以作为注册商标使用。

依据商标显著性的强弱顺序，可以把商标分为臆造商标、任意性商标（借用商标）、暗示商标和描述性商标。臆造商标，也称想象商标，此类商标显著性最强，一般除作为该商标外，没有其他含义，如 Kodak、SONY、Lenovo、海尔（Haier）等。任意性商标，又称借用商标，该类商标一般具有一个通常的含义，但该通常含义与经营者提供的商品或服务没有任何必然联系，例如 Apple 牌电脑、手机等。暗示性商标，是指该商标直接或间接地描述或暗示所提供的商品或服务的某种性质，如"飘柔"洗发液、"香格里拉"饭店等。描述性商标，是指该类商标直接描述了商品的某一特性，传递了商品或服务的信息，如“五粮液”酒、“美加净”沐浴露等。

(3)非功能性。商标的显著性是指如果某商品的形状具有实用功能，它就不得为商标注册人或使用人所独占，从而排除其他经营者的合理使用和正当竞争，以致损害公共利益。

3. 商标注册的程序

根据商标法的规定，申请商标注册或办理商标事宜，可以自行办理，也可以委托依法设立的商标代理机构代理。

申请商标注册，需要向商标局或设在地方的商标受理窗口(截至2018年年底设在地方的154个)提交商标注册申请书、商标图样、有关证明文件并缴纳年费。商标注册申请人可以通过一份申请就多个类别的商品或服务注册同一商标。商标注册申请文件既可以用书面的形式提交，也可以用数据电文的方式提交。

(五)商标权的内容

商标权的内容是指，商标注册人在法定期限内，对注册商标所享有的受国家保护的各种权利，从内容上看包括专用权，禁止权，许可权和转让权。

商标专用权是指，注册商标所有人对其注册商标依法享有的专有、专用的权利。专用权是商标权中最基本、最重要的一项权利，其他权利都是由该项权力派生而来的，它赋予注册人在其商业经营活动中，在其核定的商品或服务上，正当使用其注册商标的权利。商标的专用权，以核准注册的商标和核定使用的商品和服务为限。

商标禁止权是指，商标权人有权禁止他人未经许可，在同一种或类似商品或服务上使用与其注册商标相同或近似商标的权利。

商标许可权是指，商标权人可以通过签订商标使用许可合同，许可他人使用其注册商标的权利。许可人应当监督被许可人使用其注册商标的商品质量，被许可人应当保证其商品质量，并须在该商品上标明被许可人的名称和商品产地。商标使用许可的类型有独占许可，排他许可和普通许可等。

商标的转让权是指，商标权人依法享有的将其注册商标依照法定的程序和条件转让给他人的权利，转让注册商标的转让人与受让人，应当签署转让协议，并共同向商标管理机构提出转让申请。

除了以上主要权利外，商标权人的权利还包括续展权(注册商标有效期为10年，自核准注册之日起计算，在期满前需要继续使用的，可以申请续展注册，每次有效期为10年)、质押融资权(商标可以进行质押贷款，筹集创业及发展资金)等。

二、商标与品牌

近年来，“品牌”一词不仅在社会生活中被广泛使用，而且已经被使用在党和国家的正式文件中。如，2016年6月10日发布的《国务院办公厅关于发挥品牌引领作用推动供需结构升级的意见》提出“抓紧实施品牌基础建设工程打牢品牌发展基础，为发挥品牌引领作用创造条件”。2017年9月5日发布的《中共中央国务院关于开展质量提升行动的指导意见》提出“开展“中国品牌日”活动，提升中国品牌的知名度和美誉度。”

（一）品牌的含义

尽管人们对“品牌”已耳熟能详，但关于品牌的内涵是什么，却尚未形成共识。“品牌”一词在英语中的对应词是“BRAND”。《辞海》在“品”字条目下出现了“品牌”一词，释义为：“品牌，亦称‘厂牌’、‘牌子’”，指企业对其提供的货物或劳务所定的名称、术语、记号、象征、设计，或其组合，主要是供消费者识别之用。《现代汉语词典》对“品牌”一词的解释为：“产品的牌子，特指著名产品的牌子。”

（二）商标与品牌的关系

关于商标与品牌的关系，众说纷纭、见仁见智、尚无定论。有的认为品牌就是商标，如原工商行政管理总局商标局长安青虎认为：“‘品牌’就是‘产品的牌子’，而‘产品的牌子’无疑是指‘商标’；由于长期的混同使用与发展，如今‘品牌’与‘商标’已基本为同一语。”①有的认为品牌的核心是商标，有的认为商标只是品牌的一部分，如：“品牌包括品牌名称 、品牌形象和商标，商标是品牌的一部分。”②也有学者的认为，“与品牌最为接近的概念，非商标莫属。自商标诞生之日起，便注定了其与品牌不可割。但如果细加考量，则仍然可以发现二者在社会功能、转移内涵、与消费者关系三个方面存在差别”。③

商标与品牌基本功能都是表示商品或服务的来源，但品牌和商标的内涵和外延都有区别，两个概念在大多数情况下不能相互替代。

一般认为，品牌与商标存在以下几个方面的不同。

1. 品牌必然首先是商标，但商标未必能成为品牌。商标只是品牌的一部分，如：“品牌包括品牌名称 、品牌形象和商标，商标是品牌的一部分。”

2. 商标是一个法律概念，而品牌常见于政治文件之中。而品牌并非严格意义上的法律术语，而主要常见于各类政策性文件之中，例如，《国家知识产权战略纲要》设定了“培育一批国际知名品牌”的目标。品牌一词尚未见于现行任何法律之中，品牌本身尚不是法律概念，不具有明确的法律地位。④

3. 商标的内涵边界明确，而品牌是一个动态变化的市场概念。商标是个严肃的法律概念、内涵明确、边界清楚。品牌是市场的产物，是个市场概念，市场是动态的、融合的、边界不清晰的，规模有大有小的，所以品牌的商誉、价值、受众和涵盖范围也是不断变化中的。可能是世界范围的品牌，也可以是一村一镇的品牌。

4. 对企业来说，品牌通常只有一个，商标可以有无数个。比如，“腾讯”作为品牌，全世界就一个，但作为注册商标，需要在各个国家分别注册，仅中国就有多个“腾讯”商标。

---

① 安青虎．品牌与商标[J]．知识产权，2006(4)：3、8.

② 刘艺琴、余磊．论商标设计与品牌形象[J]．武汉大学学报(哲学社会科学版)，2005(9)：714-715.

③ 余俊．品牌扩张与商标制度的未来[J]．电子知识产权，2011(11)：86-92.

④ 余俊．品牌扩张与商标制度的未来[J]．电子知识产权，2011(11)：86-92.

5. 品牌可以跨越国界，没有地域限制，而商标有地域性，只能在注册登记国境内享有专用权。

6. 与消费者的关系不同。商标与消费者的关系通常是理性的、功能性的。因为商标只是告知消费者产品的来源，并因此作为质量的保障。相反，品牌富有个性，与消费者的关系则通常是“非理性的”或者“情绪化的”和“难以控制”。与商标相比，品牌具有自身的独特个性，商标并不能全盘吸收品牌个性。

商标和品牌是密不可分的，虽然两者的侧重点有所不同，但是在实现识别商品来源、引导消费者消费的这个方面，两者并没有本质区别，而且现实生活中经常出现将商标与品牌并用的情形。

（三）品牌的作用

品牌对企业来说都是生命。英国 WPP 集团的史蒂芬·金曾经说过“工厂生产产品；顾客购买品牌。产品可以被竞争对手复制；品牌却是独一无二的。产品可以很快过时；成功的品牌却可以经久不衰”。

人们凭着自己依赖和熟悉的品牌，可以轻松从市场上获得有品质保证的商品和服务，从而保证了生活的便捷安全。由于大多数商品和服务都是可替代的，要想吸引消费者的购买力，就必须超越商标的来源识别功能，在“品牌”方面做文章。

三、商标与品牌建设

（一）做好商标设计

商标(Logo)承载了企业的声誉和品牌形象，商标不仅起到了区分商品来源的功能，同时也是企业与消费者之间传递信息的桥梁。商标的类型多种多样，优秀的商标设计具有更好的识别功能，一个好的 Logo 更容易将企业的理念、文化以及价值观直接传递至消费者心中，给人强烈的标记感。如“华为”“海尔”商标既好念，又好记；“耐克”商标为一个粗犷的勾号，造型刚健有力，动感十足，给人以强烈的视觉冲击力。

对创业者而言，商标设计应当简单明了、个性鲜明、新颖独特、富有美感、能突出商品或者服务特征、具有一定的文化内涵和寓意、易于推广。商标设计避免“傍名牌、傍大款”。

（二）及时注册商标、商号和域名

俗话说“兵马未动、粮草先行”，对初创企业来说，应“市场未动，商标先行”，把商标注册作为创业的第一步，及时在拟生产的主要产品和提供服务的类别上申请商标注册，以防止本企业已实际使用并有一定影响的商标被他人抢注。很多时候，创业者因为资金紧张或重视不够没有申请注册商标，这对企业长远发展来说，存在重大风险。

创业企业除申请商标注册和加强商标保护外，还应对与企业商标一致的商号按照公司法、企业登记管理条例进行登记注册。同时，创业者也应注意，不应将他人的注册商标，未注册的驰名商标作为企业名称中的字号使用。因为不当使用，误导公众，构成不正当竞争行为，将承担相应的法律责任。

域名是互联网中用于解决网络地址对应问题的一种方法，由于域名在互联网中的重要

标识作用，域名也被视为企业的网上商标。在现实生活中，我们会遇到输入与商标相同相近的字符的网址和域名出现的不是该商标所标示的产品或服务的情形，这就是商标与域名的冲突。域名是全球唯一性，而域名取得只是依据注册在先的原则。创业者在创业过程中，为了避免商标与域名的冲突，尽量还是遵从商标与域名的各自规则，可以构思创意商标，在注册商标的同时，提前注册购买与商标相同相近的域名，全方位保护企业品牌。

(三)加强企业商标品牌建设

商标品牌是市场竞争的武器，是企业乃至国家竞争力的综合体现。良好的品牌形象代表着企业的产品形象，可以唤起公众的注意力和好感，进而产生认同感，并激发其购买欲望，有利于引导消费者养成认知品牌消费的习惯，促成实际购买行为。一个良好的品牌形象的形成，包括商标设计、品牌定位、品牌管理等多方面内容。首先必须有一个便于消费者识别并能与其他商标区别开来的商标设计。其次是对品牌的定位；即定位于高档、中档或低档。再次是对品牌的管理：一是须有良好的产品质量，无此便无法建立品牌形象；二是须有长期的有计划的关于品牌的广告宣传；三是须有包括生活方式、价值观念等观念层次的精神文化。惟有如此，才能在消费者心中建立一个良好的品牌形象。①

(四)注重商标维权

商标品牌市场竞争的法律武器，需要法律去认可和保护。商标维权是品牌创建和维护的重要方面。商标承载着企业的商誉，是企业长期经营积累的成果，也是企业开拓市场并占有市场的重要工具。在市场的角逐中，企业不仅要注重商标注册和品牌的创建，也要注重商标布局和品牌的经营和保护。

对商标抢注或侵权行为，则需要积极地采用商标异议、无效宣告、司法诉讼等途径制止商标侵权行为，保护品牌特别是品牌的核心——商标不受侵犯。

第五节　知识产权的管理与保护

一、企业知识产权管理

知识产权是连接创新与市场之间的桥梁和纽带，知识产权制度是保护创新创业成功的重要制度，是激发创新创业热情，保护创新创业成果的有效支撑。

企业知识产权管理是现代企业管理的重要组成部分，加强企业知识产权管理是企业长久发展、做大做强的必然选择。

企业知识产权管理目标有以下几个方面：建立知识产权服务体系，将知识产权管理嵌入技术创新的全过程；增强管理对象的知识产权意识，降低和转移知识产权风险；组合运用各种知识产权工具，促进管理对象的资源优势转化为知识产权优势；有效选择利用各种知识产权争端解决机制，降低知识产权诉讼成本等。

---

① 刘艺琴、余磊．论商标设计与品牌形象[J]．武汉大学学报(哲学社会科学版)，2005(9)：714-715.

企业知识产权管理的客体包括专利管理、商标管理、著作权管理和商业秘密管理等。

企业知识产权管理的主要内容，学者总结虽有不同，但基本内容大体一致。如有的认为企业知识产权管理包括知识产权风险管理、知识产权资产管理和知识产权运营管理等方面。知识产权风险管理主要是指对企业生产经营活动中可能存在的知识产权风险进行风险识别预防规避、监督控制、风险清除以及纠纷应对，其主要目的是利用法律和管理双重手段为产品的生产和市场开拓消除知识侵权风险或减少损失，获取更大的自由发展空间。知识产权资产管理主要是将企业经营活动所产生的智慧成果依法形成知识产权，并对其进行维护和管理。知识产权运营主要是指权利人充分利用法律和商业手段进行诸如知识产权布局、组合、转让、许可、诉讼等实现知识产权市场价值的专业化管理行为。① 也有学者认为，企业内部知识产权管理主要有三大类：第一类是与创新有关的管理，主要是激励创新、支持创新和保护创新；第二类是与侵权有关的管理，既包括避免侵犯他人知识产权，也包括制止他人侵犯本企业的知识产权；第三类是与贸易有关的管理，主要是指与知识产权转让、许可甚至出资、抵押等有关的管理，管理的目的在于实现知识产权增值，贸易管理的关注点为积极寻求贸易机会、在知识产权纠纷中必要时"化干戈为玉帛"、加强知识产权贸易合同的管理。

企业知识产权管理的要点简单地说就是：(1)保护好自己的知识产权，储备足够多、足够质量的知识产权，即"广积粮"；(2)尽量控制侵权风险，可以概括为"控风险"。②

企业知识产权的管理部门的组织结构模式主要有三种：一是隶属于研发部门；二是隶属于法务部门；三是独立平行设置。

企业知识产权管理的可以通过制度建设的方法予以实施，其目的是将知识产权管理工作制度化、规范化。具体包括制订知识产权战略规划、建立知识产权管理制度、拟定知识产权管理手册、同员工签订保密协议等方式。企业知识产权制度主要包括知识产权规划、权属、创造、运营、运营、风险控制、培训、合同管理、考核与奖励等。

二、企业知识产权保护

(一)知识产权侵权救济方式

知识产权的保护方式主要有民事保护、行政保护、刑事保护三种方式，但就提供保护的主体而言主要有行政执法与司法保护两种途径。

我国现行法律规定的行政保护与司法保护两种保护方式各有利弊，当事方应根据不同的情况选择适用。

知识产权行政保护的优势有：行政保护的主动性，行政执法机关既可以依当事方的申请进行处理，也可依职权主动采取行政执法措施；行政保护的程序相对经济、简便和快速；有利于发挥知识产权管理部门的专业优势。行政执法的弊端在于：行政执法的程序不健全；执法能力不足、执法力度不够、执法的随意性较大、执法权威性不足而且受到地方

---

① 支苏平．企业知识产权管理实务[M]．北京：知识产权出版社，2016：2.

② 洪小鹏．中小企业知识产权管理[M]．北京：知识产权出版社，2010：26-32.

保护主义的干扰。

知识产权司法保护的优势在于程序健全、司法裁判具有稳定性、规范性、公正性和终局效力。司法保护的弊端在于：程序繁琐、时间长、成本高、赔偿低等问题。

(二)知识产权民事诉讼管辖和证据

1. 管辖权

知识产权中版权与商标侵权诉讼一般由被告住所地或侵权行为地(包括侵权行为发生地和侵权结果发生地)中级人民法院管辖。对于专利纠纷案件，根据《最高人民法院关于适用〈民事诉讼法〉若干问题的意见》第2条的规定："专利纠纷案件由知识产权法院、最高人民法院确定的中级人民法院和基层人民法院管辖。"截至2019年6月，我国已设立3个专门的知识产权法院和20个知识产权法庭专门处理知识产权纠纷案件。

2. 证据

根据民事诉讼法第63条的规定："证据包括：(一)当事人的陈述；(二)书证；(三)物证；(四)视听资料；(五)电子数据；(六)证人证言；(七)鉴定意见；(八)勘验笔录。"知识产权侵权诉讼作为民事诉讼的一类纠纷，同样应遵守上述关于证据种类的规定。需要说明的是，在知识产权侵权诉讼中，权利人更多地对侵权的事实存在采用公证的方式予以证明。

关于举证责任的分配，同样应遵循"谁主张、谁举证"的举证责任分配原则。但对于新产品发明方法专利及关于侵权人侵权获利依法应由被侵权人提供证据，侵权人无正当理由拒不提供相关证据的，人民法院可以根据具体情况推定权利人关于侵权成立和关于损害赔偿数额的诉请成立。

知识产权侵权诉讼中，原告通常需要向法院提交下列证据主张权利：权利人权利合法存在的证据、侵权人及侵权行为成立的证据、有关损害赔偿的证据。

(三)知识产权民事诉讼请求、抗辩与赔偿

知识产权诉讼请求通常包括以下内容：停止侵权；赔礼道歉及消除影响；赔偿损失并承担律师费、公证费等其他合理的维权费用。为了及时制止正在实施或即将实施的知识产权侵权行为，当事人可以在起诉前申请人民法院发布诉前禁令。

被告通常会向法院提交以下几方面的证据进行抗辩：原告不具有相应的诉讼主体资格；原告主张权利不成立、无效、失效或存在权利冲突；原告滥用权利；被告已取得授权许可使用或存在法定免责事由；被告存在先用权或对侵权不知情等。

知识产权侵权造成的损害赔偿数额的计算一般有三种方法：按照知识产权权利人因侵权行为所受到的实际损失计算；按照侵权人因侵权行为所得的非法利益计算；在知识产权人的实际损失或侵权人的违法所得难以确定时，由人民法院根据侵权行为的性质、手段、情节、范围以及侵权人的过错程度等，在法定赔偿额限度内由人民法院酌定赔偿。其中，侵犯著作权的法定赔偿限额为50万元，侵权商标权的法定赔偿限度为500万元；侵犯专利权的赔偿限度为100万元(专利法修正案草案拟修改为500万元)。

需要说明的是，近年来人民法院基于"严格知识产权保护，营造一流营商环境"的司法理念，发布的一系列典型案例在损失和利润均无法确定的情况下，酌定的赔偿额已远远超过了现行法律规定的最高赔偿限额的规定，以司法裁判努力实现侵权损害赔偿与知识产权市场价值的协调性和相称性，充分体现了严格保护知识产权的司法政策，切实保障了权利人获得充分赔偿。

第五章　创业团队的组建与管理

本章导读

创业团队是创业活动的推进者，创业团队的组建与管理关系到创业的成败。选择合适的人员组建优秀的创业团队，可以让“平凡的人做不平凡的事”。本章以团队理论为基础，着重介绍创业团队的组建与管理。课程内容主要分为三个部分。

- ❖ 理解创业团队：理解创业团队涵义，掌握创业团队类型及特点，了解创业者素质要求；
- ❖ 创业团队的组建：了解创业团队组建的原则、影响因素，掌握创业团队组建程序、组建风险成因以及如何进行风险控制；
- ❖ 创业团队的管理：理解团队精神的内涵，掌握创业团队领导者角色与行为策略。

☞ 知识目标

了解创业团队基本知识与理论

☞ 能力目标

增强合作意识，提升团队合作能力

☞ 育人目标

- ❖ 认识到团队合作对创业成功的重要性
- ❖ 建立符合社会主义道德要求的团队价值观

☞ 基本概念

创业团队、组织结构、竞争战略、企业生命周期

☞ 教学重点与难点

- ❖ 如何组建创业团队以及创业团队的管理
- ❖ 创业团队价值观的塑造

第一节　创业团队的基本概念

不管一个人多么有才能，集体常常比他更聪明和更有力。

——奥斯特洛夫斯基

当创业者终于作出创业决定，而且已经有了切入市场的产品或点子后，创业者最重要的任务就是建立起一个共同创业的团队。

现在创业活动已非一种纯粹追求个人英雄表现的行为，成功的创业个案大多与是否有效发挥团队运作密切相关。虽然每一位创始人可能都有完全掌控新企业发展的欲念，并希望所有成员都能在他的指挥下行事。不过，许多调查显示，团队创业成功的几率要远高于个人独自创业。一项调查也显示，在创业成功的公司中，有70%属于团队创业。

为什么团队创业成功的几率要大大高于个人创业？原因很简单，因为没有人会拥有创立并运营企业所需的全部技能、经验、关系或其他资源。因此，从创业所需资源的角度来说，如果想要创业成功，就必须组建一个核心团队。团队成员对创业者来说将发挥不同作用：他们或是合伙人，或是重要员工。他们不可或缺，有了他们，可以解决创业过程中可能出现的一些问题。

一个好汉三个帮，红花也需绿叶扶持。不管创业者在某个行业多么优秀，也不可能具有所有的经营管理经验，而借助团队就是拿来主义，他们可以拥有企业所需要的经验。例如顾客经验、产品经验、创业经验等。而且人际关系在创业中的比重被放在一个很重要的位置，人际关系网络或多或少地帮助创业者，是企业成功的因素之一。通过团队，人脉关系可以放得更大，可提高创业成功的可能性。

一项针对创业者能力的研究报告指出，组建团队与管理团队是成功创业者需要具备的主要能力之一。组成创业团队的基石在于创业远景与经营理念，形成共同目标、语言、文化，是互信与利益分享的基础。组成创业团队是一种结合远景、理念、目标、文化、共同价值观的机制，使之成为一个生命与利益共同体的组织。

美国欧文斯科宁公司大中国区销售和工程总经理李雷认为企业家应该具备三个素质。首先，应该是一个预言家，他的愿景和信念是鼓励员工的源泉，是制订战略计划的蓝图；其次，要具备领导能力，能够领导下属朝着既定目标前进；再次，要敢于承诺并兑现，在资源配置、个人诚信与平等方面负起主要责任。

我们发现，凡是成功创业的企业家，总拥有一个优秀的核心团队。虽然每个企业家关注的重点不同，但都直接或间接地反映了组织核心团队建设中必须注意的要素，非常值得创业者借鉴。

一、创业团队的含义

（一）什么是创业团队

创业团队是指在创业初期（包括企业成立前和成立早期），由一群才能互补、责任共担、愿为共同的创业目标而奋斗的人所组成的特殊群体。

（二）创业团队的构成要素

创业团队应该具有较强的资源整合能力，能通过团队成员之间的技能互补来提高驾驭环境不确定性的能力，从而降低新创企业经营风险，提高创业成功的概率。创业团队的构成要素主要有四个：

①目标。目标是将人们的努力凝聚起来的重要因素，从本质上来说创业团队的根本目

标在于创造新价值。创业团队应该制订一个共同目标，通过目标向团队成员展示明确的努力方向，没有目标的团队则不具备存在的意义。

②人员。任何计划的实施最终还是要落实到人的身上去。人作为知识的载体，所拥有的知识对创业团队的贡献程度将决定企业在市场中的命运。创业目标必须经由创业团队成员实施才能实现，因此创业团队到底由哪些人构成显得非常重要。在一个团队中可能需要有人制定计划，有人具体执行，有人协调大家共同工作，有人监督达成目标的进度，有人评价团队最终的工作效果。因此，创业团队在选择人员时，必须要从人员的知识、技能、经验等方面综合权衡。

③团队成员定位。明确团队成员在新创企业中担任的职务、承担的责任以及拥有的权限，关系到团队成员在创业过程中如何行事以及利益分配。合理的成员定位既能充分发挥成员才能，又有利于保障团队成员利益，从而提高创业成功的可能性。

④创业计划。即制订成员在不同阶段分别要做哪些工作以及怎样做的指导计划。创业计划规定了团队成员在不同阶段要做哪些工作以及怎样做，这些方案保证了创业团队的工作顺利进行，最终达到创业目标。

二、创业团队的作用

现代企业，需要的是少走从前的弯路，而从一开始就走规范化管理道路，因此，创业者在注册公司时就应该组建创业团队。一个好的创业团队对新创科技型企业的成功起着举足轻重的作用。新型风险企业获取资源能力及企业发展潜力，与企业管理团队的素质之间有着十分紧密的联系。一个喜欢独立奋斗的创业者固然可以谋生，一个团队的营造者却能够创建出一个组织或一个公司，而且是一个能够创造重要价值并有收益选择权的公司。创业团队的凝聚力、合作精神、立足长远目标的敬业精神会帮助新创企业度过危难时刻，加快成长步伐。另外，团队成员之间的互补、协调以及与创业者之间的补充和平衡，能够对新创科技型企业起到降低管理风险、提高管理水平的作用。

在一项针对 104 家高科技企业的研究报告指出，在年销售额达到 500 万美元以上的高成长企业中，有 83.3%是以团队行事建立的；而在 73 家停止营业的企业中，仅有 53.8%的企业拥有数位创始人。

Arild Aspelund 对新创科技型公司的创业团队研究表明，创业是一个包含众多人的组织形成过程，特别是这个过程更为复杂的科技型公司要求输入更多的能力。Arild Aspelund 还研究了团队成员在创业过程的不同阶段个人经历、能力和资源控制水平对新型企业生存率的影响，认为创业团队的素质能提高新型企业的生存状况，创业团队对科技型公司生存的影响最大的并不是团队本身的大小，而是团队成员的经历。另外，广泛的经验问题比团队的异质性影响更大。

三、创业团队的类型及特点分析

不同类型创业团队各有其特点。

(一)领袖型创业团队

创业团队中有一个核心人物充当"主导"角色。一般是某人先有了成熟的技术或者创意，在深入调研、充分论证，甚至已经拥有资金的情况下，再根据技术或者项目的推广需要，找到相关专业的人员参与。

因此，在团队形成之前，核心人物已经根据自己的想法选择相应人员加入团队。这些加入创业团队的成员可能是以前熟悉的，也可能是不熟悉的，在创业中扮演的更多是支持者角色。这种创业团队的特点在于：第一，组织结构紧密、向心力强，主导人物在组织中对其他个体影响较大；第二，决策程序相对简单，组织效率较高；第三，易形成权力过分集中的局面，从而加大决策失误的风险；第四，当其他团队成员和主导人物发生冲突时，因为主导人物的特殊权威，其他团队成员易在冲突中处于被动地位，有时候会导致其他成员离开团队。

(二)伙伴型创业团队

创业团队成员主要来自因为经验、友谊和兴趣爱好相同的伙伴，彼此在一起发现商业机会。在创业团队组成时，大家根据各自的特点进行自发的组织角色定位。因此，在企业初创时期，各位成员基本上扮演的是协作者或者伙伴角色。

这种创业团队的特点在于：第一，团队没有明确核心，整体结构较为分散；第二，组织决策时，一般采取集体决策的方式，通过大量的沟通和讨论达成一致意见，因此组织的决策效率相对较低；第三，由于团队成员在团队中的地位相似，因此容易在组织中形成多头领导的局面；第四，当团队成员之间发生冲突时，一般都采取平等协商、积极解决问题的态度消除冲突，团队成员不会轻易离开。

(三)核心型创业团队

这种创业团队是由伙伴型创业团队演化而来，基本上是前两种的中间形态。在团队中，有一个核心成员，但该核心人物从某种意义上来说是整个团队的代言人，而不是主导型人物，其在团队中的行为必须充分考虑其他团队成员的意见，不如领袖型创业团队中的核心人物那样有权威。这种创业团队的特点是：第一，核心成员地位的确立是团队成员协商的结果，因此，该核心成员具有一定的威信，能作为整个团队的主导；第二，团队的领导是在创业过程中形成的，既不像领袖型创业团队那样集权，又不像伙伴型创业团队那样分散；第三，核心成员的行为必须充分考虑团队其他成员的意见，不像领袖型创业团队中的核心主导人物那样具有权威。

四、创业团队成员素质要求

创业团队是不同的人组成的，成员在专业知识和能力方面各有不同，这是创业团队成功创业的一个前提条件。对于创业团队成员的素质要求，主要从以下几个方面展开：

(一)人品

人品指的是人的品性道德，在人的行为上体现为"责任、利他"，个体依据一定的社会道德准则和规范行动时，对社会、对他人、对周围事物所表现出来的稳定的心理特征或倾向，在现阶段则是以社会主义核心价值观作为个体行动的价值导向。创业团队管理者的人品决定了团队的价值取向，是否形成符合社会主义核心价值观的团队文化则决定了企业能够走多远，所以管理者管理团队的能力和人品将直接决定所创企业的命运，而创业团队成员能否团结一致，除了共同的经济利益之外，还有很重要的一点就是人品。

（二）专业技能互补

核心团队成员在专业技能上要具有互补性。这种互补，既包括知识、经验上的互补，也包括能力上的互补。创业初始阶段，受各种资源尤其是资金限制，创业团队的组建以建立精简高效团队为目标。因此在团队成员构成上，力求做到专业技能与能力互补，避免出现专业技能与能力重复现象。中星微电子有限公司在创建的时候，创始人邓中翰、杨晓东和金兆伟分别具有不同的专业和从业背景，邓中翰具有理、工、商专业背景，且有 IBM 公司工作经历，在知识结构和能力方面比较全面；杨晓东是电子工程学博士，具有英特尔和惠普的工作经历，长期从事 CMOS 大规模集成电路系统的研究，有技术特长；金兆伟具有丰富的市场经验。三人的专业技能和能力形成互补，在企业运营管理方面，邓中翰负责全面工作，杨晓东负责技术开发，而金兆伟负责市场销售。三人相互配合共同创建了中星微电子有限公司。

（三）相互包容

相互包容要求创业团队成员既要能接受他人优点，也要能容忍他人缺点，还要有容人雅量，敢于任用知识和能力比自己优秀的人。与他人合作共同创业，成就个人梦想，需要创业者具有识人眼光，要有敢于用人的魄力，这也是作为领导者整合人才资源的第一条件。大行不顾细谨，成大事者历来都是心胸似海之人。

（四）全局意识

“不谋全局者，不足谋一域”，创业团队成员在创业过程中要有全局意识，既要处理好团队利益与个人利益关系，又要处理好长期利益与短期利益关系，每个成员要从全局出发处理上述关系。中信资本是由中信集团旗下的中信泰富和中信国金金融控股两家香港上市公司联合创建的。建立初期，恰逢互联网泡沫破灭，世界经济萎靡。受此影响，香港经济形势到 2002 年依然没有好转，一些著名的大投行不得不裁员，而中信资本却逆流而上，从企业长远发展考虑，不仅没有裁员，反而借机聘请了一批业务拔尖人才。现任中信资本 CEO 张懿宸认为，在组建中信资本的过程中，凡事都要想得长远，投行最大的成本是人力成本，做投行的前两年就要先投钱把人养活，然后再挣钱，在有人才的前提下，业务才能发展起来。

第二节　创业团队的组建

最好的 CEO 是构建他们的团队来达成梦想，即便是迈克尔·乔丹也需要队友来一起打比赛。

——通用电话电子公司董事长　查尔斯·李

大雁是一种天生的合作者。当我们看见成群的大雁排成“人”字形队伍步调一致地飞行时，不禁为它们的表演而惊叹。科学家发现，大雁以这种形式飞行，要比单独飞行多出12%的距离。因为为首的大雁在前面开路，能帮助它两边的雁形成局部的真空，从而减少飞行过程中的空气阻力。更可贵的是，在飞行过程中，领头雁并非一成不变，而是会定期变换领导者。可见，头领在团队中扮演着多么重要的角色。也正是这种团队协作精神，使大雁能够长途跋涉，飞越千山万水。在创业过程中，创业者也需要像大雁一样组建成团队，用团队的力量克服创业中的困难，通过打造高效团队，充分发挥每个成员的力量，实现"1+1 >2"的效果，最终实现创业梦想。

一、创业团队组建的原则

组建创业团队，首先应考虑创业计划实施过程中所需人员应具备的基本知识与能力，从而按照实际需要组织能够担当各种职能的团队成员。组建创业团队一般要遵循以下原则：

（一）目标明确合理原则

目标必须明确，这样才能使团队成员清楚地认识到共同奋斗方向是什么。与此同时，目标也必须是合理的、切实可行的，这样才能真正达到激励的目的。

（二）互补原则

创业者之所以寻求团队合作，其目的就在于弥补创业目标与自身能力间差距。只有当团队成员相互间在知识、技能、经验等方面实现互补时，才有可能通过相互协作发挥出一加一大于二的协同效应。

（三）精简高效原则

为了减少创业期的运作成本、最大化地分享成果，创业团队人员构成应在保证企业能高效运作的前提下尽量精简。

（四）动态开放原则

创业过程是一个充满了不确定性的过程，团队中可能因为能力、观念等多种原因不断有人离开，同时也有人要求加入。因此，在组建创业团队时，应注意保持团队的动态性和开放性，使真正完美匹配的人员能吸纳到创业团队中来。

二、创业团队组建的主要影响因素

创业团队的组建受多种因素的影响，这些因素相互作用、共同影响团队组建过程并进一步影响着团队组建后的运行效率。

（一）创业者

创业者的能力和思想意识从根本上决定了是否要组建创业团队以及团队组建的时间表和由哪些人组成团队。创业者只有在意识到组建团队可以弥补自身能力与创业目标之间存在的差距，才有可能考虑是否需要组建创业团队，以及对什么时候需要引进什么样的人员才能和自己形成互补做出准确判断。

（二）机会

不同类型创业机会需要不同的创业团队类型。创业者应根据创业者与商机间的匹配程度，决定是否要组建团队以及何时、如何组建团队。

（三）团队目标与价值观

共同的价值观、统一的目标是组建创业团队的前提，团队成员不认可团队目标，就不可能全心全意为此目标的实现而与其他团队成员相互合作、共同奋斗。而不同的价值观将直接导致团队成员在创业过程中脱离团队，进而阻碍创业团队作用的发挥。没有一致的目标和共同的价值观，创业团队即使组建起来，也无法发挥协同作用，从而不能形成有效的战斗力。

（四）团队成员

团队成员的能力总和决定了创业团队整体能力和发展潜力。创业团队成员的才能互补是组建创业团队的必要条件。而团队成员间的互信是形成团队的基础，互信的缺乏，将导致团队成员出现协作障碍，从而影响创业的顺利进行。

（五）外部环境

创业团队的生存和发展直接受到了制度性环境、基础设施服务、经济环境、社会环境、市场环境、资源环境等多种外部要素的影响。这些外部要素从宏观上间接地影响着创业团队组建的类型。

三、创业团队的组建程序

创业团队的组建是一个复杂的过程，不同类型的创业项目所需团队不一样，创建步骤也不尽相同。概括来讲，创业团队组建程序如下：

（一）明确创业目标

创业团队的总目标就是要通过完成创业阶段的技术、市场、规划、组织、管理等各项工作实现企业从无到有、从起步到成熟。总目标确定之后，为了推动团队最终实现创业目标，再将总目标加以分解，设定若干可行的、阶段性的子目标。

（二）制订创业计划

在确定了一个个阶段性子目标以及总目标之后，紧接着就要研究如何实现这些目标，这就需要制订周密的创业计划。创业计划是在对创业目标进行具体分解的基础上，以团队为整体来考虑的计划，创业计划确定了在不同的创业阶段需要完成的阶段性任务，通过逐步实现这些阶段性目标来最终实现创业目标。

（三）招募合适的人员

招募合适的人员也是创业团队组建最关键的一步。关于创业团队成员的招募，主要应考虑两个方面：一是考虑互补性，即考虑其能否与其他成员在能力或技术上形成互补。这种互补性形成既有助于强化团队成员间彼此的合作，又能保证整个团队的战斗力，更好地发挥团队的作用。一般而言，创业团队至少需要管理、技术和营销三个方面的人才。只有这三个方面的人才形成良好的沟通协作关系后，创业团队才可能实现稳定高效；二是考虑适度规模，适度的团队规模是保证团队高效运转的重要条件。团队成员太少则无法实现团队的功能和优势，而过多又可能会产生交流障碍，团队可能会分裂成许多较小的团体，进而大大削弱团队的凝聚力。一般认为，创业团队的规模控制在 2 ~12 人之间最佳。

(四)职权划分

为了保证团队成员执行创业计划、顺利开展各项工作，必须预先在团队内部进行职权的划分。创业团队的职权划分就是根据执行创业计划的需要，具体确定每个团队成员所要承担的职责以及相应所享有的权利。团队成员间职权的划分必须明确，既要避免职权的重叠和交叉，也要避免无人承担造成工作上的疏漏。此外，由于还处于创业过程中，面临的创业环境又是动态复杂的，会不断出现新的问题，团队成员可能不断出现更换，因此创业团队成员的职权也应根据需要不断地进行调整。

(五)构建创业团队制度体系

创业团队制度体系体现了创业团队对成员的控制和激励能力，主要包括团队的各种约束制度和各种激励制度。一方面，创业团队通过各种约束制度(组织内部的各种规章制度)指导其成员避免做出不利于团队发展的行为，对成员行为进行有效的约束，保证团队的稳定秩序。另一方面，创业团队要实现高效运作要有有效的激励机制(主要包括利益分配方案、奖惩制度、考核标准、激励措施等)，团队成员才能看到随着创业目标的实现，其自身利益将会得到怎样的改变，从而达到充分调动成员的积极性、最大限度发挥团队成员作用的目的。要实现有效的激励，首先必须把成员的收益模式界定清楚，尤其是关于股权、奖惩等与团队成员利益密切相关的事宜。需要注意的是，创业团队的制度体系应以规范化的书面形式确定下来，避免带来不必要的混乱。

(六)团队的调整融合

完美组合的创业团队并非创业一开始就能建立起来的，很多时候是在创立一定时间以后随着企业的发展逐步形成的。随着团队的运作，团队组建时人员匹配、制度设计、职权划分等方面的不合理之处会逐步暴露出来，这时就需要对团队进行调整融合。由于问题的暴露需要一个过程，因此团队调整融合也应是一个动态持续的过程。在完成了前面的团队组建工作之后，团队运行过程中，需要针对出现的问题进行不断的改进、调整，直至团队成员能融洽地合作为止。在进行团队调整融合的过程中，保证团队成员间经常进行有效的沟通与协调是关键，团队成员之间的有效沟通能提高成员参与团队建设的积极性，是团队调整融合顺利推进的保障。

四、创业团队组织设计

组织结构是组织内正式的工作安排，它对组织内权利与责任进行制度的安排，服务于组织诸多活动。不同企业采用的组织结构不同，但各企业在进行组织结构设计时都是以服务于企业经营管理活动为目的。

富士康集团作为一家世界最大的代工工厂，在全球拥有 120 万名左右员工，富士康郑州科技园拥有大约 13 万名员工，主要代工苹果手机。这种工作对员工文化水平要求不高，但严格的产品质量标准决定了从事这一工作要求一个融合了单调、结构化、纪律性以及重复性的环境。但在那里，富士康员工有效率且有成效地完成了工作。而在思科公司，70%以上的员工至少有 20%的时间在家里办公，员工的工作环境与工作时间是弹性的。这两个企业尽管组织结构不同，管理方式也不相同，但都使必要的工作得以顺利完成。

传统的组织结构主要有简单型结构、职能型结构和事业部型结构。尽管经济发展已经进入信息化时代，但现在的企业在进行组织结构设计时，依然可以从这些传统组织结构设计中进行选择或借鉴。

（一）传统组织结构

①简单型组织结构

大多数企业在创业之初，都采取了这一组织结构。简单型组织结构是一种部门化程度低、管理跨度大、权力较为集中、正规化程度低的组织设计。在创业初期，由于企业规模较小、资源有限，采用这种组织结构设计是比较合理的。然而，随着企业的发展，员工数量的增加，大多数企业会改变组织结构，使组织结构变得更加专门化和正规化。企业开始健全规章制度，增加管理层次，管理跨度变窄，管理活动趋于专门化。

②职能型组织结构

职能型组织结构将所有与特定活动相关的人的知识和技能合并在一起，为组织提供纵深知识结构。在职能型组织结构中，组织从上而下按照相同的职能将各种活动组合起来。比如，营销部门集中了企业全部的营销人员，由营销部门的负责人进行管理，研发、生产、财务等部门也是如此。职能型组织结构有助于实现规模效应，节约企业运营成本；但由于部门分割，各部门员工对整体目标了解有限，缺乏全局意识，带来了整体协调性差、反应迟钝等后果。

③事业部型组织结构

事业部型组织结构，也称作产品部结构或战略经营单位。在这种结构下，可以按单项的产品或服务、产品群组、大型的项目或规划、事业、业务或利润中心来组建事业部。这种组织结构有助于组织针对外部环境变化快速做出改变；但它的每一个事业部都拥有相同或相似的部门，这样造成了企业资源配置重复，提高了企业运营成本。

从上述对传统组织结构的简单介绍中，可以看出，简单型组织结构比较适合企业初创期，而职能型、事业部型尤其是事业部型组织结构是企业发展到一定阶段后采用的组织结构。

（二）影响团队组织设计的因素

①环境因素

环境因素与组织设计之间在许多方面存在着关联性。Burns 和 Stalker（1961）把环境分为稳定的环境和不稳定的环境两种，他们根据对环境因素与组织设计之间的关系进行研究，提出了两类组织设计：机械性组织和有机型组织。

机械型组织里，权力高度集中，任务和规则非常明确，员工被严密监督、没有自主权。大多数机械性组织有着僵化的规章制度和自上而下的沟通方式。当组织处于稳定的环境时，采用机械型组织是合适的。比如，当企业需要向市场提供标准一致的产品时，采用这一组织形式可以达到目的。当企业处于初创的混乱时期，管理者倾向于采取机械型组织，使得企业组织更加机械化，拥有清晰的管理思路，更加顺畅地贯彻执行自己的管理意志。

有机型组织里，职权分散化，规则和程序较少，鼓励员工相互协调快速反应以应对不能预期的任务。这种组织结构比较适合不稳定的环境，比如信息技术企业，由于技术、消费者等外部环境变化较快，采用有机型组织结构，便于适应不断变化的环境。

②竞争战略因素

关于企业竞争战略，最著名的理论是波特的竞争战略理论。波特把竞争战略分为成本领先战略和差异化战略。

采用成本领先战略的管理者在设计组织结构时，从提高组织效率、节约成本的角度出发，与较强的集权、严密的质量控制、标准化的操作流程等密切联系。在这样的企业里，员工没有自主决策权，员工的行为受到严格的限制。

与之相反，采用差异化战略则要求管理者考虑组织的学习能力，需要员工不断地进行学习，这种组织比较重视产品研发能力、顾客服务能力，因此需要组织各部门能够便利地进行横向联系，员工在工作中会得到充分授权，拥有决策自主权，这种组织通常是一种富有弹性的组织结构。

③企业生命周期因素

企业处于不同生命周期阶段，组织结构设计有所不同。达夫特(1999)把企业生命周期划分为创业、集体化、规范化和精细化四个阶段，在每一个阶段，企业的组织结构、产品或服务、奖励与控制、创新力量、目标和高层管理方式等方面各有不同。

在创业阶段，企业经营重点是向市场提供一种产品或服务，并在市场竞争中生存下来。此时的企业组织是非正规的，不具有行政式结构特征。企业的工作时间往往很长，并依靠创业者的亲自监督来实施控制。在这一阶段，企业规模往往比较小，管理者数量较少，最高管理者决定组织结构和控制方法。

④管理者因素

对组织结构产生影响的因素中，管理者的因素影响最大。组织中的管理者拥有决策权力，在选择组织结构时，管理者拥有最终决策权力。另外，不同管理者代表不同群体的利益，组织结构必然反映出最强利益群体的利益。

创业团队在进行组织结构设计时，也会受团队成员的影响，拥有最大决策权的团队成员将决定创业团队采用什么样的组织结构。

五、创业团队组建的风险成因

创业团队在组建过程中面临着诸多风险，而这些风险则影响创业的成败。影响创业团队组建的风险因素主要有：

(一)盲目照搬成功的组建模式

创业团队的组建基本可以分成三种模式：关系驱动、要素驱动和价值驱动。关系驱动是指以创业领导者为核心的人际关系圈内成员构成团队。他们因为经验、友谊和共同的兴趣爱好结成合作伙伴，发现商业机会后共同创业。要素驱动是指创业团队成员分别贡献创业所需的创意、资源和操作技能等要素。由于这些要素完全互补，团队成员之间处于相对平等的地位。价值驱动是指创业成员将创业视为一种实现自我价值的手段，他们的使命感很强，渴望取得创业成功。不同的组建模式适用的条件不尽相同，如果盲目照搬某种组建模式，会给企业带来巨大风险。现在应用最广泛的是关系驱动模式，它比较适用中国文化特点，其团队的稳定性相对较高。但是，关系的远近亲疏经常会成为制约团队发展的瓶颈。要素驱动模式比较符合西方文化特点，现在的互联网创业团队大多属于这种模式，如果成员之间磨合顺利，可以缩短企业成功所需的时间，但是如果磨合不顺利，就很容易发生解散风险。价值驱动模式中的团队成员虽然是为了追求自我实现组合在一起，但是一旦产生分歧，就是路线斗争，没有妥协的余地。

(二)团队成员选择具有随意性和偶然性

创业团队要将个体的力量整合成为聚集的攻击力，并保持这种攻击力的持久性。英国学者贝尔宾曾经考察了1000多支团队，研究理想创业团队的构成，最后提出了"九种角色"论，即成功的团队必须包含九种不同角色的人。这九种角色分别是：提出创新观点并做出决策的创新者；将思想语言转化为行动的实干者；将目标分类，进行角色职责与义务分配的协调者；促进决策实施的推进者；引进信息与外部谈判的信息者；分析问题与看法并评估别人贡献的监督者；给予个人支持并帮助他人的凝聚者；强调任务的时效性并完成任务的完美主义者；以及具有专业技能和知识的专家。

但是，在团队组建初期，由于规模和人数的限制，创业团队在成员选择方面考虑不够全面，过于随意和偶然，甚至只是因为碰巧谈到创业问题而一拍即合，所以不可能完全具备这九种角色，之后又没有进行及时补充，或是在团队中承担某种角色的人才过多，团队成员之间角色和优势重复，这些都会引发各种矛盾，最终导致整个创业团队的解散。

(三)缺乏明确和一致的团队目标

心理学家马斯洛指出，杰出团队的显著特征是具有共同的愿景与目标。凝聚人心的愿景与经营理念，是团队合作的基础。目标则是共同愿景在客观环境中的具体化，能够为团队成员指明方向，是团队运行的核心动力。

事实上，在创业初期，创业团队的目标一般并不十分清晰和明确，可能只是一个朦胧的发展方向，有些人甚至不明白自己为什么会走上创业的道路。而且即使创业领导者的目标明确，也不能保证其他成员能够完全准确地理解团队目标的含义。随着创业进程的推进以及外界环境的变化，团队成员可能会发现原先确定的目标和现实之间存在差距，必须对目标进行适当调整，此时如果团队成员之间意见难以调和，或是个人目标与组织目标出现较大的不一致，那么团队就会面临解散的风险。

(四)激励机制不完善

有效激励是长期保持团队士气的关键。如果缺乏有效的激励，团队或者组织的生命都难以长久，有效激励的重点是给予团队成员合理的"利益补偿"。根据2004年6月对200多名在职工商管理研修班的学员进行的《创业管理调查》结果得知，影响创业团队合作的主要原因分别是团队矛盾(26%)和利益分配(15%)。团队矛盾的背后或多或少存在利益影响，因此可以看出，利益分配对于创业团队的持续发展有着重要的意义。

实际上，在团队组建初期，由于企业前途未卜，各成员在创业企业中的作用和贡献无法准确衡量，团队无法给出一个明确的利益分配方案，可能只是简单地采取平均主义的做法。这样，随着企业的发展和利润的增加，团队成员在利润分配时就会出现争议，从而导致创业团队解散。无锡尚德太阳能电力有限公司，在创业初始的两年里一直处于亏损状态，后来业务稍有起色，就因为利润分配方案不健全等原因，五个人的创业团队走了四人，只剩下施正荣一个人维持，而且离开的四人后来均进入了光伏电池行业，成为施正荣的竞争对手。

六、创业团队的风险控制

针对创业团队组建的风险因素，创业团队的风险控制主要从以下几个方面展开：

(一)选择合理的团队成员

建立优势互补的创业团队是保持创业团队稳定的关键，也是规避和降低创业风险的有效手段。在团队创建初期，人数不宜过多，能满足基本的需求即可。在成员选择上，要综合考虑成员在能力和技术上的互补性，基本保证具备理想团队所需的九种角色。而且，成员的能力和技术应该处于同一等级，不宜差异过大。如果团队成员在对项目的理解能力、表达能力、执行能力、思维创新能力等方面存在较大的差异性，就会产生严重的沟通和执行障碍。

此外，在选择成员时还要考虑创业激情的影响。在企业初创阶段，所有成员每天都需要超负荷工作，如果缺乏创业激情和对事业的信心，不管其专业水平多高，都可能成为团队中的消极因素，对其他成员产生致命的负面影响。

"携程网"的成功，除了抓住互联网快速发展的契机，良好的创业团队是其成功的关键。"携程网"的团队成员来自美国甲骨文公司、德意志银行和上海旅行社等，是技术、管理、金融运作和旅游的完美组合。大家共同创业，分享各自的知识和经验，避开了很多创业"雷区"。

(二)确定清晰的创业目标

创业团队在实践中要不断总结和吸取教训，形成一致的创业思路，勾画出共同的目标，以此作为团队努力的目标和方向，鼓励团队成员积极掌握工作内容和职责，竭诚与他人合作交流，贡献个人力量。

创业团队的目标必须清晰明确，能够集中体现出团队成员的利益，与团队成员的价值观趋于一致，并保证所有团队成员都能正确理解，这样才能发挥鼓励和激励团队成员的作用。此外，创业团队的目标还必须切实可行，既不应太高，也不应太低，而且要随着环境和组织的变化而更新和调整。

(三)制定有效的激励机制

正确判断团队对成员的"利益需求"是有效激励的前提。实际上，不同类型的人员对于利益的需求并不完全一样，有些成员将物质追求放在第一位，而有些成员则是希望能够获得荣誉、拥有发展机会、提高能力等其他利益。因此，创业团队的领导者必须加强与团队成员的交流，针对各成员的情况采取合理的激励措施。

创业团队的利润分配体系必须体现出个人贡献价值的差异，而且要以团队成员在整个创业过程中的表现为依据，而不仅是某一阶段的业绩。其具体分配方式要具有灵活性，既包括诸如股权、工资、奖金等物质奖励，也包括个人成长机会和相关技能培训等内容，并且能够根据团队成员的期望进行适时调整。

腾讯公司马化腾的创业团队多年来十分稳定，与其利润分配机制的有效性是分不开的。虽然腾讯公司的股权多次转让，但是它的五位创始人一直共同持有公司的大部分股份。公司的上市更是使得创业团队的五位成员成为亿万富翁。

总之，创业成功，需要一个优秀的领导者和一个优秀的团队，从成功者的案例中获取经验，借鉴他人的失败的教训，有利于创业者在创业过程中少走弯路。

第三节　创业团队的管理

凝聚产生力量，团结诞生希望。

——席勒

创业团队管理的重点在维持团队稳定的前提下发挥团队的多样性优势。有效的管理团队能使各个本来分散的个体和具有不同能力、不同个性的人组成一个有共同目标、相互协调的整体。团队管理就是要使团队具有不断改善、不断革新的精神，使每个人的才能不停留在原有水平上，而是不断地发展和增强，通过凝聚团队的力量解决创业中的难题。

一、打造团队精神

团队精神是团队成员的精神支柱，是创业成功的基石。拥有和谐向上的团队文化是进行团队管理的灵魂。团队精神和团队文化能充分调动整个小组成员的团队意识，相互理解和支持，为实现团队的目标共同奋斗。

(一)重视团队精神

一个没有团队精神的团队或者企业，一切美好的想法和愿望都将成为“零”；没有团队意识的员工，无论学识有多高、技术有多精，对企业来讲都是“零”。只有具备团队精神的团队，才会形成一种无形的向心力、凝聚力和塑造力。

(二)形成团队精神

第一，培养团队成员的敬业精神。敬业是积极向上的人生态度，而兢兢业业做好本职工作是敬业精神中最基本的一条。要做到敬业，就要求创业者具有“三心”：耐心、恒心和决心。任何事情都不是一蹴而就的，不可只凭一时的热情、三分钟的热度来工作，也不能在情绪低落时就马马虎虎、应付了事。特别在创业初期，创业者要勇敢地面对并解决困难，而不是一遇到困难就退缩。

第二，建设学习型团队。每个成员的学习、每次团队的讨论，都是团队成员思想不断交流、智慧火花不断碰撞的过程。爱尔兰作家萧伯纳有句名言：两个人各自拿着一个苹果，互相交换，每人仍然只有一个苹果；两个人各自拥有一个思想，互相交换，每个人就拥有两个思想。如果团队中每个成员都能把自己掌握的知识、技术、思想与其他人进行分享，集体的智慧势必大增，团队的学习力就会大于个人的学习力，团队智商就会高于每个成员的智商，整体大于部分之和。

第三，建立竞争型团队。人类社会的发展遵循着优胜劣汰的法则，在激烈的市场竞争条件下，竞争意识应渗透到团队建设之中，从而建立一个竞争型的团队。竞争型团队必须具有竞争意识，敢于正视自己，敢于面对强手。竞争型团队要提高自身水平和技能，能有效完成团队任务。竞争型团队在建立内部竞争机制时，要注意成员之间的关系是建立在理性基础上的竞争，而不是斗争。要用争论来激活团队的气氛，激发成员的竞争意识。要以发展来吸引人，以事业来凝聚人，以工作来培养人，以业绩来考核人，用有情的鼓励和无情的鞭策，让团队的每一个人都能以积极的心态工作，实现和超越自我，最大限度地发挥团队威力。

（三）塑造团队文化

高效的团队注重团队文化的建设，尤其是共同价值观的培养。团队文化是由团队价值观、团队使命、团队愿景和团队氛围等要素综合在一起而形成的。塑造团队文化的关键就是要在团队形成与发展过程中确立团队价值观、团队使命和团队愿景，并以此为基础逐渐形成相应的团队文化氛围。

二、优化创业团队运作机制

（一）做好决策权限分配

创业团队内部需要妥善处理各种权力和利益关系，确定团队成员的岗位职责与权限。在治理层面，主要解决剩余索取和剩余控制权问题。治理层面的规则大致可以分为合伙关系与雇佣关系。同时，还必须建立进入机制和退出机制，约定以后创业者退出的条件和约束，以及股权转让、增股等问题的处理方法。而在管理层面，最基本的原则有三条：一是平等原则，制度面前人人平等；二是服从原则，下级服从上级，行动要听指挥；三是秩序原则，不能随意越级指挥，也不能随意越级请示。大学生创业团队内部的管理界限没有那么明显，但一定要把决策权限理清，做到权责明确。

（二）制定员工激励办法

新创团队需要妥善处理创业团队内部的利益关系。大学生创业的资金筹措本来就是难题，团队的报酬体系就显得尤为重要，分配就应该更加合理谨慎。团队的管理者要认真研究和设计整个团队的报酬体系，使之具有吸引力，并且使报酬水平不受贡献水平的变化和人员增加的限制，即能够保证按照贡献付酬，不因人员增加而降低报酬水平。

（三）建立业绩评估体系

业绩考核必须与个人的能力、团队的发展、扮演的角色和取得的成绩结合起来。传统的绩效评估体系和绩效管理只关注个人绩效如何，而不考虑个人绩效与团队绩效如何更好地进行结合。造成这种状况的原因多种多样，包括评估不及时、各方意见不能真实反映实际情况、评估含糊不清、易掺入情感因素等。成功的绩效管理不再限定于只注重个人的绩效，而是更加注重整体表现。这样的方法能让员工个人了解团队合作的重要性，个人需要不断进行自我调整以适应不断变化的环境和业务发展。

三、创业团队领导者角色与行为策略

创业团队领导者是创业团队的灵魂。每个团队都必须有一个创业领导者或者灵魂。创

业团队领导者是整个团队力量的协调者和整合者，其能力和行为对创业团队的高效运转，乃至创业项目的实施有着至关重要的作用。主要体现在以下几个方面。

(一)项目策划

创业团队领导者是项目策划的召集人和组织者。项目策划包括策略思考与计划编制等。项目策划必须注意几方面问题：第一，必须弄清楚策划项目的价值所在，所设计的范围和有关的限制因素，以及创建企业市场服务的定位；第二，确定由谁作为该项目的策划小组负责人；第三，当选定创业目标，在资金、人脉、市场等方面条件都已准备妥当或已积累了相当的实力后，要带领团队准备完整的创业经营计划。创业经营计划除了能让创业者自己坚定创业目标、梳理创业内容之外，还可以说服他人合资、入股，甚至可以募得创业资金。

(二)组织实施

创业团队领导者在制订行动计划后，要组织团队成员去实施。计划的执行程度和创业领导者的组织实施能力呈正相关的关系。创业领导者在组织团队实施计划的过程中，必须注意以下几个问题：一是团队行动必须随着企业创业环境的变化而变化，必须与创业企业的发展目标相适应；二是设计组织改革方案时要集思广益，团队成员要共同参与思考、设计组织改革的基本框架和操作流程；三是要创造一个有利于激活企业组织的良好氛围。创业团队领导者要充分发挥自己的组织领导能力，确立改革创新理念，使组织能够沿着健康的方向发展。

(三)提高领导力

创业团队领导者是一个指挥员，要精明果断，能根据具体情况设计出最佳的组织结构形式。善于量才用人，用其所长，避其所短，最大限度地发挥团队成员的主观能动性，做到统筹兼顾，合理安排，指挥调度得当，善于抓住决策时机，及时下达正确的指令，使团队成员协调一致。

(四)加强控制

控制是指根据既定的目标不断跟踪和修正所采取的行为，以实现预想的目标或业绩。控制的主要目的是使正确的行动得到长期保持，错误的行为得到及时修正。通过评估和监控创业团队的绩效，将实际的表现与预先设定的目标进行比较，纠正显著的偏差，使创业回到正确的轨道。由此，需采取两个具体措施：考核与激励。对执行计划的团体和个人加以考核和监督；激励员工以提高工作兴趣和工作效率。

案例与阅读资料

新东方创业团队

俞敏洪，1962年10月出生于江苏江阴，1980年考入北京大学西语系，毕业后留校担任北京大学外语系教师，1991年9月，俞敏洪从北京大学辞职，开始自己的创业生涯。

1993年，俞敏洪创办了新东方培训学校，创业伊始，俞敏洪单枪匹马，仅有一个不足十平方米的漏风的办公室里，零下十几度的天气，自己到大街上张贴广告，招揽学员。

“任何事情都是你不断努力去做的结果，当你碰到困难的时候，你不要把他想象成不可克服的困难，在这个世界上没有任何困难是不可克服的，只要你勇于去克服它！”正是凭借着这种不怕困难、勇于克服困难的精神，新东方不断发展壮大，俞敏洪还把“从绝望中寻找希望”作为新东方的校训。

1994 年，俞敏洪已经投入 20 多万元，新东方已经有几千名学员，在北京也已经是一个响亮的牌子，他看到了一个巨大而诱人的教育市场。俞敏洪喜欢教书，他曾经说过：我这辈子什么都可以离开，就是不可以离开讲台。对教师职业的热爱和新东方的发展壮大，让他决定他不仅要做一个教师，一个校长，还要做一个教育家。

一、聚集人才

在新东方创办之前，北京已经有三四所同类学校，参加新东方培训的多是以出国留学为目的。新东方能做到的，其他学校也能做到。就当时的大环境而言，随着出国热，以及人们在工作、学习、晋升等方面对英语的多样化要求，国内掀起了学习英语的热潮，越来越多的优秀教师加入英语培训这个行业，如何先人一步，取得自己的竞争优势，把新东方做大做强，俞敏洪认识到英语培训行业必须要具备一流的师资。

培训学校普遍做不大是有原因的，由于对个别讲师的过分倚重，每个讲师都可以开一个公司，但是每个公司都做得不大。所以，俞敏洪需要找到更多的合作伙伴，帮他控制住英语培训各个环节的质量。而这样的人，不仅要有过硬的专业知识和能力，更要和俞敏洪本人有共同的办学理念。他首先想到的是远在美国的王强、加拿大的徐小平等人，实际上这也是俞敏洪思考了很久所做的决定——这些人不仅符合业务扩展的要求，更重要的是这些人作为自己在北大时期的同学、好友，在思维上有着一定的共性，肯定比其他人能更好地理解并认同自己的办学理念，合作也会更坚固和长久。

这时他遇到了一个和他有着共同梦想的惺惺相惜的朋友——杜子华，杜子华像一个漂泊的游侠，研究生毕业后游历了美国、法国和加拿大，凭着对外语的透彻领悟和灵活运用，在国外结交了许多各色朋友，也得到了不少让人羡慕的机会。但是他在国外呆的时间越久，接触的人越多，就越是感觉到民族素质提高的重要和迫切。要提高一个人、一个民族的素质唯有投资教育。

1994 年在北京做培训的杜子华接到了俞敏洪的电话，几天后，两个同样钟爱教育并有着共同梦想的“教育家”会面了，谈话中，俞敏洪讲述了新东方的创业和发展、未来的构想、自己的理想、对人才的渴望……这次会面改变了杜子华单打独斗实现教育梦想的生活，杜子华决定在新东方实现自己的追求和梦想。

1995 年，俞敏洪来到加拿大温哥华，找到曾在北大共事的朋友徐小平。这时的徐小平已经来到温哥华 10 年之久，生活稳定而富足。俞敏洪不经意地讲述自己创办新东方的经历，文雅而富有激情的徐小平突然激动起来：“敏洪，你真是创造了一个奇迹啊！就冲你那 1000 人的大课堂，我也要回国做点事！”

随后，俞敏洪又来到美国，找到当时已经进入贝尔实验室工作的同学王强。1990

年，王强凭借自己的教育背景，3年就拿下了计算机硕士学位，并成功进入著名的贝尔实验室，可以说是留学生中成功的典型。白天王强陪着俞敏洪参观普林斯顿大学，让他震惊的是，只要碰上一个黑头发的中国留学生，竟都会向俞敏洪叫一声“俞老师”，这里可是世界著名的大学啊。王强后来谈到这件事时说自己当时很震惊，受到了很大的刺激，俞敏洪说，你不妨回来吧，回国做点自己想做的事情。

就这样，徐小平和王强都站在了新东方的讲台上。1997年，俞敏洪的另一个同学包凡一也从加拿大赶回来加入了新东方，新东方就像一个磁场，凝聚起一个个年轻的梦想，这群在不同土地上为了求学，洗过盘子、贴过广告、做过推销、当过保姆的年轻人，终于找到一个突破口，年轻人身上积蓄的需要爆发的能量在新东方充分得到了释放。

就这样，从1994年到2000年，杜子华、徐小平、王强、胡敏、包凡一、何庆权、钱永强、江博、周成刚等人陆续被俞敏洪网罗到了新东方的门下。

二、构建团队

作为教育行业，师资构成了新东方的核心竞争力，但是如何让这支高精尖的队伍，最大限度地发挥作用，俞敏洪从学员需求出发，秉持着一种“比别人多做一点，比别人做得好一点”的朴素的创新思维，合理架构自己的团队，寻找和抓住英语培训市场上别人不能提供或者忽略的服务，使新东方的业务体系得以不断完善。

比如，当时新东方就开辟了一块由一个加拿大人主持的出国咨询业务，学员可以就近咨询，获得包括一些基本申请步骤、各个国家对待留学生的区别、各个大学颁发奖学金的流程和决策有何不同、读研究生和读博士生的区别在什么地方等必要知识。

1995年，俞敏洪逐渐意识到，学生们对于英语培训的需求已经不只限于出国考试。比如，1995年加入新东方的胡敏就应这种需求，开发出了雅思英语考试培训，大受欢迎，胡敏本人也因此被称为“胡雅思”。

徐小平、王强、包凡一、钱永强等人分别在出国咨询、基础英语、出版、网络等领域各尽所能，为新东方搭起了一条顺畅的产品链。徐小平开设的“美国签证哲学”课，把出国留学过程中一个大家关心的重要程序问题，上升到一种人生哲学的高度，让学员在会心大笑中思路大开；王强开创的“美语思维”训练法，突破了一对一的口语训练模式；杜子华的“电影视听培训法”已经成为国内外语教学培训极有影响力的教学方法，新东方的老师很多都根据自己教学中的经验和心得著书立说，并形成了自身独有的特色，让新东方成为一个有思想有创造力的地方。

俞敏洪的成功之处是为新东方组建了一支年轻而又充满激情和智慧的团队，俞敏洪的温厚，王强的爽直，徐小平的激情，杜子华的洒脱，包凡一的稳重，五个人的鲜明个性让新东方总是处在一种不甘平庸的氛围当中。

谈到团队的组建，《西游记》中由唐僧率领的取经团队被公认为是一支“黄金组合”的创业团队。四个人的性格各不相同，却又同时有着不可替代的优势。比如说，唐僧慈悲为怀，使命感很好，有组织设计能力，注重行为规范和工作标准，所以他担任团队的主管，是团队的核心；孙悟空武功高强，是取经路上的先行者，能迅速理解、完成任务，是团队业务骨干和铁腕人物；猪八戒看似实力不强，又好吃懒做，但是他善于活跃工作气氛，使取经之旅不至于太沉闷；沙僧勤恳、踏实，平时默默无闻，关键时刻他能稳如泰山、稳定局面。

但是，创业路上，并没有那么巧的机缘和条件，能幸运地集聚到这样四个不同性格的人。所以，如果只能从这四个人中挑选出两个人来作为创业成员的话，你会挑选哪两位？

在一次活动中，牛根生客串主持人，向马云和俞敏洪提出了这样一个问题。

俞敏洪选沙僧和孙悟空，马云选择了沙僧和猪八戒。两人都选择了耿直忠厚的沙僧，但是关于另一个人选，两人的选择却很有意思。

马云这样解释他为什么选择猪八戒："最适合做领袖的当然是唐僧，但创业是孤独寂寞的，要不断温暖自己，用左手温暖右手，还要一路幽默，给自己和团队打气，因此我很希望在创业过程中有猪八戒这样的伴侣。当然，猪八戒做领导是很欠缺的，但大部分的创业团队都需要猪八戒这样的人。"

俞敏洪不赞同马云的选择，他认为猪八戒不适合当一个创业伙伴，猪八戒是很能搞活气氛，让周围的人轻松起来，但是缺点也很突出，就是不坚定，需要领袖带着才能往前走。而且猪八戒既然没信念，哪好就会去哪，哪有好吃的就往哪去，很容易在创业过程中发生偏移，企业有钱时会(大赚一笔后)离开，企业没钱时也很可能会弃企业而去。而孙悟空就不会这样，他是一个很理想的创业成员。

俞敏洪列举了他的理由。他(孙悟空)的优点很明显：第一，有信念，知道取经就是使命，不管受到多少委屈都要坚持下去。第二，有忠诚，不管唐僧怎么折磨他都会帮助他一路走下去。第三，有头脑，在许多艰难中会不断想办法解决。第四，有眼光，能看到别人看不到的机会和磨难。

当然，孙悟空也有很多个人的小毛病，会闹情绪，撂担子，所以需要唐僧必要时念念紧箍咒。但是，在取经路上，孙悟空所起到的作用是至关重要的。如果将西天取经比喻成一次创业过程，孙悟空就是其中不可或缺的创业成员。

新东方的创业团队就有些类似于唐僧的取经团队。徐小平曾是俞敏洪在北大时的老师，王强、包凡一同是俞敏洪北京大学西语系 80 级的同班同学，王强是班长，包凡一是大学时代睡在俞敏洪上铺的兄弟。这些人个个都是能人、牛人。所以，新东方最初的创业成员，个个都是"孙悟空"，每个人都很有才华，而个性却都很独立，俞敏洪曾坦承：论学问，王强出自书香门第，家里藏书超过 5 万册；论思想，包凡一擅长冷笑话；论特长，徐小平梦想用他沙哑的嗓音做校园民谣，他们都比我厉害。

俞敏洪敢于选择这帮牛人作为创业伙伴，并且真的在一起做成了大事，成就了一个新东方传奇，从这一点来说，他是一个成功的创业团队领导者。他知道新东方人多是性情中人，从来不掩饰自己的情绪，也不愿迎合他人的想法，打交道都是直来直去，有话直说。因此，新东方形成了一种批判和宽容相结合的文化氛围，批判使新东方人敢于互相指责，纠正错误；宽容使新东方人在批判之后能够互相谅解，互相合作。这就是新东方人的特点：大家互相之间不记仇，不记恨，只计较到底谁对谁错谁公正。

这种源自北大精神的自由文化，是俞敏洪敢用“孙悟空”，而且是多个“孙悟空”的前提条件，这是新东方成功的关键因素之一。而另一个关键因素就是俞敏洪本人所具备的包容性，帮助他带领着一帮比他厉害的“牛人”，不仅将新东方从小做大，还完成了让局外人都为之捏了一把汗的股权改制。最令人意料不到的是，俞敏洪居然还将新东方带到了美国的资本市场，成为中国第一个在海外成功上市的民营教育机构。这一份成绩虽然还不能定义为最终的胜利，但是仍然有着非同寻常的意义，即它告诉了人们，对于中国教育来说，一切价值正有待重估。

第六章　商业模式设计与创新

本章导读

在现实中，无论企业是否意识到商业模式的存在，是否主动选择自己的商业模式，每个企业的实际经营活动都形成了自己的商业模式，商业模式的优劣直接关系到企业的利润，商业模式可以进行设计、优化和创新，还可以学习，借鉴和套用。掌握如何进行商业模式设计和创新是本章的重要学习内容。

- ❖ 理论基础：理解什么是商业模式、商业模式的基本要素等基本概念；
- ❖ 创新设计：把握几种常见的商业模式类型，掌握商业模式设计的基本途径。

☞ **知识目标**

认识商业模式本质，了解战略与商业模式之间的关系，学习常用的商业模式

☞ **能力目标**

- ❖ 增强创新意识，掌握商业模式创新路径
- ❖ 明确开发商业模式的关键影响因素
- ❖ 掌握商业模式设计和开发的思路

☞ **育人目标**

- ❖ 认识到商业模式创新在创业过程中的重要性和作用，激发创新的热情
- ❖ 培养和建立敢于创新的开拓精神

☞ **基本概念**

商业模式、价值创造、精益创业

☞ **教学重点与难点**

- ❖ 商业模式创新的路径

第一节　商业模式创新时代

今天企业之间的竞争，已经不是产品和服务之间的竞争，而是商业模式之间的竞争！

——现代管理学之父 彼得·德鲁克

有好的技术非常幸运，但是有好的技术不一定就能挣钱，好的技术结合有创意的商业模式才能创造财富神奇。商业模式日益受到企业家、创业者和理论界的重视。它不仅可以为创业活动提供指导，同样也能为既有企业的经营提供指导；它不仅是创业者创业活动的蓝图、工具，也是既有企业创新发展的重要指导工具。今天数不清的商业模式创新正在涌现。在没有考虑清楚商业模式之前就去创业，风险会成倍增加。学习了本章内容能减少创业风险使创业者在创业工具箱里多一件创业指导工具，让创业者对创业有更新的认识。

如果十年前有人问你是否相信消费者会愿意以每千克 80 欧元的价钱从雀巢公司购买奈斯派索咖啡胶囊；或者你是否相信世界十分之一以上的人口愿意将他们的私生活细节在网络论坛上曝光，每天都会有好几百万人来访问，就像今天的社交网站那样，你可能会认为提问者疯了；再或者你会相信将来人们在世界各地都能免费打电话吗？会相信花上区区几欧元，几英镑或几美元就能买到机票吗？

引发这些发展变化的因素几乎存在于每个行业中，而这一因素正是商业模式创新。在传统商业运营环境下，几乎没有任何事情能像商业模式创新一样引起如此大的震动，也没有任何话题能像商业模式创新一样，如此频繁地登上商业报刊的头条。到底是什么使得商业模式创新具有如此大的影响力呢？

创新一直是推动经济增长和提高竞争力的关键因素。在过去，一个杰出技术方案的提出或者一个非凡产品的推出都足以让你获得成功了。正因为如此，许多精通工程的公司一直都热衷于“快乐工程”的理念，生产大批功能先进的尖端产品并把它们推向市场。但今天对大多数行业来说，仅仅只关注产品和工艺创新已经远远不够了。如今，驱动社会的种种因素，例如日趋激烈的竞争压力、持续的全球化进程、亚洲国家竞争对手的崛起和产品商业化等，都正在削弱产品和工艺以往在行业中所占据的突出地位。

在新兴技术、日益模糊的行业界限、不断变化的市场、新近涌现的“玩家”和瞬息万变的市场规则等因素的共同作用下，产品和工艺不断更新换代。无论我们喜欢与否，大多数行业的游戏规则都正在经历一场变革。

实证研究明确表明，比起单纯的产品创新或工艺创新，商业模式创新更具有成功的潜力。美国波士顿咨询公司的一项研究显示：在为期 5 年的时间里，商业模式创断者比同一时期产品和工艺创新者要多获得超过 6%的利润。同样地，在世界上最具创新性的 25 家公司中，有 14 家是商业模式创断者。这些调查结果与 2012 年 IBM 公司进行的一项研究不谋而合。IBM 公司的研究显示，那些表现卓越的行业管理者们对其所管理的公司商业模式的创新频率是经营不善者的两倍。而且波士顿咨询公司和麻省理工学院斯隆商学院在 2013 年合作开展的一项研究表明：商业模式创新是推动可持续性创新的关键因素，能够让企业从平庸的竞争对手中脱颖而出。

事实上，如果追本溯源，许多成功案例都可以追溯到一个创新型商业模式，而非单个非凡的产品。

亚马逊虽然没有任何一家实体书店，但如今它已成为世界上最大的图书销售商。

苹果公司虽然不出售任何 CD，但却是全球最大的音乐零售商。

在过去十年中，皮克斯公司的所有电影中都没有出现过任何一位真人演员，但它却获得了 11 次奥斯卡金像奖。

尽管奈飞公司没有任何一家实体录影带租赁店，但它却彻底改变了录影带租赁业务。

虽然 Skype 不拥有任何网络基础设施，但它却是全球最大的电信供应商。

星巴克是世界上最大的咖啡连锁店，却以高价售卖标准化的咖啡产品。

【扩展阅读】

滴滴打车和快的打车的"烧钱"大战

滴滴打车(现改名为"滴滴出行"，以下简称滴滴)和快的打车(以下简称快的)的"烧钱"大战曾一度引发巨大关注，而二者的商业模式更是耐人寻味。滴滴和快的先是免费给出租车驾驶员安装软件，然后用巨额补贴培养出租车驾驶员和消费者使用打车软件的习惯和黏性，现在已经累积了上亿名用户。

一般来说，互联网产品都是先有一个用户模式，要有足够的用户基础，然后在这个基础上形成一个比较可行的商业模式，再产生收入。事实上，滴滴和快的就是通过低成本、低门槛的服务，先让用户形成一种消费习惯。当这个消费习惯和用户活跃度都产生了之后，滴滴和快的就不仅仅是打车软件了，而是一个流量入口，这里面可以探索出更多的商业模式和盈利模式。

资料来源：孙洪义主编，创新创业基础［M］. 机械工业出版社，2016.

第二节　揭开商业模式的面纱

一、什么是商业模式?

商业模式，是一个宽泛的概念。它是指为实现客户价值最大化，把能使企业运行的内外各要素整合起来，形成一个完整的高效率的具有独特核心竞争力的运行系统，并通过最优实现形式满足客户需求、实现客户价值，同时使系统达成持续赢利目标的整体解决方案。

通常所说的商业模式有很多类型，包括运营模式、盈利模式、B2B 模式、B2C 模式、"鼠标加水泥"模式、广告收益模式等，不一而足。

二、商业模式的意义

商业模式存在于企业的每一个成长阶段，从偏僻山村的小卖部，到初具规模的中小企业，再到规模庞大的跨国集团，其背后都存在一套或优或劣的商业模式。但对于初创和正处在快速成长阶段的中小企业，首先应该思考的是如何持续盈利以及为了保证持续盈利自己在行业中扮演的角色，即如何定位。因此，成长型企业或新创企业首先思考的是如何设计好可行的商业模式问题，就是要解决好生存问题，找到明天的早餐！至于战略问题只是个方向或战略意图就可以了，具体战略规划等到一定阶段再考虑！企业发展到规模较大阶段时，则应该先选定战略方向，然后在此指引下重构商业模式。

同时，我们也不难发现，很多老板创业之初或在快速发展阶段，想的更多的问题还是利润的来源和方式，以便完成原始积累，或者利用新商业模式建立新的营销或服务模式，以突破企业成长瓶颈。因此，从这个角度来看，商业模式的探索是企业家驾驭企业或创业的核心命题和主旋律。

2005 年的《经济学人》有个调查，半数以上的企业家认为，商业模式创新优于产品创新。2008 年，IBM 对全球 1000 多位 CEO 进行了调研，半数以上的人认为自己所在的公司商业模式需要革新，2/3 以上的人认为应该大刀阔斧地改革。当问到“未来 5 年什么最重要”的时候，大部分的回答是“创新”。当问到什么创新是最有效的时候，大多数回答是“商业模式创新”。

商业模式这个词用得最频繁、最紧密的行业是风险投资。这个行业在调研的时候有一个必备的问题是：你们公司的商业模式是什么？美国高原资本的创始人在介绍商业模式的重要性和威力的时候，几乎是有些武断地说：回顾我们公司的成败，每次的失败都是因为技术；每次的成功都是因为商业模式与众不同。沈南鹏（红杉资本）半年前在和记者聊天的时候，记者问你们所投资的这些企业有什么特点？他说，他偶然梳理了一下，发现近期投资成功的 16 家企业当中，没有一家是产品领先的，而无一例外是因为商业模式的创新。

三、商业模式的要素

从狭义上讲，商业模式涉及企业的价值主张和成本结构之间的关系，说的是企业如何去赚钱；而广义的商业模式，可以概括为企业做生意的方式，就是怎样持续去赚钱的问题。国际上的一些专家认为，它包括价值主张、目标客户群、分销渠道、客户关系、价值配备、核心能力、伙伴网络、成本结构、收入模式。这些评判的指标相对复杂，创业者很多情况下并不会考虑这么多问题。大部分创业者简单地认为商业模式就是收入模式。

商业模式本质上是若干因素构成的一组盈利逻辑关系的链条，如下图所示，回答了创业的七项基本问题。

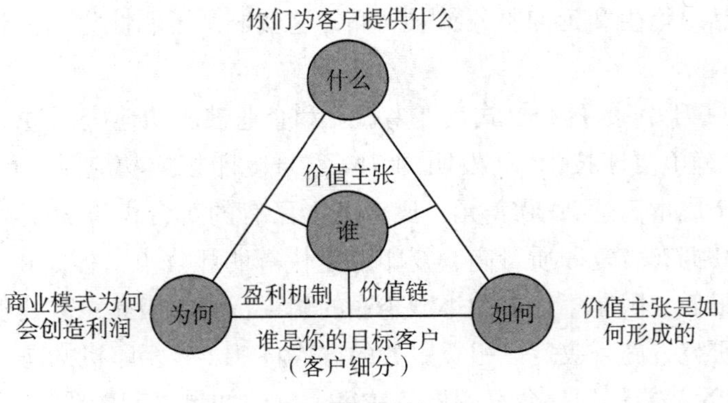

商业模式创新

客户：谁是我们的目标客户？准确理解与你相关的客户群至关重要，要分清哪些客户适用于你的商业模式，哪些不适用。毫无疑问，每个商业模式的核心都是客户！

价值主张：我们为客户提供什么？这一方面详述了贵公司所能为客户提供的东西(包括产品和服务)，并介绍了如何满足目标客户的需求。

价值链：我们如何生产产品？你需要通过一系列流程和活动来实现你的价值主张。这些流程和活动及其相关的资源和资质，包括依据公司的价值链所作出的协调，构成了商业模式设计的第三个方面。

盈利机制：为什么某种商业模式能够创造利润？第四个方面包括成本构成、利润生成机制等方面，阐述了最终使商业模式在经济上可行的原因。它解答了每家公司都必须回答的核心问题，即我们如何为股东和利益相关者创造利润？简言之，就是为什么商业模式具有商业可行性？

上图的目的旨在阐明一家公司的客户群、价值主张、价值链以及盈利机制，从而使商业模式更加具体且易于理解，同时为将来的模式创新奠定基础。我们把这一图解称为“神奇三角”，它之所以神奇是因为无论调整其中的任何一个角(例如优化左下角的盈利生成机制)，其余两个角便会自动作出相应的调整。

谁—什么—如何—为何

总之，商业模式定义了谁是你的客户、你卖什么产品、你如何生产产品，以及你的公司为什么能够盈利。

第三节　几种常见的商业模式

一、“剃须刀+刀片”商业模式

吉列在1909年就推出了这种商业模式，吉列免费赠送剃须刀，然后靠刀片来挣钱。吉列剃须刀的模式核心在于以刀柄为诱饵，需要不断替换的刀片则成为主要的收入来源，这种模式也被称之为诱饵模式。

“剃须刀+刀片”商业模式通过牺牲主业利润锁定了客户，使新的竞争者几乎无法进入，再以关联产品、衍生和延伸服务赚取利润，这就避开了恶性竞争，获得了可持续增长的稳定收入。

这种“剃须刀+刀片”的盈利模式在许多行业和企业被成功地应用过，最为著名的是施乐公司在推广其“静电复印技术”而发明的914型号复印机成功应用。由于这台914型号的复印机每台生产成本高达2000美元，比市场上已有的每台售价300美元的复印机价格高出许多，虽然其拥有着复印质量高、复印速度快等明显优点，但是由于其高昂的售价，市场接受度依然很低，限制了许多中小型企业的购买行为，因此一直处于产品销售不畅的局面。通过详细研究，施乐决定以租赁服务的方式将914号复印机推向市场。消费者每个月只需支付95美元就能租到一台复印机，在每个月内如果复印的张数不超过2000，则不需要再支付任何其他费用，超过2000张后，每张再支付4美分，施乐公司同时提供所有必需的服务和技术支持。令人难以置信的是：用户办公室一旦安装了914型号复印机，由于其复印质量很高并且使用方便，用户每天——而不是每个月——都要复印2000张。以这种方式，一台914型号复印机给施乐公司带来的利润已经远远超过出售复印机所可能带来的利润水平。这种模式也使公司保持着年度41%的市场增长水平。

雀巢咖啡曾在1986年，研发了胶囊咖啡，只要买一台咖啡机，然后配上咖啡胶囊，一分钟一杯研磨的新鲜咖啡就会做出来。雀巢生产咖啡胶囊。咖啡机外包松下、索尼等小家电品牌。咖啡机售后由他们再转包下一级品牌。雀巢要做的只是研发新产品配方，再投入工厂生产。客户买了咖啡机，还要买咖啡胶囊，而咖啡胶囊全部由雀巢自己来做直销，只做一些网络订购和电话订购。

这种盈利模式在医疗器械市场也有广泛的应用，前几年在市场上出现的一种伽马刀的手术治疗机器，通过一种微创手术的方法来对患者体内的某个患部进行手术，达到治疗的目的。但是这种机器在推出时价格很高，患者使用情况的前景又不太明朗，因此很少有医院愿意购买。面对这种局面，投资商通过调研，决定将机器免费租给医院，医院每使用该机器给患者做一次手术，就要将手术费的60%作为分成交给设备提供商，以抵做机器设备的租金。在医院不增加固定资产成本的情况下，这种方式极大地激发了医院的使用热情，从而在增加了伽马刀使用频度的同时，大大提高了医院和机器生产商双方的利润水平。

“剃须刀+刀片”的盈利模式成为商业模式中的一个典范，其本身的含义就是企业到底是赚机器主体的钱还是赚维修耗材、配件维修的钱。最近宝马在中国大陆推出宝马1系产品，就将售价定得较低，使许多热衷名牌的年轻人都能开得起宝马，但是其后续的维修保养和更换配件的价格却比同品牌的其他车型都要高出不小的比例，这就是成功运用了“剃须刀+刀片”的盈利模式。随着经济的过剩，采用“剃须刀+刀片”商业模式的案例越来越常见。比如，中国电信免费提供话机，通过收取用户话费和服务费获得利润。索尼公司亏本出售游戏机锁定大量客户，再从第三方游戏软件开发商抽取权利金赚取利润。互联网公司提供免费的浏览、搜索服务吸引顾客，再以广告和互联网增值服务赚钱。家乐福大部分商品仅以成本价或微利价销售，而以少量高附加值商品赚取利润。腾讯公司提供免费的网络聊天软件QQ吸引年轻客户群，而靠即时通信工具赚钱。

二、出售服务模式

荷兰最大机场里的灯泡，不是买的，而是跟飞利浦租的。已推行“卖照明时数，不卖灯泡”长达五年的飞利浦，改写商业模式，延长灯泡寿命，省下一大笔产品原料费，还让机场省电又减碳。

飞利浦在2011年推出了“不卖灯泡、卖照明时数”的创新服务“Pay per Lux”，并已经应用在荷兰史基浦机场。飞利浦和史基浦机场签了一份十五年的“照明服务解决方案”合约，由飞利浦依照机场需求，设计了三千七百个LED灯具和照明设备。

飞利浦保留照明设备所有权，合约期间包办所有管理和保养维修，机场只需要每月支付固定服务费。

飞利浦透过联网装置，随时监控照明设备的运作与用电状况，一有故障就马上派人维修，维持在最佳能源效率的状态，汰换的灯具就直接由飞利浦回收再利用。

协助飞利浦设计 Pay per Lux 的欧洲循环经济先驱、永续建筑师劳尔(Thomas Rau)说："当产品所有权回到厂商身上，很多行为就会跟着改变。"

劳尔解释，首先，因为每月收取固定服务费，飞利浦会希望在合约期间，维修或更换产品次数愈少愈好，成本才会愈低、利润愈高。

为了达到这个目的，飞利浦就有动机，将产品设计得更坚固耐用，更容易拆解、维修。

飞利浦就是在推出 Pay per Lux 之后，重新设计了 LED 灯泡，将容易故障的驱动器从灯泡内移到外侧，坏了，只要更换驱动器，不用把整个灯泡丢掉，不但延长使用寿命，也减少废灯泡产生。

另一方面，他们也会希望，同一个照明设备重复使用愈多次愈好，会主动积极负起回收责任，因为回收再利用已变成降低成本的手段之一。

对客户来说，可以花最少的钱，使用最好的产品和服务。

史基浦机场因为有飞利浦代为管理、维护照明设备，电力消耗比过去降低了一半，节省电费，也减少碳排放。

"而且公司资产负债表上，少了一项资本支出，对整体财务和营运也有帮助。"飞利浦循环经济专案经理人劳勃契尔说。

劳勃契尔接着强调："如果你要真正做到永续发展的话，就要想办法找到一个和'不断消耗原物料'脱钩的成长模式，也就是用相同或更少的资源，替自己和客户创造更多的价值。"

其实飞利浦早在 1990 年，就开始从事二手医疗设备买卖业务，更开发出一套比单纯买卖更创新的"卖服务、不卖设备"商业模式。

七年前，美国佐治亚州 Regents 医学中心找上飞利浦，寻求解决预算人力有限、组织运作僵化下，又必须管理庞大医疗设备问题的方法。

双方经过一年多讨论，在 2013 年共同推出了称作"策略服务联盟"(Strategic Managed Services Alliance)的一站式医疗科技服务解决方案。

飞利浦和医学中心签订一个十五年、总价三亿美元的合约，由飞利浦提供所有硬体设备与顾问、保养维修等全套服务，医院只要每月支付服务费即可，不必买设备。

换句话说，所有医疗设备所有权、管理和维修保养责任，都在飞利浦身上，并额外再提供各种专业服务。

"医院需要的，其实是提供高品质、有效率的医疗服务，而不是那些设备，"飞利浦循环经济专案经理劳勃契尔说，"医疗科技的事，就交给飞利浦"。

劳勃契尔解释，对大型医院来说，管理数量庞大又昂贵的医疗设备，是相当大的人力和财务负担。

改成每月支付固定月费，不但让财务更稳定，也省去了自行管理的麻烦，还可以随时获得最新医疗科技。实施一年半，飞利浦就替医学中心省下七百万美元采购成本。

这种“产品作为一种服务”的概念也运用于很多行业，有的割草机生产公司不是靠卖割草机来盈利，而是提供割草服务。

三、鼠标加水泥

“鼠标+水泥模式”是什么意思?

鼠标(mouse)代表以互联网为平台的新经济，水泥(cement)代表传统经济。鼠标+水泥形象地比喻了传统行业触网求发展的状态，而新经济建立在传统实体的基础上，也是一种发展趋势。曾几何时，“鼠标”压根就没把“灰头土脸”的传统产业放在眼里，“新经济”与“旧经济”之间，被人为地隔开一条鸿沟，更有人称，“新经济”必将取代“旧经济”。可随着泡沫一次次的灰飞烟灭，人们开始意识到新经济是用电子这个工具武装起来的经济，工具本身自然有价值，但其真正的魅力还是在于对旧经济的融合和改造，于是鼠标加水泥模式应运而生。那么，传统企业如何与互联网接轨，让“水泥+鼠标”的模式发挥出巨大作用呢?

方式一：利用互联网低成本扩张，迅速完成全国市场布局。某饰品有限公司，2004年创建的时候只有一家店，老板打算以招商加盟的方式迅速扩张。但老板不知道他的招商对象在哪里，如何把这些信息准确传达。由于资金匮乏，用传统的方式很难打开局面。这是目前很多以招商为主要模式的企业面临的最大问题：信息不对称。企业要想找到目标客户需要在传统媒体上投放广告、参加各类招商会等，这样的方式不但投入巨大，效果也越来越差。后来受朋友推荐，老板开始尝试在互联网上推广。很多在互联网上有所作为的传统企业，刚开始都是尝试一下。但更多企业，连尝试的勇气和欲望都没有，所以他们总在错失良机。刚开始，仅仅投入了几千元。没想到，他每天都能接到来自全国各地的几个电话询问招商加盟的事情。我们知道，凡是主动打电话来的都是意向很明确的客户。仅投入几千元就有这样的效果，天生有敏锐商业嗅觉的老板认定这是个绝佳的机会，于是将有限的资金全部投入，主要做两件事，百度关键词竞价和搜索引擎优化(SEO)。通过尝试发现了商机，就要果断决策，把有限的资源用在刀刃上。在互联网上的投入也要讲究火力集中和持续，特别是要选好适合于自身的方式，因为在互联网上推广的方式实在太多了。于是，咨询电话从每天几个增加到每天上百个。四年时间该公司的加盟店已经增加到1500个，营业额达3亿元，成为全国饰品连锁冠军。这些加盟店中，70%的招商来自互联网。利用互联网这个平台，能够让意向性很强的客户主动迅速找到你。若搞好客服环节，踢好临门一脚，客户转化的效率会很高。

模式总结——目前招商企业普遍存在费用高、招商难的局面，全国每年有数百亿的招商费用打了水漂。招商模式单一、传统媒体费用居高不下、缺乏整体的招商规划是造成这种局面的主要原因。实际上，目前中国有闲散资金、持币观望想做项目的人是个非常大的群体，但由于信息不对称，企业花了巨大的代价也无法顺利找到这些目标客户。上网找项目，已经成了这个群体的共识，因为互联网信息海量、成本低廉，特别是能够通过互联网更多地了解到企业的信息和他人做了这个项目的体会。而企业通过互联网技术，完全可以实现精准营销，准确找到自己的目标客户，大大提高了合作成功的效率。最为关键的是，企业在互联网上所投入的成本要远远低于传统媒介，效果却好得多。把互联网作为招商的主要途径，就能真正做到低成本、高效率、迅速完成全国市场的布局，这也是每一个招商企业梦寐以求的事情。

方式二：利用互联网嫁接产品，创立网络品牌，增大销量。有个典故讲的是秦王李世民让士兵食用牛肉干来补充体力。杭州某集团是一家牛肉干生产商，一次偶然的机会，接触到正在开发网络游戏《大唐风云》的天畅科技，就想能否让牛肉干与网络合作，让游戏中的李世民给将士们吃上本集团品牌的牛肉干。而对天畅科技来讲，该集团每年销售的牛肉干大小包装有 2 亿多个，这本身就是一个巨大的媒介资源，是一个以极小代价来推广《大唐风云》的机会。于是两家公司达成合作协议：该集团的外包装上印上《大唐风云》广告，而《大唐风云》的游戏里编入“××QQ 能量枣”作为游戏能量补充剂。就这样，双方互换资源。此外，双方还约定，在今后彼此的市场推广中，要尽可能将对方产品纳入推广活动中去，以最小代价赢得最大回报。合作的前提是双方共同得益，共谋发展，关键是要有敏锐的眼光和嗅觉，多关注行业以外的企业，去发现隐藏的商机。结果，在很短时间内，该集团的销售量得到了大幅度提升，一个月内，销售额达到 2700 多万元，而往年同期还不到 300 万元。而《大唐风云》虽剑未出鞘却已声势在外，同时还吸引了一大批风险投资商的关注，势头看涨。现在，“××QQ 能量枣”已经成为网络上知名的牛肉干品牌。目前，网络上出现了很多品牌，这些产品在传统行业中也许没有知名度，但在网络却很流行，成为一种趋势。

模式总结——互联网的迅猛发展催生了很多没有实体业务的互联网虚拟企业，但他们一直没有找到合适的盈利模式，这也是他们最大的困惑。其实，不同行业、不同形态的企业应该多加强横向交流，改变“老死不相往来”的思维。传统企业应该多关注一下新兴的互联网虚拟企业，比如网络游戏中有很多道具，像食品、保健品、饮料、烟酒、场所、兵器、设备、家具、家居、服装等，传统企业完全可以与网络游戏开发商合作，把现实的变虚拟，把虚拟的变现实，既能双方获益，又能创立新的网络品牌，增加产品的销量。中国的游戏玩家有 1 亿，你可千万别忽视！特别是很多名不见经传的小企业，要想在传统行业中创立品牌，成本太高，难度太大。但小企业完全可以在网络上以较小的成本创立自已的品牌，获得高速、超常的发展。

方式三：利用互联网整合资源，建立新的盈利平台。成都的黄某过去是一位生产塑料花的老板，由于恶性竞争连续亏损，不得不关门歇业。在考虑下一步的打算时，无意中接触到美国一种在互联网上卖鲜花的模式，对她触动很大。这种模式只需建一个网站，就可以把生意做到全国各地，而且不用进货(鲜花)，不用建队伍(送花)。于是，她完全模仿这个模式进行了尝试，没想却取得了意想不到的成功，一年的利润达 70 万元。这就是中国鲜花网。她是怎样做的呢？第一，建立一个面向全国的鲜花配送网站，做好网站的推广工作。第二，招募一批招商经理负责全国各省市的花店加盟签约工作，这些经理找到全国各地经营状况和位置都比较好的花店，告诉他们有一种方法可以增加客户，三七分成。花店老板不用任何投入，当然乐意，很快，全国的几千家花店签约。招商经理签约完毕后即可解散，但可享受所签约花店每一笔生意的提成。第三，招一批客服人员，负责接订单，有客户下单后即可通知各地花店送花。于是，全国各地的顾客都可以登录这个网站把鲜花送给异地的朋友，极大地方便了顾客。黄某通过整合资源，真正做到了企业、合作者、消费者三赢，利润源源不断。其实有很多已经成熟的“传统企业与互联网结合”的商业模式，有些模式完全可以借鉴甚至模仿，这样我们可以少走很多弯路。

方式四：利用互联网寻找中介，建立与消费者的对话桥梁。“凸面烤箱”是韩国一家厨房用具公司开发的一种小型微波炉，产品质量不错，但实力有限，一直打不开局面。后来，他们制定了实施互联网营销的策略，在全国范围内寻找到几十个有影响力的家庭主妇博客，这些博主平时经常会把自己生活的心得写在博客上，如烹饪、相夫教子等，她们都有一大批同类的“粉丝”。这家微波炉企业通过细致的调研后，发现这些博客的粉丝与他们的目标客户完全一致，于是找到这些博主，每人送了一台微波炉，让她们写写使用产品的心得以及利用微波炉烹饪食品的方法。结果，不到一个月，销量就增加了几千台。这家企业投入的仅仅是几十台产品，收到的效果却比投入几十万广告还要好。眼下，博客已经成为互联网上的一道风景，写博、读博已经成了人们的习惯。在网络上，出现了一大批职业的博客写作者，某些知名的博客每天都有几万甚至几十万的浏览者，博主的意见已经在很大程度上影响着“粉丝”们的思想。企业利用这些知名写手的博客传播企业资讯能起到低成本、快传播的目的，且能将很多很多潜在消费者转化为现实的消费者。

方式五：利用互联网打造信息平台，为供求双方提供服务。欧美等发达国家的公路货车的空载率只有10%左右，而我国公路货车的空载率高达40%。原因出在传统的货车配货渠道只有配货站一种，当货车把货物运到目的地后，很多时候只能开空车回来。如果能打造一个平台，解决以下三个问题——一是车如何找到货，二是货主如何信任车，三是如何实时监控车——就会有很大盈利空间。北京汇通天下信息技术有限公司看到了这个巨大的盈利空间，建立起连接货主和司机的配货信息平台——中国配货网，并与联通联合开发了一种专门提供给货车司机的“掌上配货”手机。通过配货手机，司机可以随时随地上网浏览最新的配货信息，方便与货主联系，减少了回程空车的可能。中国配货网创造了两个奇迹：一个是让十几万货车司机在把握方向盘之余也敲起了键盘；另一个是在收费服务的运营模式下，网站日注册量仍然保持快速增长。到今天拥有注册用户19万人，日成交货运合同70万~80万单规模。货车司机敲键盘？这个看似天方夜谭的事情却在现实中出现了。很简单，键盘敲起来，订单流进来！

发现问题，解决问题是企业创新经营的途径。在我们传统行业，存在着很多问题，这些问题也许用传统手段无法解决，但借助于互联网先进的工具和技术手段，很多问题就会迎刃而解。一旦你解决了某个问题，也许就是创立了一种新的商业模式，会产生巨大的商业价值。特别是那些已经在行业内积累了丰富经验的企业，完全可以打造一个平台，整合行业内或相关行业上下游的资源，去为供需双方解决问题、满足需求，自己也可以获得长期的收益。

第四节　商业模式创新的路径①

相信有很多企业家和老板都知道新经济力量下，原有的商业运行规则被摧毁，各利益相关者的利益格局已被打破，需要重新设计新的利益交易机制和新的商业模式。但如何跳出传统思维的局限，创造一套颇具创意、令人兴奋而又切实可行的新商业模式呢？很多学员在开始接受商业模式设计演练时，思维很僵化，一筹莫展，跳不出自己的企业和行业，一想就想到了自己的困局和管理难题，很郁闷，没有兴奋感！通过实践和研究，我们总结出了八个商业模式创新路径作为商业模式突围的指引，也可以说是抛砖引玉吧。这八个创新路径如下。

一、从改变满足客户需求的方式入手

不可思议的袜子管家

你是不是经常突然发现袜子不够用了？仔细一看，居然每双袜子都有洞，马上去买，显然不现实，平时忙得一塌糊涂也总是忘了买。

你是不是经常翻箱倒柜却找不到合适的袜子？仔细一看，总觉得这双袜子与今天的衣服不搭，又突然发现换季了，可是自己还没来得及更新自己的袜子库。

工作繁忙的商务人士对此的感触应该尤为强烈吧！

反之，如果你是一个卖袜子的，你如何根据上述客户的痛苦来设计一套可行的商业模式？

如果有一个管家能随时为你准备好合适得体的袜子，让你不用担心袜子不够用、找不到合适的袜子，而且雇佣这个管家的成本几乎为零，您会不会要？基于这样需求，我们的袜子管家诞生了！服务型电子商务网站袜管家(WaGuanjia.com)自2010年12月上线一来，引起了都市白领的浓烈兴趣：管家式的创新服务模式、免费按时按量送袜到家、高品质的男式上班正装袜，这些特点都激起了大部分上班族的购买和分享欲望。

据说袜管家是借鉴了欧洲“黑袜子”模式，如今，这家欧洲的小型网络商店已经冲出欧洲进军美国，蜚声国际，登上了商业模式创业企业的先锋榜！袜管家最初只专注于男士上班袜子的年度订购服务，袜管家最初的定位与凡客最初的定位如出一辙，他们都是先搞定男士，然后才开始拓展女士市场。

袜管家网站上线不到三个月，广大女士们开始不满了，为什么袜管家只管男士袜子？而对同样有着强烈需求的女同胞们视而不见？于是，在广大女士们强烈的要求下，袜管家倾情推出了高品质的女袜订购服务。

说完了袜管家的起源，接下来说一说我们在进行商业模式创新的第一个重要路径，那就是——改变满足需求方式。

---

① 本节案例来源：危正龙，宋正权．商业模式突围[M]．中国经济出版社，2014.

还是从袜子这个角度为大家剖析，为了满足大家穿袜子的需求，企业通常可以通过商场、专卖店等直接提供，随着互联网的风生水起，通过互联网直接提供的方式也是越来越多。袜管家同样是依靠互联网这个渠道提供袜子，它的创新看似简单其实一点也不简单，他在满足客户需求方式方面做的重大突破就是服务，他在众多产品直接提供者的激烈竞争中摇身一变就成了一个集产品与服务为一体的新型袜子提供者。

袜管家在卖袜子的时候融入温馨体贴的免费按期按量送袜到家服务，只要一次订购，接下来你就可以高枕无忧了。一次订购不仅节省了消费者的时间和精力，还为袜管家带来充足的现金流，可谓一举两得！袜管家这种打包式的整体服务方案在细节的服务过程也是值得称赞的，全年度袜子管理服务中提供了基础服务（1 年 4 次 12 双）、标准服务（1 年 6 次 18 双）和高级服务（1 年 12 次 36 双）这三种服务让消费者自由选择，满足不同消费者对袜子的不同需求量。而新增加的一站式体验为消费者提供了更大的便利，一次选购同时满足男袜、女袜、丝袜等全家的袜子。

另外，为了打消消费者对网购产品质量的顾虑，袜管家坚持只提供高品质健康舒适的产品，并且承诺 30 天无条件取消服务和退款。

新的商业模式不仅让袜管家摆脱了红海竞争，还让它迅速成了行业的一匹黑马，获得了市场的广泛青睐！

袜管家聚焦商务男然后延伸到职业女性及家庭，由传统的店面等零售模式转变为定向配送服务模式。传统的提供方式是顾客自己上门去选购并且对价格进行谈判，增加了时间成本，而服务的这群人对价格反倒不特别敏感，需要的是便捷放心。相反，袜管家对这类客户的提供方式正是他们所期待的，像管家一样温馨体贴，按时、保量、随季节、按需求定制配送上门，最终成为袜管家的粉丝会员。同样的需求不同的满足方式，导致商业模式的异同。

同样在商界成功的例子还有不少，比如同样满足我们喝豆浆的需求，请问永和大王怎么提供和满足的？而九阳豆浆又是如何提供和满足的？我们知道永和大王通过餐饮连锁模式现买现磨提供给顾客，而九阳豆浆则是提供给顾客豆浆机的方式让顾客自己制作豆浆。

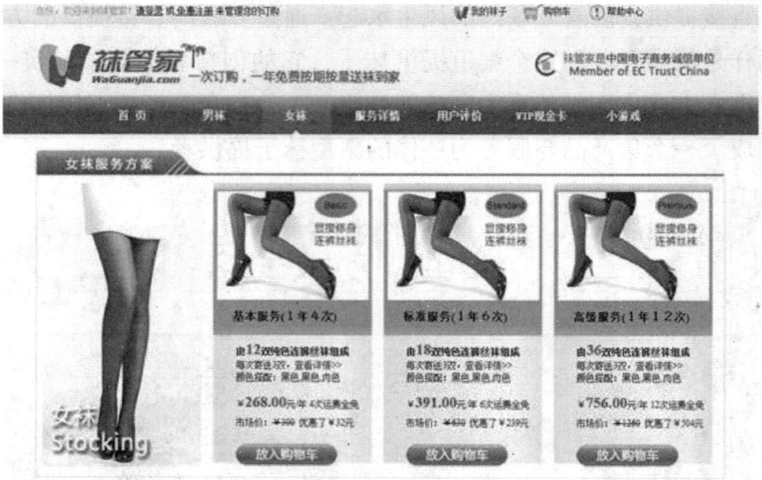

两种不同满足和提供方式，导致了两种不同的商业模式，甚至进入了不同的行业和领域。

可见，企业在满足客户需求时从不同的满足方式着手，改变传统的提供方式，寻找一种新的满足方式，有可能给正在期望或有潜在需求的客户意外惊喜而无法拒绝！最终引发新的需求的快速增长，催生新的商业模式的爆发！

二、从行规造成客户的痛苦入手

熙之婵：深挖客户痛苦

“熙之婵服装批发中心”主要为解决全国中小型服装店的货源采购难问题，为其提供“厂家直批”的一站式服务，打破传统服装采购链“厂家-区域代理-批发市场-中小型服装店”的多环节模式，极限缩短采购链，使服装生产厂家直接面向中小型服装店，更加灵活、真实地感受消费市场动态，加快对市场的反应速度，节省采购到销售之间的人员、经济和时间损耗。它是国内最先推出真人实拍、100%换货、每周新款不断的服装批发商之一，是全国各地服装店最佳的合作伙伴。

熙之婵国际服装有限公司前身主要以外贸业务为主，通过国际贸易获得国际订单，主要依靠 OEM 的方式给国外企业代加工服装产品，自 2008 年后，公司高层决定重大格局改变，没有创新能力，没有自主品牌，只会陷入同质化竞争，永远都长不大。要大力实施品牌战略，把创建品牌和建立营销网络结合起来，积极采用新的营销方式、营销手段，完善销售渠道，提高市场拓展效果，努力掌握市场主导权。要牢固树立品牌意识，注重有形资产与无形资产的双重积累，变“无牌”“贴牌”为“有牌”“名牌”，着力创中国名牌产品、中国驰名商标。公司在 2009 年成功注册韩版女装品牌“熙之婵”，以品牌韩版女装为切入点，并与东莞多家服装企业合作成立了熙之婵服装批发中心旗舰批发网。

熙之婵国际服装有限公司旗下服装批发中心，网上销售服装企业，成为行业时尚一颗闪亮的新星。公司以“齐全的商品，专业的品牌，贴心的服务”为企业目标，利用先进的管理技术，专业的人力资源，依托强大的品牌效应，完善的产品结构逐渐将区域市场体系化。

熙之婵深挖中小型服装店货源采购难、市场变化快、库存压力大、质量保障低、厂家及渠道响应速度慢等痛苦，采用一站式直批服务(一件也批)，减少中间环节和物流时间，同时又大幅度地降低了采购价格，这样不仅有效地减轻了终端服务店的痛苦，消除了担忧，还让他们享受到了减少流通环节所带来的丰厚利润，这就会深深地刺激中小服装店敏感的神经，激励着他们投靠熙之婵。因此，熙之婵新商业模式的成功之处在于，它有效地解决了服装行业传统服装采购链“厂家-区域代理-批发市场-中小型服装店”的多环节模式的行规给中小服装店带来的痛苦，这就是客户需求的满足！

所以，深挖本行业行规给现有客户带来的痛苦，并想办法去满足这些痛苦级的需求，或减轻、降低这些痛苦也可以，你就能提出新的价值主张了，必然会先人一步，升级为领先的商业模式了！

三、从改变企业价值生存方式入手

企业的价值生存方式不尽相同，可谓“猫有猫道，狗有狗道”，条条大路通罗马。请大家看几个案例：

GE 的转型

近年来，很多制造企业都纷纷转型，从原来的一次性销售，变成多次性收服务费，虽然承担的成本提高了，但相应地，赚取的新价值更高。通用电气 GE 无疑是其中的佼佼者。

以发动机为例，通用电气把卖机器，变为卖运行时间，实现从制造到服务的华丽转身。在以往，通用电气的发动机靠两方面盈利：一次性销售利润，五年后大修的维修费用。前者占大头，但由于一次性费用太高，经常受到飞机制造商的压价，利润空间日趋缩小；后者则经常遭遇独立发动机维修商抢生意，这些维修商不需要承担一次生产投入的资金压力，却能够凭借维修经验蚕食通用电气的维修市场，实现轻资产运营。在前有狼后有虎的夹击下，通用电气痛定思痛，重构了商业模式。第一步，就是兼并收购独立的发动机维修商，消灭了有隐患的外部利益相关者。

第二步，则是转换了盈利模式，变一次性的消费资格定价为按时间定价，这就是闻名遐迩的“PBTH 包修服务”(Power by the hour)：通用电气并不出售发动机，而只是销售发动机的运行时间，它保证发动机在这段时间正常运行。至于发动机、配件以及维修服务，一概不需客户操心。这样一来，飞机制造商的一次性支付门槛下降，压价程度自然下降。通用电气的两方面压力都得到解决。

GE 的这种商业运作显然是深入客户内心，洞悉了客户的痛苦，同时从行业的高度思考了竞争的痛苦和威胁，转变看待竞争者的角度，把竞争者转变成为内部利益相关者，变竞争为合作，共同创造更多的交易价值。同时，凭借自身雄厚的实力避开一次性消费资格定价的竞争，改用按时间定价。这样一来我们就看到它的盈利方式发生了很大变化，由行业传统的产品销售收费模式赚产品生产成本的溢价转变为按产品使用时间来支付的运营费用的赚取。因此，GE的PBTH保修服务的商业模式创新思路的根本就是改变了企业价值生存的方式，由产品销售收益支撑的企业价值生存方式转变为由按运行时间支撑企业价值的生存方式。这是很多产品制造商在价格竞争惨烈的状态下商业模式创新的一个成功路径。

其实，跟一次性销售相比，按时间服务收费，通用电气需要承担的风险无疑更大，其背后需要投入的成本也更高，那为什么通用电气仍然愿意转换商业模式呢？

理由很简单，同样一台发动机，产生的价值可以是不同的。

跟飞机制造商相比，通用电气更了解其发动机。换言之，同样一台发动机，通用电气能够使其运行的时间更长，保养的成本却更低，从而可持续产生的价值更高。新产生的价值，除了一部分跟飞机制造商共享，通用电气还有额外的盈利。

改变企业价值生存方式不仅适合产品竞争激烈的行业，也同样适合新技术新产品行业，因为新产品初期推向市场时研发成本高导致价格较高，消费者难以接受或者对新产品没有足够的信心，造成买卖双方信息严重不对称，造成市场推广成本高、效益低的局面。因此，改变企业价值生存方式，降低客户购买成本，转变盈利来源和成本摊销方式，降低客户使用的风险，可能会出现柳暗花明的景象！

四、打破行业边界重新定义客户

你知道雅戈尔、凡客诚品是哪个行业吗？你知道苏宁、国美与京东又是哪个行业吗？商业模式的创新往往会打破行业的边界，或者会用另一个行业运作规律在本行业玩。苏宁、国美属于家电商贸流通行业，通过连锁卖场的商业模式获得了巨大的成功；但后起之秀京东没有一间店铺，凭借虚拟的互联网横空出世，直击网购偏好的客户，用互联网行业的运作规律直逼两大家电巨头，远远跳开传统店面卖场模式，也获得了巨大成功。可见，打破行业的边界也是新经济力量下商业模式创新的一大路径。

一位东莞某玩具厂的老板，学员一起帮他进行商业模式设计和创新，初步设计的思路是：玩具厂与北大清华等高校合作，在玩具开发方面进行智力开发，然后通过教育培训来开发提高孩子智力；这样盈利模式就多样化了，既可赚玩具的钱，也可赚教育培训的钱，真可谓一举两得呀！当场的学员都很兴奋，因为市场上有类似教育产品这么玩儿过！这样从玩具行业不知不觉就转到教育行业，好像跳开了玩具行业的残酷竞争。事实上，这家玩具厂进入了不同的行业，不同行业的运作规律、客户需求、体验价值都不一样，继续做下去，只会越来越背离玩具行业规律，它既没有遵从教育行业的规律，也脱离了原有行业运作规律，充其量讲它只是一个营销方式的拓展创新而已，没有抓住打破行业的关键！那么我们回到创造客户价值上，这叫做边界不清楚，不知道为谁创造什么样的价值，这个价值是否得到行业认可。玩具行业的本质是开心娱乐、游戏化、娱乐化；而教育行业的本质是获取知识的成长。如果简单地用玩具来促进教育，甚至与专业教育机构竞争，还夸大其词地说能提高智商帮助孩子上清华北大，在行业人士看来未免显得太幼稚，极度蔑视民众的智商!

所以跨行业进行商业模式创新、打破行业边界的时候要注意，跨行业不等于两个行业都做，就像凡客诚品，它是卖服装的，你能说它是服装行业吗？事实上，它是互联网电子商务行业。这两个行业的本质是完全不一样的，所以如果凡客用服装行业运作规律经营企业，那么就得像雅戈尔一样，专注生产、设计、制造、专卖、连锁运营；如果他是按照互联网本质去运作的话，经营模式又不一样了。互联网的本质是免费、眼球经济，只有点击率上升了才能拉动企业的后续业务，金字塔产品模式才能实现。

因此，凡客与传统服装的促销(开门产品)是完全不一样的，传统的服装企业是营销策略的问题，属于营销问题；而凡客的促销是遵从互联网行业规律的低成本、长期粘住客户的商业行为，通过低价吸引眼球经济拉动后面的销售，形成了一套强有力的产品模式或产品解决方案，这是商业模式的重要部分。营销是短时间内形成客户认知，不存在后续的产品模式或产品方案；反过来讲，传统的降价促销更多地是引起客户关注和品牌提升，它不直接造成利润的来源，只是起一个提高市场影响力和品牌吸引作用。而凡客的促销是盈利策略，是一套以盈利为目的的盈利路径。所以一定要遵从行业本质，表面看行为是一样的，实际是不同的行业本质决定了他们的行为。

五、从利益相关者痛苦入手

不为人知的口语翻译行业的痛苦

佳域通公司是面向全球市场专业的内容管理与语言整合服务供应商，以客户需求为先导，在多语种口译和笔译、本地化、多语言排版(DTP)、语言培训以及本地化咨询、人才外派等领域，基于互联网和信息技术，以及持续的整合创新，向全球客户提供一体化的语言解决方案。这家企业在全球拥有长期合作的笔译专家2000多名，分布于亚洲和欧洲的专业口译人才2000多名，可提供69种语言的翻译和80多种语言的桌面排版及本地化服务，并且通过了ISO9001：2008质量管理系统认证。

从利益相关者痛苦入手，剖析与其相关利益者之间的痛苦，帮助他们找到了这个行业的痛苦点，可进行搭建商业模式的可行性分析如下：

利益相关者	痛苦点
海外同行	可用性、交货及时性、质量稳定性
企业	寻找到可靠供应商、质量
译员	能否及时得到付款、工具使用
多媒体工作室	技术处理能力、语言种类不多
口译服务公司	没有足够大客户、业务量少、资源缺乏

通过诊断调研，口译服务资源碎片化分布，需求方在采购时搜寻和甄别所支付的时间

成本太高，导致难以高效对服务的采购和质量进行管理，会务管理服务企业以及对语言服务有大量长期需求的大型企业已意识到服务整合与服务需求外包管理的重要性，整合管理不但关涉企业的运作效率，在全球一体化加速进展的今天，甚至影响到会务服务类企业和跨国企业商务核心能力的构建。

于是一个全新的平台出现了，它整合外语院校与人才培训、翻译协会、口译译员与口译服务需求方的价值，以集成服务模式致力于资源优化配置，聚焦于快速满足全球各大主要商业城市的商务性口译需求，24 小时在线提供多语种口译服务，充分发挥全球口译人才的价值，降低客户寻找服务供应的时间成本，实现跨地域互动，强化世界范围内的社会关系；同时，为全球的口译人才提供一个交流、对话、提升的窗口。

在商业模式设计指导中，我们常常发现企业商业模式创新仅从客户角度入手很难突破，甚至站在行业的价值链上来思考也一筹莫展。企业家及其高管由对商业模式创新来改变企业命运和前途的希望突然变得黯淡，思路一度陷入僵局，情绪也很低落，总是找不到出路。这个时候，企业家和高管们尝试从利益相关方入手看看，比如它有何痛苦？它的深层次需求是什么？如何降低交易成本？交易关系能否转变？是否有新的利益保护机制？……如此一系列问题从利益相关方的角度去打开、去透视，可能会发现另一片绚丽的天空。

比方说，当前有这样一种办公室租赁模式非常流行，客户可根据业务种类选择各种面积的房型(11~32 平方米不等)，租金低廉；不仅如此，其中的配套设施也是非常齐全，免费提供饮水(桶装纯净水)、空调、办公家具、宽带上网、24 小时保安、会客室、会议室、前台秘书服务(收发邮件、包裹、代接电话等)并提供有偿服务：传真，扫描，打印，复印等，基本不需其他设施就可办公，我们称之为拎包即可办公，真可谓麻雀虽小五脏俱全；甚至客户还可以根据自己的需求装修工作空间。这种流行的办公室租赁模式被称为服务型办公室租赁，因其有效地节约成本、灵活机动，所以非常适合刚创业的有志人士、小规模团体及外省公司办事处这一类客户租用。

试想一下，如果不是行业固有的办公室租赁方式让那些小规模办公室租赁需求的客户望而却步，这种快捷方便又经济的服务型办公室租赁模式能有市场吗？

六、基于互联网的商业模式创新

互联网的出现彻底改变了我们的商业运行规则，圈子化世界开始出现，圈子经济广泛流行，商业信息变得越来越对称，从生产制造到消费者的距离大大缩减了，近些年凭借互联网技术创新商业模式并颠覆行业的案例屡屡出现，从最早的 SOHU、新浪综合信息平台颠覆传统报纸和媒体，还用 E-mail 冲击了中国邮政行业，促成了很多人不买报纸而在互联网上看新闻的习惯；接着出现阿里巴巴外贸交易平台颠覆传统的产品交易会，坐在家里与世界各地外贸商洽谈业务订单；再到网络播放器和音乐下载颠覆 DVD 碟机行业和 CD 唱片业，人们逐渐通过网络播放器下载和收听最新音乐，致使很领先的蓝光技术都惨遭淘汰，唱片业呈现惨淡经营状况等举不胜举。还有，我们一定要明白新生代人群对互联网的使用和依赖程度越来越大，从听音乐、看电影到点餐服务、旅游、交友等无不在互联网上通过一部智能手机就实现了，他们的生活方式发生了重大转变，这将改变正常的消费方式，将影响到每一个商业企业的商业模式的改变，所以每一个企业必须重视互联网经济，并尽快使自己的商业模式搭上互联网的高速列车，否则可能被时代淘汰了！

在商业模式研究和实践中，我们发现常见的基于互联网商业模式基本有下列几种：

1)信息平台模式：如百度、QQ、新浪、搜狐等网站。这些公司的特点几乎都是门户网站，形成强大的信息平台或信息交流平台，通常以免费的方式让所有人进入浏览，网聚人流和吸引人气，提升点击率。形成庞大的人流和新平台后，形成眼球经济再去吸引广告，卖广告位赚取费用。这就是基于互联网平台模式的商业模式。

2)商务服务模式：如阿里巴巴、敦煌网、淘宝商城等。这些网站大多是专业型网站，提供专业信息和相关内容，不仅为会员客户提供信息交流的平台，还帮助他们进行业务推广和品牌宣传，甚至提供更多一站式服务，如淘宝的支付宝解决信用问题，敦煌网的翻译、报关及物流服务等。它们大多都是通过提供会员服务，收取会员费、广告费和交易佣金来实现盈利，前面讲到过敦煌网的盈利方式就是根据不同行业、不同交易金额收取3%~12%不等的交易佣金来获利的。这种基于互联网商务服务模式的商业模式创建形式。

3)卖场模式：如京东商城、凡客诚品、一号店、当当等。这些网站很直接就是买卖东西，是一个专业的大卖场，主要聚焦生活用品和家电类。它们通常以低价吸引顾客，并且配送上门，让顾客实惠、方便到底，客户自然很开心。这种模式最主要的目的就是号召客户形成一定量的客户群体和粉丝，然后压迫供应链，与供应链谈判挤压利润，而自己控制庞大的现金流量。这种商业模式就是卖场模式。

4)O2O 模式：如美乐乐家具等。它们通过线上浏览、下订单，线下开体验店让顾客实际去体验和感受，但不现场成交，必须网上下单交付一定比例预订金。

美乐乐家具网——O2O

根据市场分析：家具是生活的必需品，跟着房地产的气势一路高涨，虽然一些大城市的家具已经不像以前那样的好卖和好赚，但是二、三线城市的一些需要改善住房环境的需要和一些 80 后结婚的促进等加起来分析，我们只要可以占据我国 0.1%的份额，再加上一些其他的产品的销售，是相当可观的。

家具的电子商务模式不像其他电子商务，家具的电子商务模式和现状分析如下：

第一，大件的产品，网络购买会让人不踏实，而且家具是一个需要实体展示的产品。所以在展示这一块，一定要下足功夫。

第二，家具比较大，物流运输都很是问题，而且必须得自己安装。

第三，对于售后服务，家具电子商务这一块，基本上是没有什么服务的，除非是线上和线下进行整合。最重要的还是要看客户可以在这方面投入多少的时间、金钱、精力。

因此，从上面的问题看出，家具电子商务化，还有很长一段路要走。但是，美乐乐家具网(www.meilele.com)，却打破了这一个不可能的神话，笔者在此为大家分析下：

利用淘宝网，解决让人不踏实的感觉，而且卖的基本是属于价格相对便宜的家具。比较贴近于产品本身的市场价值。通过清晰大方的图片来吸印吸消费者，采取工厂+网络平台+实体展示的这样一个模式。

前期，少量的销售量作为月阶段目标(以淘宝商城来带动官网)，用低价格和最大推广，以成交为目的。

前期主要是一个建立信任和相互认识，只要克服了这个，有了信任，性价比高，后面的事情就水到渠成了。只要我们该做的做好了，那该出现的就一定会出现。无论是工作，还是做人。

然后慢慢地让商城也做到一定的销售，在网站流量的保证下，我们可以找实体的店。这个整体一形成，就标志着公司已经迈向了一个新的台阶。

网络和实体的结合是必须的，我们专注于电子商务，让合适的人做实体，我们提供产品和宣传。

前期的步骤：

第一步，网络平台的建立：官网和淘宝店铺。关于网站简单说就是，要给客户有很贴近于习惯的浏览方式和眼前一亮的视觉体验和贴心优质的设计和软性服务。

第二步，营销活动的策划：网站粘性的体现。活动吸引眼球不？实际的内容有力度不？互动性强不强？一个 B2C 的网站，只要流量和信任度够，成交是理所当然的，目的必须清楚。

第三步活动。什么是活动，活动最大的意义是增加企业品牌知名度，所以大家选取活动奖品也是一门学问，不是盲目选取。因为在网上的主要消费群体，大多是年轻夫妻，所以在选取奖品的时候主要以一些深得女性客户喜欢的可爱的浪漫的家居用品为主，如抱枕、台灯、情侣拖鞋、相框、小按摩器。最重要的推荐：在产品上面印上我们的 LOGO，等同于一个活动的广告牌。

美乐乐家具网，成功地打破了家具行业的电子商务化，成为家具电子商务行业巨头。

5)众包模式：

众包(Crowd-sourcing)区别于外包(Out-sourcing)的特征是：第一，对于发包方来说，干活的都是志愿者，发包人不需要支付报酬，所以很划算。第二，对于干活的人来说是喜欢干这个的，所以绝不敷衍。这两个特点就是目前热度不减的“众包”概念的生命力所在。

不过，众包并不是代表真的没有成本。那些干活的人不拿钱，可是他们要有收入，所以不能一年 365 天、一天 24 小时地干众包给他们的活儿。志愿者只能在某些特定的状态下，拿出一小部分的时间来贡献自己的力量。资源其实有限，这就是让众包模式普及化、上规模的瓶颈之一。

无聊时贡献社会：从下面例子就可以看出，有一些众包方式能够解决掉志愿者的时间这一瓶颈。因为，志愿者不需要花时间就能为众包项目出力，他们需要贡献的仅仅是其所在的位置和速度。

在你每天开车上班的路上，是否也可以顺手为这个世界变得更美好做点贡献？比如当塞车发生时，可以通知附近的驾车者：请赶紧绕行；或者通知还在家里的人：最好等 10 分钟再出门。或者建议城市管理者：某个路口的红绿灯间隔时间也许应该调整一下了。

当然，你不可能拿起电话去通知每一个人，即便你希望拨打某一个固定交通热线的想法也不太现实。因为，第一，在开车时打电话是一个违法并且危险的事情。第二，这可能增加相关部门很大的成本和运营负担，如需要交通部门安排额外的人力来接听电话等。第三，数据处理需要时间，其效率可能跟不上交通情况的变化。

不过，谷歌(Google)的天才工程师们利用GPS和谷歌地球(Google Maps)巧妙地解决了这个问题。

如果你在具备GPS功能的手机上用过谷歌地球，那么你就能为“让这个世界更加美好”做出贡献。当你把谷歌地球里一个小功能“我的地点”(My Location)打开，手机就会把你当时的行驶速度自动传输给谷歌。当谷歌把同一条路段上所有车辆的速度一起加以处理，那就可以描绘出一整张即时城市交通运行图。请注意：由于一条路上的行驶车辆很多，而且彼此的速度并不一致，那么，越多的人参与，这张图所涵盖的路况就越准确。最重要的是，市政部门和商业地图公司为了采集实时的路况信息往往要投入耗费巨大的基础设施建设，但谷歌鼓动这些有心人主动参与，获取这些信息的成本几乎为零，而这些有心人也是以无聊的堵车时间投入众包工作，参与成本也几乎为零。

这就是“众包”获得双赢的最经典应用：不需要志愿者单独针对一个公益项目花费时间和精力，而只需要每一个参与的人很随意、很容易地贡献一点点力量，一大群人加在一起，就是一个巨大的收益。

这里，可以总结出关于众包的两条规则。

第一，志愿者需要针对公益项目贡献的时间和精力，跟众包的前景成反比。只要志愿者完全不用额外分心就能为公益项目贡献力量，这样的众包形式就是零成本、零门槛。诸如像维基百科(Wiki)那样需要专家维护的众包项目，尤其会遇到人力瓶颈。

第二，随处存在的，获得这些要素就是典型的“零成本”，因为每个人都可以随时随意地供给。与第一条原则相关。志愿者为公益项目做贡献所需要的工具必须简单，难度必须很小，这样才能轻松地形成规模。如上这个案例，智能手机已经非常普及，同时谷歌地球和GPS几乎成为智能手机的必备应用。于是，规模就不再是什么问题了。

贡献个人数据：下面介绍一个创新产品，也可以引发零成本众包的应用。

FitBit是刚刚开始在美国市场发售的一个健身产品，售价99美元。这是一个能别在衣服上、装在钱包里的小工具，内置一个行为探测器，能跟踪一个人所有的动作。按下Fitbit上面的一个小按钮，就能看见一个蓝色LED显示屏。你每迈出一步，或每变换一个姿势，这个显示屏就会相应计算你的运动量、燃烧的热量、行动的距离，并且计算出你运动的量级。

Fitbit通过一个内置软件，能把所有数据都自动上传进电脑，并且可以联网查看。Fitbit通过一个无线USB接口和电脑实现连接，只要FitBit在电脑10米以内，就能自动进行数据传输。用户可以在计算机里输入自己的年龄、体重、高度、性别等基本信息，就可以看到Fitbit对运动量的综合评估和运动建议。并且，所有数据都按照时间区分开，也许Fitbit会告诉你：你在早上10~12点活动量太大，而在下午2~6点活动量又太少。如果你输入自己每一餐的食物，那Fitbit又会自动计算，然后告诉你：运动量是否合适，是否有利于你减肥或者增肥。

有趣的是，如果你在睡觉时也戴上Fitbit，它会跟踪你身体的每一个动作，翻身，还是静止。从而告诉你要用多少时间才能入睡，大概在几点入睡，在夜里翻了几次身，醒来了几次。

是的，如果用户把这些数据“匿名”分享出来，这就是社会学和医学的研究机构所一直渴求的宝贵信息，并能被广泛利用。比如，把个人数据跟天气情况联系在一起，就可以搞清楚阴天或者雨天对人们的活动量、活动方式、以及睡眠有怎样的影响，我们就能够知道“阴天让人抑郁”或者“雨天好睡觉”这种感觉是否属实。比如，把个人数据跟犯罪率联系在一起，我们也许就能够听到科学家振振有词地宣布：人类的运动越亢奋，犯罪率就会下降；因为运动有利于发泄，使人们心情舒畅，从而减少犯罪倾向产生。于是，政府也许就会借此加大对免费运动设施的建造。

无论如何，我们都将因此获益。

无法众包的案例

如果对比上面总结的众包的两条规则，Fitbit 用户参与的众包方式有很强的优点和缺点。优点是零成本参与，志愿者不需额外付出就能随时出力。缺点是 Fitbit 这样的工具还不普及。最后，介绍一例与 Fitbit 恰恰相反的众包方式：优点是工具已经十分普及，缺点是随时随地愿意做出贡献的志愿者是如此之少。

这里，我们又要用到功能强大的、人们随身携带的智能手机，尤其是具有丰富应用的 iPhone。

大家可能都想过一种难题，很多人都去同一个景点旅游，1 万个人都拿自己的相机拍照，如何把大家相机里最好的那些照片集合到一起形成一个最精彩的图片集呢？10 个朋友在一次婚礼上合影，大家都想拿自己的相机拍一次，头一张的效果应该最好，但越到后来，笑容就越僵硬和不自然。如何解决这些麻烦？

一个在 AppStore 上售价 2.99 美元的应用软件 Clixtr 就是要解决这个问题。它利用了 iPhone 等智能手机上的内置相机、数据连接以及 GPS 定位，把在同一个地点拍摄的照片上传到一个共享的相册里。

如果你在一个景点旅游，那么把你所拍的照片上传到 Clixtr 里。Clixtr 会立刻识别出你的位置，如果这是一个著名景点或者公共场所，它就会把在这个位置由其他人拍摄并上传的照片全部检索出来，自动生成一个共享的相册，比如“八达岭长城集萃”。这种相册，就是一个“众包”的经典图集。如果你是在一个婚礼现场，那么所有的婚礼照片都会被聚合在一起，所有人都可以拥有一整套婚礼照片，并且选出其中自己最中意的一部分。

通过这个应用，只要 Clixtr 的用户在某个公共场所拿起 iPhone 拍照，就在为某个景点的共享图集贡献力量。对他而言，额外成本为零。但是，美中不足的是，可拍摄的景点是如此之多，而一个人拿起安装着 Clixtr 的 iPhone 拍照的概率又是如此之小，因此共享集萃的效果事实上很难实现出来。

非常值得一提的是，从上面三个例子可以看出一个共同的规律，也可以作为我们为众包总结的第三条规则：

志愿者的数量多少与众包项目的效果不是线性相关。即，当只有极少数志愿者时，公益项目的效果几乎为零；而当志愿者数量达到一定程度时，公益项目的效果就快速增长，达到最优。这很好理解：如果有着十几个红绿灯的长安街上，只有几辆车在传送其位置和速度数据，那么谷歌地球也很难判断出这条路上的阻塞情况。如果在北京市，只有区区几百人利用 Fitbit 共享自己的行为数据，那么科学家在做统计分析时就没有足够的依据。只有群众基础足够强大的项目，众包效益才得以体现。

从经验来看，越是如此“非线性相关”的众包形式就越具有长久的生命力，就越能体现众包的精髓。那些通过几个人就能完成的项目，往往会被很快地商业化，但是利用“众包”来完成的必要性却是不大。

6）微粉模式：如新浪微博、搜道秀等。这些商业模式的特点都是以人来吸引人，新浪微博利用名人秀来号召粉丝，玩起全民“织围脖”的时尚生活。而搜道秀则是以性感美女时钟报时、自拍秀、卖萌为主，吸引眼球和评价分享，聚合粉丝。然后在生活和商业中大行美女特权，“我是美女，我怕谁，给我特权！”制造美女经济狂潮，把她时代推向高潮，比如享受打折商品、门票、获得会员资格、免费赠品等商业活动，而美女的粉丝也可以打着美女的旗号享受相应的商业优惠，当粉丝消费后美女可以与商家分账，而搜道秀从商家享受佣金获取利润。

国际互联网风起云涌，中国互联网方兴未艾。腾讯后来居上，以“为用户提供一站式在线生活服务”作为自己的战略目标，构建了 QQ、腾讯网、QQ 游戏以及拍拍网这四大网络平台，形成中国规模最大的网络社区，最后与百度和阿里巴巴两大巨头在互联网天下形成三足鼎立之势。中国互联网各个领域的其他企业也是绚丽多姿，Kaixin001 抄袭了 Facebook 再由病毒式营销在国内红了一把，随后又被陈一舟再次山寨一下，连域名都山寨了，人人网一路突飞猛进；盛大网络迪斯尼王国的版图继续在扩张；新浪把微博变成名人场，掀起一股“织围脖”的狂潮。

互联网的应用，比得就是谁的商业模式更加富有竞争优势，谁更具有洞察客户价值真相的能力，只要你挖掘出了客户的隐藏需求，提出了符合客户的独特价值主张，那么，你就能在商业模式之战中打好头响炮。

第五节　精益创业——探索商业模式的工具

埃里克·莱斯提出的精益创业理论又为人们提供了一种探索商业模式的工具。既有企业已经有了经过验证的商业模式，而初创企业必须探索未知的商业模式。对于初创企业来说，精益创业这个工具有三个构成部分：①基本的商业计划。需要注意，在精益创业的框架里，再完美的商业计划也仅仅是假设，需要创业者不断地去验证。②用户开发。用户开发与产品开发是同步的，甚至要早于产品开发。在精益创业的框架里，用户居于核心地位，产品根据用户的需求来开发。埃里克·莱斯特别告诫创业者们因缺乏用户而失败的初创企业远多于因产品开发失败的初创企业。③精益研发。在用户和产品开发的过程中要科学试错、快速迭代，以最小的成本找到可行的商业模式。

精益创业的逻辑框架

精益创业的逻辑框架由用户探索、用户验证、用户积累和企业运营这样一系列反馈循环活动组成，如下图所示。其中，用户探索、用户验证和调整转型是三个关键的循环。从用户探索到用户验证，若没有经过验证，则进入下一轮用户探索和用户验证，如此循环往复，直到通过用户验证才能初步确立自己的商业模式。过了这个阶段才能开始执行商业模式。必须明白，初创企业并不是大企业的缩小版，大企业执行已知的商业模式，而初创企业要探索未知的商业模式。很多初创企业失败的原因就在于混淆了对商业模式的探索和执行。

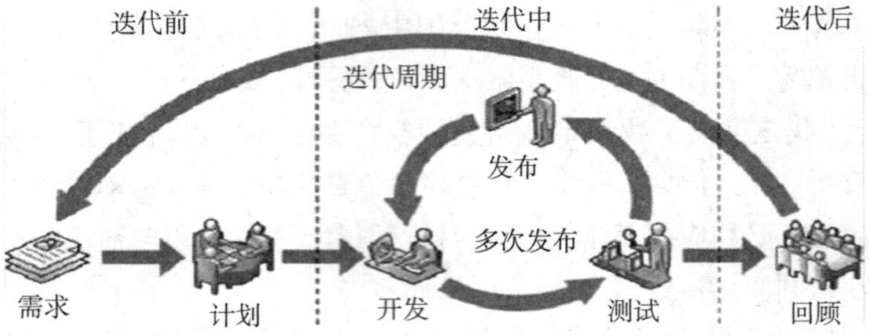

精益创业逻辑框架

1. 第一个循环：用户探索。基本任务是定义用户痛点假设和解决方案假设。定义用户痛点假设要善于发现用户痛点，并观察痛点的大小以及持续性。每一个痛点都是一个机会，用户痛点的大小决定了商业模式的空间，其持续性决定了商业模式的持续性。用户痛点和最终商业模式是否成立紧密相关。定义解决方案假设需要关注两点：一是解决方案和用户痛点的匹配度，即方案能否解决这个用户的痛点；二是解决方案和用户痛点的吻合度，即产品和市场的匹配。

2. 第二个循环：用户验证。关键任务是验证用户的痛点假设和解决方案假设。与天使用户之间的大量互动是验证假设的重要途径。用户验证可以通过三个步骤完成：第一步，设计最小可行产品；第二步，数据收集与测度，并且与预设的指标进行比较；第三步，学习与迭代，在此过程中不断获取认知。这三个步骤是不断循环往复的。

(1)第一步，设计最简可行产品(MVP)。天使用户设计一个最具有核心功能的产品或方案，这个产品不是完美的，但是是天使用户渴望得到的。天使用户的特征是：有急切的痛点感受，愿意购买早期产品，愿意反馈中肯的建议，也愿意四处推广产品。

(2)第二步，数据测度与收集。在 MVP 的基础上，收集数据来验证 MVP 的实际效果，即有多少用户真的需要这个产品。测度的工具主要有：① 对比测试，也就是 AB 测试，通过对比不同的方案和产品，选择用户真正想要的；② 同期群分析，分成不同时期的用户，对每一个用户群的行为和趋势进行更精准的分析；③ 净推荐值，等于产品支持者的百分比减去诋毁者的百分比。这个数值是评估产品发展潜力的风向标，较高的净推荐值有可能转化为较高的净推系数(推荐系数=通过推荐带来的新用户数量/老用户数量)。

如果推荐系数超过 1，就有可能发生指数型增长。

(3)第三步，学习与迭代。不管多伟大的产品都是通过不断迭代产生的。在这个迭代的过程中，要把握几个原则：①产品的功能，必须靠用户催生，而非简单堆集；②尽量限制添加的功能数量，要克制给产品不断增加功能的欲望；③整个学习和迭代的过程是开放、透明的。

3. 第三个循环：调整转型。如果用户验证阶段没有通过痛点假设和解决方案假设验证，那么就要回到第一个循环用户探索，直到通过验证找到可行的商业模式。这是商业模式探索的重要反馈机制，通过调整，不断迭代，就会不断加强对用户、产品和市场的认识，就更有可能找到可行的商业模式。此时最关键的就是快捷和敏捷。速度越快，商业模式探索的成本越低，对现金流的需求也越小，功能的可能性就越高。

第七章　创新创业资源与融资

本章导读

资源分析是TRIZ理论中解决问题的重要工具，资源分析是否全面、准确、系统，在很大程度上决定问题是否能够解决。对资源进行分析和深刻理解并加以应用是解决创新创业问题的有效途径，通过资源分析，能够将之前忽略的很多资源发现和找到。对于中小企业，尤其是对于初创企业而言，资源的整合与运用也尤为重要，把新创企业在创造价值的过程中需要的特定的资产，包括有形与无形的资产进行资源整合，是新创企业创立和运营的必要条件。

本章主要从以下四个部分为大家深入剖析创新创业过程资源分析与整合的奥秘：

- ❖ 创新资源分析
- ❖ 创业资源整合
- ❖ 创业融资理论
- ❖ 创业融资渠道

☞ 知识目标

了解创新资源分析方法、创业资源种类、了解基本的融资方法及策略

☞ 能力目标

增强资源整合意识、提升资源整合能力

☞ 育人目标

- ❖ 认识到资源在创新创业过程的重要作用
- ❖ 积极寻求创业资源，对有限的资源进行创造性的利用

☞ 基本概念

九屏幕法、无形资源、有形资源

☞ 教学重点与难点

- ❖ 创新资源分析
- ❖ 如何获取创业资源

第一节　九屏幕法：创新资源分析法

一、案例导读“邓克尔蜡烛”

给你一根蜡烛、半盒图钉、一张说明书，要求你在尽量短的时间内，把这根蜡烛安放在垂直的木板墙上。这就是著名的“邓克尔蜡烛”问题。这个问题的答案有很多种。你可以把说明书折成一个小袋子，然后用图钉固定在木板上，再把蜡烛放进袋子里；或者不用折，直接就把说明书的三条边用图钉固定在木板上，就像我们的上衣口袋一样，然后把蜡烛放进去；你也可以直接把几个图钉钉在墙上(不完全钉入)，然后直接把蜡烛安放在图钉上，等等。但是在实验过程中，很少有人能想到把图钉盒钉在木板上，然后把蜡烛安放在图钉盒里。很少有人能够想到这个方法，一个很重要的原因就是大家没有对现有的系统进行资源分析，只把图钉盒看成是装图钉的东西，而没有想到可以把它用作蜡烛托。

TRIZ 创新理论认为，任何没有达到理想状态的系统都有可以利用的资源。资源分析的实质就是从系统的高度研究分析资源，合理地组合、配置、优化资源结构，提升系统资源的应用价值或理想度，可以说解决技术问题的实质是对资源的合理应用。对资源进行分析和深刻理解是解决创新问题的有效途径。

二、创新资源的类型

TRIZ 理论中的资源是指系统及其环境中的各种要素，能反映诸多系统作用、功能、组分、组成间的联系结构、信息、能量流、物质、形态、空间分布、功能的时间参数、效能及其他有关功能质量的个别参数。TRIZ 理论按照资源的不同属性将资源分为两个纬度，六种类别。两个纬度是指现成资源和派生资源。六种类别是将资源分为物质资源、能量资源、自然资源、信息资源、空间资源、时间资源和功能资源。从问题解决的角度又可分为系统内资源和系统外资源两大类。

(一)物质资源

物质资源是指可以构成系统及其周围环境的任何材料或系统产品。物质资源不仅包括有形的物质，还包括无形的物质，如空气等。

(二)能量资源

能量资源是指系统及其周围中存在或能产生的场或能量流。通常的能量资源有电能、风能、磁能、动能等。

(三)信息资源

信息资源是指系统中存在或能产生的信息，也就是系统和脱离系统的物质获取的系统信息。可以通过信息判断系统的状态，通常系统内的各项参数的变化，如浓度、速度、压力、面积、长度、高度等都是信息资源。

（四）空间资源

空间资源是指系统及其超系统存在的未被占用的空间位置、次序等。空间资源通常表现在系统及超系统中存在的某些“孔”状空间、物体的表面、物体的空腔、系统中没有被利用的空间等。

（五）时间资源

时间资源是指在系统工作之前、工作之后、两个循环之间的时间间隔以及之前未被使用的时间。

（六）功能资源

功能资源是指利用系统内各子系统已执行的功能，对功能进一步挖掘，使现有子系统执行主要功能的同时，能够执行更多的功能。

三、九屏幕法资源分析方法

九屏幕法就是一种资源分析方法，在阿奇舒勒的书中也叫天才思维屏幕，它包括三个层次、九块屏幕、图像和“反图像”。

在 TRIZ 中主要利用九屏幕法来分析系统资源与约束的情况，九屏幕图是系统思维的一种方法，是寻找资源的一种非常好的工具，它按照时间和系统层次两个维度进行分析，可以考虑系统内的资源、超系统的资源、系统的过去及系统未来的资源等。TRIZ 认为考虑问题不仅要考虑当前系统的过去和未来，还要考虑当前系统子系统和超系统的过去和未来，寻找解决问题的资源和方案时，我们可以不仅仅局限在中间的区域，而是沿着八个方向、多层次寻找可利用资源，寻找解决问题的办法，通过九屏幕图的分析，能够将之前忽略的很多资源找到。

案例 1：九屏幕图法分析太空钢笔。美国航天员在太空中用钢笔写不出字，因为太空中缺乏重力，美国航天局拨款 100 万美元的专款攻关。研究在极其秘密的状态下进行，经过半年多夜以继日的集中攻关，最后研制出一款专用的，十分精密的“太空钢笔”。

庆祝会上，美国宇航局的一位官员突生疑问：我们如此费力，那苏联航天员在太空中用什么笔写字呢？谍报人员费尽周折侦查之后回来报告：苏联航天员用的是铅笔。用九屏幕法来分析：

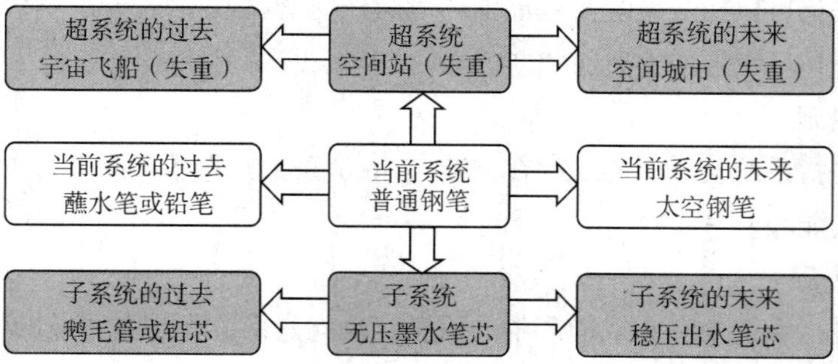

太空笔的九屏幕分析

早期宇航员使用铅笔，但字迹容易被擦模糊，保存字迹的可靠性不高；铅笔芯易折断，漂浮在空间站；容易吸入人体，铅笔尖导电，容易引发电器短路。

1967 年美国一家私人公司自筹 200 万美元开发出真正的太空笔。笔芯采用密封结构，内部充有一定压力的氮气，靠气体压力(代替重力)把墨水推向笔尖，在失重状态下可正常使用。从“子系统未来”中可以看到，稳压出水笔芯是很好的解决方案。九屏幕法教会了我们如何做系统化的思考：即要把技术系统看成一个由过去、现在、将来而组成的发展着的动态系统，看成一个由子系统组成的系统，而其本身也是一个大系统中的子系统。

案例 2：如何安全地测量玻璃容器内一条毒蛇的长度？(既不能被蛇咬伤，也不能将蛇弄死。)

系统的过去：测量前在爬行，休息或吃东西(喂食时加以利用)

系统的将来：冬眠(空气降温)，蜕皮(测量皮的长度)

利用超系统：玻璃容器(让蛇在容器内上下爬动，根据玻璃容器尺寸测量)，空气

利用子系统：身体的各个部分(无解决方案)

九屏幕也叫九宫格法，横向的是时间轴，考虑问题的过去与未来，纵向的是系统层次轴，考虑问题的层次结构。很多时候我们遇到问题，是处在问题发生的时刻和部位，于是我们解决问题的入手点，往往也是当时的状态。简单的问题，我们能很快找到资源和方案。若问题比较棘手，找不到资源，往往手忙脚乱。TRIZ 的九屏幕法提醒你，遇到棘手的问题，你可以在这九宫格里面寻找资源和方案。

第二节　创业资源整合

> 创业者在企业成长的各个阶段都会努力争取用尽量少的资源来推进企业的发展，他们需要的不是拥有资源，而是要控制这些资源。
>
> ——霍华德·史蒂文森

一、创业资源的内涵

常言道：“巧妇难为无米之炊。”同样，没有资源，创业者也只能望(商)机兴叹。无数创业案例表明，大多数创业者在创业初期甚至全过程都会经历资源约束和白手起家的过程。这是因为，创业活动通常是创业者在资源高度约束情况下所进行的、从无到有、“从零到一”的财富创造过程。创业者往往需要通过技术创新和商业模式创新等方式对资源进行更为有效地整合，进而实现创业目标。换言之，创业者只有努力创新资源整合手段和资源获取渠道，才能真正摆脱资源约束的困境。正因此，积极探求创造性整合资源的新方法、新模式和新机制，就成为创业的基本特性。

资源就是任何一个主体，在向社会提供产品或服务的过程中，所拥有或者所能支配的能实现自己目标的各种要素以及要素组合。林强以及林嵩曾对创业资源给出了学术定义。

他们认为，创业资源是企业创立以及成长过程中所需要的各种生产要素和支撑条件。Alvarez 和 Busenitzb 认为创业本身也是一种资源的重新整合。简单地说，“创业资源”就是创业者所需具备的一些创业条件。

美国创业教育之父蒂蒙斯提出了创业三要素模型，指出创业过程涉及创业机会、创业团队、创业资源三个要素，三要素之间相互影响，共同推动创业的进展，创业资源的整合与利用是创业成功的必要保证，它是新创企业创立和运营的必要条件。

在初创阶段资源不足时，创业者的资源获取能力非常重要，这会影响到创业机会的好坏评价；在企业成长阶段，资源整合能力非常关键，会影响企业未来的战略规划。创业是不拘泥于当前资源条件的限制和约束下，寻求机会、将不同资源利用和开发，并进行价值创造的行为过程。

创业需要面对资源难题，设法突破资源束缚。创业者获取创业资源的最终目的是为了组织这些资源，追逐并实现创业机会提高创业绩效和获得创业的成功。如果你能够发现特定资源的价值或者善于获得资源，创业机会将处处存在，否则，它永远不可能出现或存在。

创业资源是企业在实施其战略时可供利用的力量，创业资源主要包括几个方面——

业务资源：赚钱的模式是什么；

客户资源：谁来购买；

技术资源：凭什么赢取客户的信赖；

经营管理资源：经营能力如何；

财务资源：是否有足够的启动资金；

行业经验资源：对该行业资讯与常识的积累；

行业准入条件：某些行业受到一些政策保护与限制，需要进入的资格条件；

人力资源条件：是否有合适的专业人才。

二、创业资源的分类

新创企业在创造价值过程中需要的特定资源，按照形态角度分，创业资源包括有形资源与无形资源。

有形资产：场地、资金、人才、技术等资源。

无形资产：政策、信息、品牌、管理等资源。

数字经济时代，创业资源仍然重要。但是资源的内容发生了很大的变化。消费者更关注产品背后代表的内容，而并非产品本身。知识付费现象的出现也印证了人们不再甘于泛滥的信息接收，而是要获取知识本身。所以创业资源还应包括知识内容等重点 IP 资源，才能更好推动数字经济发展。更重要的是消费者的心智资源，在注意力时代这才是品牌的核心，资源的核心。所以一个成功的数字企业必须借助情感导入，抢占消费者的主要心智资源。

有形资源与无形资源相比，有形资源越用越少，边际效应递减；无形资源不会越用越少，且边际效应递增。所以，无形资源更具价值创造的潜力，无形资源往往是撬动有形资源的重要杠杆，能够为创业者带来无可比拟的竞争优势。

三、创业资源获取的途径

（一）获取技术资源的途径

对于制造类型或提供基于技术服务的新创企业而言，技术资源是企业存在和发展的基石，是生产活动和生产流程稳定的根本，其成功的关键是首先寻找成功的创业技术，原因有三：

一是创业技术是决定创业产品的市场竞争力和获利能力的根本因素。在创业初期，创业资金需求基本满足的情况下，创业技术是最关键的资源。

二是创业是否拥有技术核心决定了所需创业资本的大小。对于在技术上非根本创新的创业企业来说，创业资本只要保持较小的规模便可维持企业的正常运营。

三是从创业阶段来说，由于企业规模较小，因此管理及对人才的需求度不像成长期那样高，创业者的企业家意识和素质是创业阶段最关键的创业人才和创业管理资源。

技术资源的主要来源是人才资源，重视技术资源的整合同时也就是注重人才资源的整合。技术资源的整合，不仅要整合、积聚企业内部的技术资源，还要整合外部的可资利用的技术资源，比如积极寻找、引进有商业价值的科技成果，加强和高校科研院所的产学研合等。整合技术资源只是起点，技术资源整合是为了技术的不断创新、自主研发并拥有自主知识产权，保持技术的领先，提高新创企业的核心竞争力。创建企业是否掌握企业需要的核心技术，是否拥有技术的所有权，决定着创业的成本，以及新企业能否在市场中取得成功。对依托高科技的创业而言更是如此。

获取起步项目所依赖技术的途径有：

① 吸引技术持有者加入创业团体；

② 购买他人的成熟技术，并进行技术市场寿命分析等；

③ 购买他人的前景型技术，再通过后续的完善开发，使之达到商业化要求；

④ 同时购买技术和技术持有者；

⑤自己研发。

（二）获取人力资源的途径

创业不仅需要持续的技术支持，还需要各种出色的创业团队，优秀的创业团队需要德行、能为、胆识三方面优秀的人才。人力资源不仅仅指创业者及其团队的特点和知识、激情，还包括创业者及其团队拥有的能力、经验、意识、社会关系、市场信息等。

美国苹果电脑公司创立人乔布斯曾说过：刚创业时，最先录用的 10 个人将决定公司成败，而每一个人都是这家公司的十分之一。如果 10 个人中有 3 个人不是那么好，那你为什么要让你公司里 30%的人不够好呢？小公司对于优秀人才的依赖要比大公司大得多。一旦企业成立了，创业者团队的经营管理能力以及经验等就至关重要。如何获得创业人力资源？

第一，要拥有可以得到很多人认可的人生观、价值观；

第二，要有认识各行各业、各种背景的很多朋友的机会。

案例分析

案例：一年四工厂，鞋业新模式

办一个鞋厂需要哪些资源？需要订单、资金、场地设备、人才团队、原材料这五大基本资源。如果这五大资源你都没有，你会如何去创办一个鞋厂？

浙江健邦宏盛鞋业股份有限公司董事长，来自湖北的80后小伙张家维给出的答案是：用了一年半时间，在创新思路的指引下，排列组合，以低成本整合以上五大资源。他目前拥有1家总公司、4个工厂、1个办事处(东莞)、2个外贸接单中心(迪拜和洛杉矶)，已有三个工厂在生产，有员工400多人。

他是怎么做到的？他说，干一件事情，不是看你有什么，而是看你想什么！

(1)每销售1双鞋子向工厂业主支付1元合作费

张家维给他的连锁工厂取名字也很有趣：蒂壹家鞋业、蒂叁家鞋业、蒂伍家鞋业、蒂捌家鞋业，很有连锁的味道。这四家工厂分别位于温州鞋都二期、永嘉瓯北、丽水青田和温州炬光园。

说起如何整合到四家工厂，张家维说，整合之路并不平坦。他坦言，在只有思路，其他什么都缺的情况，要整合好各种资源并不容易，常常碰壁。

而张家维的优势，除了年轻有激情、思路外，还有八年在鞋业从业的经验，对鞋厂运作很了解，特别是之前几年他在为鞋业企业做管理顾问期间，掌握了不少资源，也较深入了解到一些鞋业企业老板由于不专心主业而面临困境的情况。

看到一些鞋业工厂由于面临困境处于停工状态时，张家维就跟对方谈，让对方把工厂以一种新的合作方式让他生产，他以后每销售1双鞋子向工厂业主支付1元钱，并向工厂支付一定的保证金，但不承担工厂业主的任何债务。张家维说，这种新的合作方式，不少鞋企老板并不认可，他们觉得直接拿一笔租金省事些，但这种风险共担、收益共享的新合作模式也得到一些老板的认可。

2013年4月份，张家维的第一家连锁工厂——温州蒂壹家鞋业有限公司诞生了。2013年8月，张家维的第二家连锁工厂——温州蒂叁家鞋业有限公司就在永嘉瓯北成立。今年3月，张家维的第四家连锁工厂——温州蒂捌家鞋业有限公司正式起航。当时张家维在蒂捌家鞋业合作签约仪式完毕后感言：他的连锁工厂运营模式在往前推动。

(2)让各种优质资源入股，并不断前移市场终端

在所有的这些生产要素当中，最核心的资源是优质订单。当工厂有合作意向后，最重要的是要拿到订单。他提出了以股权换订单的思路，让出一家工厂20%~30%的股份给拥有订单资源的出口贸易商，来换取更多的国外订单资源。他的这个合作思路获得一些出口贸易商的支持。

在管理方面，从蒂壹家到蒂叁家再到现在的蒂捌家，张家维很好地运用了股权激励的方式，出让一部分的工厂股份吸引一批优秀的职业经理人，由二三人组合成为微

型的管理团队，扁平化管理各个工厂的日常生产和运作，降低工厂的管理成本。

在资金方面，张家维也是以股权投资的方式获得一些投资商的支持，为公司起步发展解决了燃眉之急。通过这种资源整合的方式，张家维启动一家工厂的资金不到200万元，他说这远远低于正常运作一家工厂的资金。

在一年多的公司运作过程中，张家维越来越觉得掌握市场终端的重要性。温州一些鞋厂拿到的订单都是从外方手上转了好几手之后才拿到，中间环节很多，不但利润少，还很容易出问题。因此，现在张家维把更多的精力和资金放在市场终端的建立上，并不断前移市场终端。他说，投入市场终端的回报远远高于投入工厂生产的回报。他先是在东莞成立了办事处，后又在阿联酋迪拜、美国洛杉矶等地建立海外代理市场点——接单中心，逐步跨越与国外进口商间阻碍，建立直接贸易关系，挖掘到进口商的优质订单。

在张家维的计划里，国外的订单中心还将继续建立，当他有足够多的优质订单时，他会以要求入股的形式跟温州其他鞋业工厂合作，继续发展他的连锁工厂模式。下一步，他还要推出创新的网络销售模式，他要用创新的模式走市场终端。张家维说，他现在满脑子都是一些如何进行市场运营模式变革的新想法。

上述资料来自网络：http：//news. 66wz. com/system/2014/08/20/104192981. shtml

第三节　创业融资理论

钱是有的，关键是到哪里去找。

——《小企业的有效管理》提到的融资秘诀

融资难、融资贵一直是困扰企业的一大难题。在企业的不断发展过程当中，如何掌握好融资节奏，在企业出现现金流短缺之前成功融到所需资金，这不仅仅是每个创业者时常会面临的问题，也是确保企业长期稳定健康发展的关键。

融资需求分析

创业者在创业过程当中最担心的事情是什么？毫无疑问，他们最担心的是钱不够用，现金流短缺，企业面临破产倒闭的风险。任何企业的生产经营活动都需要资金支撑。对于新创企业来说，在企业的销售活动能够产生现金流之前，企业需要技术研发，需要为购买和生产存货支付资金，需要进行广告宣传，需要支付员工薪酬，还有房租、水电等各种杂支项；另外，要实现规模经济效应，企业需要持续地进行资本投资，加上产品或服务的开发周期一般比较漫长，这就使得创业企业在早期需要大量筹集资金。

(一)创业融资概念

创业融资，是指创业者根据自身资金拥有状况，以及公司未来经营发展的需要，通过一定的方式、从一定的渠道筹措资金，以保证公司正常生产、经营管理需要的一种经济行为。

新创企业对融资的需求主要体现在三个方面：即成立企业时所需的融资、周转融资和生存融资。

成立企业时所需的融资通常是数额较大的长期投资，用于支付各种开办费用、购买厂房、机器设备等；周转融资是指新创企业在生产经营过程中由于采购、生产、销售的时间差，为流动资金的周转而进行的融资，周转融资通常金额较小、期限较短；生存融资是指新创企业在外部环境改变而面临巨大压力时，为度过困境所需的资金，通常需要借助专门为中小企业服务的政策性金融机构的支持。

创业融资有“广义”和“狭义”之分，狭义的融资仅指不同资金所有者之间的资金融通，即资金从资金供给方流向需求方。广义的融资还包括某一经济主体通过一定方式在自己内部进行资金融通。

从融资主体角度，创业融资的方式可以作三个层次的划分：

第一层次为外源融资和内源融资；

第二层次将外源融资划分为直接融资和间接融资；

第三层次则是对直接融资和间接融资再作进一步的细分。

内源融资，是指企业依靠其内部积累进行的融资，包括：资本金(除股本)、折旧基金转化为重置投资和留存收益转化为新增投资。

外源融资，则是指企业从外部融入资金用于投资。

相对于外源融资，内源融资可以减少信息不对称的问题以及与此相关的激励问题，节约企业的交易费用，降低融资成本，也可以增强企业的剩余控制权。内源融资在企业生产经营和发展壮大中的作用是相当重要的。但是，内源融资能力及其增长，要受到企业的盈利能力、净资产规模和未来收益预期等方面的制约。现实中的资金供求矛盾总是存在的，并推动着外源融资的发展。任何企业在创业发展过程中，都会遇到一个确定内源融资与外源融资合理比例的问题。

直接融资，是指企业作为资金需求者向资金供给者直接融通资金的方式，一般是指发行股票和债券等；间接融资，则是企业通过金融中介机构间接向资金供给者融通资金的方式，一般是指银行或非银行金融机构的贷款等。

就各种融资方式来看，内部融资不需要实际对外支付利息或股息，不会减少企业的现金流量；同时由于资金来源于企业内部，不发生融资费用，内部融资的成本远低于外部融资。因此它是企业首选的融资方式。

但企业内部融资能力的大小取决于企业利润水平、净资产规模和投资者的预期等因素：当内部融资仍不能满足企业的资金需求时，企业可以考虑转向外部融资，但外部融资方式中股权融资会使企业股东股权稀释，收益减少，并且产生的影响时间较长，而财务融资则成本较高，但影响时间较短。

(二)创业融资过程

一般来说，创业融资过程包括融资前的准备、资本需求量测算、商业计划编写、融资来源确定及融资谈判五个方面的内容。

1. 做好融资前准备

在融资之前，我们需要问自己以下几个问题：

我们的业务是否有着广袤的发展空间？

我们的发展速度是否够快？

我们所在的行业是否受到严格的监管？

我们的业务是否适合这种赌性很大的资本并能经得起折腾？

我们的团队是否做好了接受外来者监督的思想准备？

我们是否愿意规范财务上的一些处理？

我们在可预见的未来是否有明确的资金需求？

尽管新创企业融资较为困难，但创业融资却是新创企业顺利成长的关键。因此，创业者一定要在融资之前做好充分的准备工作：对融资过程有一定了解，建立和经营个人信用，积累自己的人脉资源，学习估算创业所需资金的方法，知晓了解融资渠道和途径，熟悉商业计划书的结构和编写策略，提高自己的谈判技巧等，以提高融资成功率。

2. 计算创业所需资金

创业者在筹集资金之前，要能够运用科学的方法，准确计算资金需求量，以便及时足额筹措创业所需资金。

(1)测算投资资金

如上所述，投资资金包括新创企业开业之前的流动资金投入、非流动资金投入，以及开办费用支出所需要的资金投入。在估算投资资金时，大部分创业者均能想到购置厂房、设备及材料等的支出，以及员工的工资支出，但常常会忽略诸如机器设备安装费用、厂房装饰装修费用、创业者的工资支出、业务开拓费、广告费等开业前可能发生的其他大额支出，所以，创业者在计算时应尽可能将投资项目考虑全面。

(2)测算营运资金

营运资金主要是流动资金，是新创企业开始经营后到盈亏平衡前创业者投入企业的资金。营运资金的估算需要根据企业未来的销售收入、成本和利润情况来确定，通过财务预测的方式实现。

①测算新创企业的营业收入和成本

营业收入是指企业在从事销售商品，提供劳务和转让资产使用权等日常经营业务过程中所形成的经济利益总流入。营业成本是指企业在从事销售商品，提供劳务和转让资产使用权等日常经营业务过程中所形成的经济利益总流出。对新创企业营业收入/成本的测算是制订财务计划与编制预计财务报表的基础，也是估算营运资金的第一步。在进行营业收入/成本测算时，创业者应立足于对市场的研究和对行业营业状况的分析，根据其试销经验和市场调查资料，利用推销人员意见综合、专家咨询、时间序列分析等方法，以预测的业务量和市场售价/单位成本为基础估计每个会计期间的营业收入，并根据行业的信用政策特点和新创企业拟采用的信用政策，估算由此可能产生的现金流入和流出。

②编制预计利润表

利润表是用来反映企业在某一会计期间的经营成果的财务报表。该表是根据“收入-费用=利润”的会计等式，按营业利润、利润总额、净利润的顺序编制而成的，是一个时期的、动态的报表。创业者在编制预计利润表时，应根据测算营业收入时预计的业务量对营业成本进行测算，根据拟采用的营销组合对销售费用进行测算，根据市场调查阶段确定的业务规模和企业战略，对新创企业经营过程中可能发生的管理费用进行测算，根据预计采用的融资渠道和相应的融资成本对财务费用进行测算，根据行业的税费标准对可能发生的营业税费进行测算，以此计算新创企业每个会计期间的预计利润。

③编制预计资产负债表

资产负债表是总括反映企业在某一特定日期全部资产、负债和所有者权益状况的报表。资产负债表是根据“资产=负债+所有者权益”这一会计基本等式，依照流动资产和非流动资产、流动负债和非流动负债大类列示，并按照要求编制的，是一张时点的、静态的会计报表。创业者在编制预计资产负债表时，应根据测算的营业收入金额和企业的信用政策确定在营业收入中回收的货币资金及形成的应收款项，材料或产品的进、销、存情况确定存货状况，投资资本估算时确定的非流动资金数额和选择采用的折旧政策计算固定资产的期末价值，行业状况和企业拟采用的信用政策计算确定应付款项，估算的收入和行业税费比例测算应交税费，预计利润表中的利润金额及利润分配计划确定每期的所有者权益，并可据此确定需要的外部筹资数额。当根据预计收入计算确定的资产数额，大于经营过程中形成的自发性负债金额和所有者权益金额合计时，其差额就是需要从外部筹集的资金数额。

3. 编写创业计划书

新创企业对于资金的需求，需要通盘考虑企业创办和发展的方方面面，要对企业进行全面筹划。编写创业计划书是一种很好的对未来企业进行规划的方式，在创业计划书中，创业者需要估计未来可能的销售状况，为实现销售需要配备的资源，并进而计算出所需要的资金数额。

4. 确定融资来源

确定了新创企业需要的资金数额后，创业者需要进一步了解可能的筹资渠道，不同筹资渠道的优缺点，根据筹资机会的大小，以及创业者对企业未来的所有权规划，充分权衡利弊，确定所要采用的融资方式。最后，还要对投资者的合规性、资质进行审查。

5. 展开融资谈判

选定所拟采取的融资渠道之后，创业者即需要与潜在的投资者进行融资谈判，要提高谈判的概率，要求投资者首先对自己的创业项目非常熟悉，充满信心，并对潜在投资者可能提出的问题做出猜想，事先准备相应答案。另外，在谈判时，要抓住时机陈述重点，做到条理清晰。一般情况下，还应向有经验的人士进行咨询，以提高谈判成功的概率。不要相信一张纸或者一番话就能拿到投资的故事。一方面，谈判要有详细可行的筹划；但是另一方面，讲的故事要易于理解。

第四节　创业融资渠道

为了提高融资成功的概率，创业者必须清楚地知道有哪些可以利用的融资渠道。由于在企业的不同阶段，融资需求和方式有所不同，为了便于理解，这里分初创期和成长期两个阶段来介绍新创企业的融资渠道。

初创期是企业技术创新和新产品或服务试销的阶段，企业初步形成产品或服务，开始向市场供应已经形成了的较为粗糙的经营计划。初步组建了经营管理团队，组织结构慢慢形成，内部分工已经开始明确，但团队稳定性较差，企业规模仍然很小；有一定的经营收入，但基本未能实现盈利，开销也低。初创期阶段的技术风险逐渐减少，但投资成功率较低。这个阶段的资金来源主要有创业者自筹资金、政府资助、天使投资、风险投资等。

1. 自筹资金

大多数的新企业都是从自筹资金开始的，这些资金来源于个人存款或者各种各样的个人资金。这种形式的融资能反映创业者的动机、承受力和信念。

家庭成员和亲朋好友是常见的启动资金来源，他们不像专业投资者那样要求快速的资金回报。在创业的初期，创业者往往缺乏正规融资所需的抵押资产，缺乏社会筹集资金的信誉和业绩，因此自筹资金是非常有效的融资方法。

2. 政府资助

由于新创企业对经济增长、工作创造、市场创新和经济效率等方面具有重要的促进作用，政府对创业的支持力度无论从产业的覆盖面，还是政府对创业者的支持额度等方面都在逐步增加。政府资助通常用于企业的初创阶段，此时，投资资金最难获得，现金十分紧张。政府机构一般不是直接向新创企业投资，而是提供担保由商业银行向新创企业提供贷款。由于政府要承担担保责任，所以这种贷款要由政府的有关机构进行审批。

3. 天使投资

天使投资(business angel)以其特有的优势成为中小企业创业融资最重要的资金来源。它是指富有的个人直接对有发展前途的处于创业初期的小企业进行权益资本投入，在体验创业乐趣的同时获得投资增值。从时间上来看，天使特指企业创业过程中的第一批投资人，资金在产品或服务形成之前注入，此时企业处于很不成熟的种子期。

“天使”一词最早是指19世纪为纽约百老汇戏剧提供资金的投资人。当时投资戏剧的风险很大，很多出资者是出于对艺术的支持，而不是为了获得超额利润。因此，人们尊称他们为“天使”。甚至一直到今天，这种慈善光环依然笼罩在一些天使投资人的头上。天使投资是一种非组织化的创业投资形式，是指自由投资者(个人)或非正式风险投资机构(团体)对有发展前景的原创项目构思或初创期小企业进行早期权益性资本的投资，以帮助这些企业迅速启动的一种民间投资方式。

与其他投资相比，天使投资是最早介入的外部资金。所有有闲钱愿意做主业之外投资的公司或个人都可以叫作天使投资者，他们可以分为以下几类：富有的个体投资者、家族型投资者、天使投资联合体、合伙人投资者。另外，从天使投资人的背景来划分，天使投资人可以分为管理型投资者、辅助型投资者、获利型投资者三种。天使投资人可能是家庭成员、朋友、邻居、公司伙伴、供货商或者任何愿意投资公司的人士，他们了解创业者面对的难处。他们对天使投资感兴趣的不仅仅限于能获得资金回报，还希望以自己的资金和经验帮助那些有创业精神和创业能力的志同道合者创业，以延续和完成他们的创业梦想。

徐小平，真格基金创始人、中国著名天使投资人。曾荣获“2016年最受尊敬天使投资人”，入选美国《福布斯》杂志“全球最佳创投人”榜单（Midas List）。真格基金陆续投资了600余家创业公司，并收获了美莱、英雄互娱、VIPKID、一起教育科技、找钢网、罗辑思维、依图科技、小红书、蜜芽、ofo等行业瞩目的独角兽企业。徐小平在连续投出了数家上市公司后，还在继续坚持早期风险投资，甚至一些稀奇古怪的项目，例如那个真空穿梭的“子弹快轨”（Hyperloop）。

4. 风险投资

风险投资是指风险投资者寻找有潜力的成长性企业，投资并拥有这些被投资企业的股份，在恰当时候取得高资本收益的一种商业投资行为。对于创业者来说，风险投资不需要抵押，也不需要偿还，但是风险投资机构会参与，如果创业者能够接受将公司所有权部分出让，那么风险投资是一项不错的融资计划。当然风险投资有以下特点：

①投资对象多为处于创业期的小企业，而且多为高新技术企业或现代服务业。

②投资期限通常为3~5年，投资方式为股权投资，一般会占被投资企业15%~30%的股权，可能对被投资企业以后各阶段的融资和控制权有一定的权利要求。

③投资决策建立在高度专业的基础之上。

④风险投资人一般积极参与被投资企业的经营管理，提供增值服务。

⑤由于投资目的是追求超额回报，当被投资企业增值后，风险投资人会通过上市、收购兼并或其他投资转让方式撤出资本，实现增值后的回收。

⑥风险投资人顺利退出投资时往往能够获得原始投资额五倍以上的资本升值，但也有可能投资失败。

5. 众筹

现代众筹指通过互联网方式发布筹款项目并募集资金。相对于传统的融资方式，众筹更为开放，能否获得资金也不再是以项目的商业价值作为唯一标准。只要是网友喜欢的项目，都可以通过众筹方式获得项目启动的第一笔资金，为更多小本经营或创作的人提供了无限的可能。众筹涉及主体包含发起人、支持者和平台。发起人是指有创造能力但缺乏资金的人；支持者是指对筹资者的故事和回报感兴趣的、有能力支持的人；平台是指连接发起人和支持者的互联网终端。

众筹形式主要有股权众筹和实物众筹。其规则就是在设定天数内，达到或者超过目标金额，项目即成功，发起人可获得资金；筹资项目完成后，支持者将得到发起人预先承诺的回报，回报方式可以是股权，也可以是实物或服务，如果项目筹资失败，那么已获资金全部退还。

Kickstarter：众筹鼻祖

众筹的兴起源于2009年4月成立的美国网站Kickstarter，该网站通过搭建网络平台面对公众筹资，让有创造力的人可能获得他们所需要的资金，以便使他们的梦想有可能实现。这种模式的兴起打破了传统的融资模式，每一位普通人都可以通过该种众筹模式获得从事某项创作或活动的资金，使得融资的来源者不再局限于风投等机构，而可以来源于大众，在欧美逐渐成熟并推广至亚洲、中南美洲、非洲等开发中地区。

Kickstarter 相信，一个好的创意，透过适当的沟通，是可以快速地广为流传的；同时，集结众人的力量来集结资金与精神上的鼓励，可以让你更实际也更有勇气地实践自己的好点子。

会籍式众筹3W咖啡

3W 咖啡采用的是向社会公众进行资金募集，每个人 10 股，每股 6000 元，相当于一个人 6 万元。正直玩微博最火热的时候，3W 咖啡很快就汇集了一大批知名投资人、创业者、企业高级管理人员，其中包括沈南鹏、徐小平、曾李青等数百位知名人士。3W 咖啡引爆了中国众筹式创业咖啡在 2012 年的流行，几乎每个城市都出现了众筹式的 3W 咖啡。3W 很快以创业咖啡为契机，将品牌衍生到了创业孵化器等领域。

第五节　融资案例分析

一、创业公司融资案例：百度公司

1995 年开始，李彦宏就利用每年回国的机会考察国内的市场。但那时，他并没有急着回来，因为“感到中国还不需要搜索这个技术，大家还在推广网络的概念”。1999 年 10 月，政府邀请了一批留学生回国参加“国庆典礼”，李彦宏也在受邀之列。这次行程坚定了他回国创业的决心：“大家的名片上开始印 e-mail 了，街上有人穿印着 .com#的 T 恤了。”更为重要的是，“中国出现了一批能够为搜索业务付费的门户网站”。

当时，国内门户网站使用的搜索引擎，大多是英文搜索软件的汉化版。虽然中文的语言逻辑和英文有着很大区别，但这些软件在开发时却很少考虑到华人尤其是中国内地网民的搜索习惯；而那时国内出现的“搜索客”等搜索引擎，在李彦宏看来更像是“玩具”。

返回美国之后，手中握有全球第二代搜索引擎核心技术“超链分析”专利的李彦宏，找到了自己刚刚从美国东部闯荡硅谷时认识的好朋友徐勇。11 月，徐勇邀请李彦宏到斯坦福大学参加自己担任制片人的《走进硅谷》一片的首映式。第二天，两人就基本敲定了市场方向、股权分配、管理架构以及融资目标等回国创业的大致框架。

此时互联网泡沫正盛，但是，为了凭借自身团队的价值成为公司绝对控股的大股东，以便为将来的阶段性融资奠定基础，他们只制订了 100 万美元的融资计划，并开始寻找融资目标。在与各种背景的投资者接触后，李彦宏倾向于选择有美国背景的投资者，原因在于“他们开的价码、条件比较好”。

很快就有好几家 VC 愿意为他们投资，他们看重的是三个因素：中国、技术、团队。“我们选了一家，即 Peninsula Capital(半岛资本)。”Peninsula Capital 是李彦宏要和另一家投资商签署协议时才开始接触的。“当时急着回国，所以我们只给了他们一天的时间。”

巧的是，Peninsula Capital 的一个合伙人 Greg 是徐勇拍摄《走进硅谷》时采访过的。Greg 对徐勇说：“从你拍的片子，我就知道你能成事。但我不认识他(指李彦宏)。你说他的技术如何了得，有什么办法让我们相信?”不过，在按创投行业惯例与李彦宏工作的 Infoseek 公司 CTO 威廉·张通电话后，Greg 下定了决心：威廉·张认为，李彦宏是全世界搜索引擎领域排名在前三位的专家。

尽管对中国有着浓厚的兴趣——2000 年初 Peninsula Capital 还联合高盛、Redpoint Ventures(红点投资)向中国最早的 IT 交易网站“硅谷动力”投资了 1000 万美元，但是由于没有在搜索领域的投资经验，他们又拉来了 Integrity Partners 一起投资。这家 VC 主要由 INKTOMI(美国著名的搜索引擎公司，后被 Yahoo 收购)的几个早期创业者创办。两家 VC 决定联手向百度投资 120 万美元(双方各 60 万美元)，而不是李彦宏当初想要的 100 万美元。

“当时我觉得，需要 6 个月时间把自己的搜索引擎做出来。”投资人问李彦宏，如果给更多的钱，是不是可以缩短这一时间，他的回答是否定的。但事实上，从 2000 年 1 月 1 日开始，百度公司在北大资源楼花了 4 个半月就做出了自己的搜索引擎。不仅如此，为了防止市场发生大的变化，原计划 6 个月用完的钱，百度做了一年的计划，从而坚持到了 2000 年 9 月第二笔融资到来的时候。

第一轮投资者 Integrity Partners，还为百度引来了第二轮融资的领投者德丰杰全球创业投资基金(DFJ)。Integrity Partners 的创始人之一 Scott Welch，早年创建一家购物搜索引擎企业时曾得到过德丰杰的投资。2000 年 4、5 月份，DFJ 中的“F”，即创始合伙人 John H. N. Fisher，通过 Scott Welch 知道了百度，并很快对其产生了兴趣。DFJ 随即对百度展开了审慎的调查，这项工作由刚从新加坡国家科技局加入德丰杰全球创业投资基金的符绩勋担纲。

“那段时间，我们大都在晚上去实地考察百度。”符绩勋回忆道，“透过公司的灯光，我们看到了这家企业身上闪现着硅谷式的创业精神”。而另一家创业投资巨头 IDG 决心投资百度，是因为发现李彦宏一直滔滔不绝的不是自己如何厉害，而是怎么去找“比自己强”的技术和管理人员。“开始创业的时候，我们希望能够找到一位‘能人’担任首席执行官，所以那时我在公司的职务是总裁。”李彦宏解释说。

投资谈判过程相当顺利，2000 年 9 月，德丰杰就联合 IDG 向成立 9 个月的百度投资了 1000 万美元。德丰杰占了总投资额的约 75%，因而成为百度的单一最大股东，但其仍然只拥有百度的少数股权。据估算，成立不到一年的百度价值至少应当在 2500 万美元以上。

投资者还为百度带来了资本之外的价值。通过 Peninsula Capital 的穿针引线，百度与硅谷动力结成了合作伙伴，2000 年 5 月 22 日，双方合作推出了“动力引擎”。“硅谷动力 CTO 卢建的做法使我们的产品被市场所认可。现在他自己做的医疗网站还在竞价排名方面与百度合作。”李彦宏表示。

这种投资组合之间的协同效应，在 DFJ 身上也得到了体现：周云帆、杨宁等创建的 CHINAREN(后被搜狐收购)是百度的早期客户，在周云帆、杨宁再次创建空中网(获得了德丰杰的投资)时，双方又再度携手。

“百度早期的商业模式很像 INKTOMI，即主要为各大网站提供搜索技术服务。”李彦宏介绍说。尽管百度一度占据国内搜索技术服务市场 80%的份额，但经过 2000、2001 年的网络低潮之后，国内能够付得起价钱的只剩下新浪、搜狐等少数门户网站。“在服务的范围、方式以及收入分成等方面，百度不可避免地会受到这些门户网站的制约。”一直担任百度公司董事的符绩勋表示。

更让李彦宏忧心的是，这些网站“想的不是怎么得到更好的搜索技术、服务，而是怎么少付钱”。2002 年 3 月，甚至发生了著名的新浪停机事件——百度停止向拖欠服务费用的新浪提供搜索服务，令新浪高层措手不及。李彦宏抱怨说：“这对我们是很可怕的。从他们那儿挣不到钱，就不可能把更多钱投入到研发中，会引发恶性循环。”

资料来源：https：//zhuanlan. zhihu. com/p/23517114

二、融资分析

(一)深入进行融资总收益与总成本分析

创业者首先应该考虑的是：企业必须融资吗？融资后的投资收益如何？融资后的收益是否大于融资成本？创业者只有经过深入分析，确信利用筹集的资金所得到的总收益要大于融资的总成本时，才有必要考虑融资。融资成本既有资金的利息成本，还有可能是较为昂贵的融资费用和不确定的风险成本。企业融资成本是决定企业融资效率的决定性因素，对于创业企业选择哪种融资方式有着重要意义。

(二)合理确定企业的融资规模与融资期限

创业者在进行融资决策之初，要根据各种条件，量力而行地确定企业合理的融资规模。此外，创业者必须做出最佳的融资期限选择，以利于企业的发展，因为融资期限过长，增加了融资成本与融资风险；融资期限过短，则限制企业的发展。创业者做融资期限决策，一般是在短期融资与长期融资两种方式之间权衡，做何种选择主要取决于融资的用途和创业者的风险性偏好。从资金用途上来看，如果融资是用于企业流动资产，则宜于选择各种短期融资方式；如果融资是用于长期投资或购置固定资产，则适宜选择各种长期融资方式。从风险性偏好角度来看，创业者对风险越偏好，就越倾向于用短期资金融通永久性资产；反之，则越倾向于用长期资金融通波动性资产。

(三)尽量选择有利于提高企业竞争力的融资方式

企业融资通常会给企业带来以下直接影响：一是壮大了企业资本实力，增强了企业的支付能力和发展后劲，从而减少了企业的竞争对手；二是提高了企业信誉，扩大了企业产品的市场份额；三是增加了企业规模和获利能力，充分利用规模经济优势，从而提高企业在市场上的竞争力，加快了企业的发展。但是，企业竞争力的提高程度，根据企业融资方式、融资收益的不同而有很大差异，比如，股票融资，通常初次发行普通股并上市流通，不仅会给企业带来巨大的资金融通，还会大大提高企业的知名度和商誉，使企业的竞争力获得极大提高。因此，进行融资决策时，企业宜选择最有利于提高竞争力的融资方式。

(四)有效利用企业的金融成长周期

在中小企业创业初期，企业的信息基本上是封闭的，由于缺乏业务记录和财务审计，它主要依靠内源融资和非正式的天使融资。当企业进入成长阶段，随着规模的扩大，可用于抵押的资产增加，信息透明度的逐步提高，业务记录和财务审计的不断规范，企业的内源融资难以满足全部资金需求，这时企业开始选择外源融资，开始较多地依赖于来自金融中介的债务融资。在进入稳定增长的成熟阶段后，企业的业务记录和财务趋于完备，逐渐具备进入资本市场发行有价证券的资产规模和信息条件，随着来自资本市场可持续融资渠道的打通，企业债务融资的比重下降，股权融资的比重上升，部分优秀的中小企业逐步发展成为大企业。

(五)慎重挑选合适的投资者

确定实际可行的融资方式以及制定融资策略，必须明白要寻找什么类型的投资者。创业融资是一个双向选择的过程，投资者在选择创业者的同时，创业者也在积极地挑选合适的投资者。建议选择这样的投资者：的确考虑要投资，并有能力提供相应资金的；了解并对该行业投资有兴趣的；能够提供有益的商业建议，并且与业界、融资机构有接触的；有名望、道德修养高的；为人处世公平合理，并能与创业者和谐相处的；具有此类投资经验的。具有这些特质的投资者是稀缺的、有价值的、难以复制的、不可替代的人力资源，他们可以给企业持久的竞争优势。理想的投资者可以存在于以下任何一组投资群体之中：一是友好的投资者，如家人、朋友、未来的雇员和管理者、商业伙伴、潜在的客户或供应商；二是非正规的投资者，如富有的个人(医生、律师、商人)；三是风险投资产业的正规的或专业的投资者。

三、专家观点：天使大腕儿们的投资命门

(一)雷军：三条投资原则

在同行眼中，雷军有两个特点，第一，他喜欢大公司出来的、有一定管理经验的人。第二，你要想办法找到他身边熟悉的人来做介绍人，具备这两点基本上就能搞定他。

对于项目，雷军不是特别关注商业模式，而是关注市场规模，雷军更偏爱年龄 35 岁左右的创业者，雷军总结自己的三个投资原则：第一是人要靠谱、不熟不投；第二是大方

向没问题；第三是小方向被验证。

(二)徐小平：投资如看人

在徐小平看来，天使投资最深的哲学，就是坚定不移地判断人，而不是判断模式。徐小平认为，天使投资人，应该有一颗天使的心，即对创业者无条件的爱和关怀。

如何判断人，徐小平有自己的四个角度：

a. 学习力：包括过去、现在和未来的学习能力，比如学历就代表一个人过去的学习能力。

b. 工作力：包括工作经验、技能和资源等。

c. 影响力：也叫个人魅力，就是感染他人的能力。

d. 坚持力：能够克服困难走过去。

另外，徐小平会从三个角度来判断团队：

a. 团队吸引力：团队成员之间是否有互相爱慕仰慕的情感，觉得能跟这个人一起工作很棒。

b. 团队互补力：团队成员互补，不单纯指能力，也包括性格。

c. 团队协调力：一堆人一起做事，一定会有冲突，团队从冲突走到妥协的能力非常重要。

(三)蔡文胜：喜欢草根和千万用户

天使投资人蔡文胜在寻找和挑选创业者时看三点：第一，从用户角度看产品价值；第二，观察用户规模，规模越大，赚钱就容易；第三，看团队。

a. 用户角度。“你做的这个事情，未来可发展的用户空间有多大，比如你做的产品是基于 PC 方面的项目，我就没有多大兴趣。因为在我看来 PC 已经开始没落，这个趋势很清楚。”

b. 用户规模。“产品初期，比如小游戏项目，一天 100 万的流量是没有意义的，因为赚不到多少钱，但如果对于某些行业，比如钢铁，虽然网站一天的访问量在三万，但它是有价值的，因为中国钢铁厂也就几百家，它的访问量足够，这个行业的价值太大了，你要赚它的钱就容易。”

c. 团队。“今天，大家每天都在想做什么公司赚钱，包括大公司也虎视眈眈，很少有那种让你有三年的时间慢慢来的机会，所以我们需要有一个团队，能够很快地把事情做起来，包括找到一些互补。”

(四)熊晓鸽：只琢磨三件事

在熊晓鸽看来，风投就像漂流，一定要选对河流。选对河流往前划就行了，只要不被淹死，总能游到目的地，只是到早一点儿赚钱就多一点儿，到晚一点儿赚得就少一点儿。

“我做投资，只琢磨三件事：一是市场，二是产品，三是管理团队，实际上，最根本的是琢磨人，琢磨一个项目的进入时机，还要观察团队对资本的复杂态度。”

熊晓鸽认为，选对了河流(项目)，团队就是划船的高手，本事好一点就不翻船，能很快到达终点；本事差一点儿可能就会翻船，所以团队是最重要的。

课外实践练习

“白手起家”

基于找到的创业项目和组建的创业团队，挑战“白手起家”做这个项目，假设现在团队只有 50 元，看能创造多少利润？

1. 和自己的团队讨论并设计出行动方案。注意：这 50 元是创业团队拥有的唯一种子资金，此资金不能从事非法活动(包括赌博)，不能参与抽奖活动(包括买彩票)；在活动期间，不能筹集资金。团队的计划要尽可能详细、具体，并估算出可能赚取的利润额。

2. 展示团队的计划，并描述自己的团队是如何产生“创意”的？50 元发挥了什么作用？

3. 评选出利润额最高的团队和最有创造力的团队。

4. 行动起来，实施自己团队的计划。一周后，再来看一看哪个团队赚得了最多的利润？

5. 反思：在这次活动中最令自己感到意外的是什么？是否顺利实施了计划？成功失败的因素有哪些？

6. 讨论：如何“白手起家”？

参 考 文 献

张立顺，张峰，郝建华主编；胡文强，张楠，魏玉平，朱家玲副主编．大学生创业基础教程[M]．北京：国家行政学院出版社，2018：75.

第八章　商业计划设计与撰写

本章导读

“商业计划”(Business Plan)，是创业者从创意开始，聚焦创业定位，理清创业思路，获得外部融资，争取合作伙伴的重要行动指南。本章以提升创业者商业计划设计和撰写能力为目标，从商业计划作用、结构、要素等方面系统介绍相关内容，课程内容主要分为三个部分。

❖ 理解商业计划：了解商业计划定义和作用，认识商业计划基本框架结构；

❖ 商业计划要素：掌握商业计划必备要素，能够有效撰写商业计划书；

❖ 商业计划应用：理解商业计划到应用之间的差距，理解试错与精益创业。

☞ **知识目标**

了解编制商业计划的意义与作用；了解制定创业计划应搜集的资料；掌握商业计划书的基本格式；掌握商业计划书的主要要素。

☞ **能力目标**

能够列出商业计划书要素构成，并撰写规范的商业计划书

☞ **育人目标**

❖ 认识到商业计划重要性，理解商业计划书设计各项细节

❖ 建立商业计划书应用中的试错和精益创业思维

☞ **基本概念**

商业计划、商业计划书、试错、精益创业

☞ **教学重点与难点**

❖ 如何搜集商业计划相关资料

❖ 如何完善商业计划细节

第一节　商业计划导言

一个人不论赋有什么样的才具，他如果不知道自己有这种才具，并且不形成适合于自己才具的计划，那种才具对他便完全无用。

——休谟

一、创意与商业计划

创业的起点是有创意，所谓“生意”，可解读为“生生不息的创意”。但是创意本身不具有经济价值，它只有在被商业计划成功地转化为业务概念并且得到实施后，才可能获取经济价值。从创意到创业成功，还有遥远的距离，充满惊险的跳跃。从“创意”到“商业计划”，当创业者认真思量考虑时，往往发现充满了令人崩溃的细节，很多时候，“创意”是经不起推敲的。

例如美剧拍摄，从创意到拍摄，可能一开始只是在编剧脑中有个想法，但是编剧必须制作阐述想法的简单计划，说服制片人或影视公司同意，再说服电视台同意，然后先成交第一季第一集，继而选演员及工作人员，第一集拍摄后，还要看观众反映，决定后继是否继续拍摄。所有的每个环节，都需要有详细的工作计划提交。因此，美剧的发达和在全球的影响力，都是由每个环节的商业计划管控的。一部成功的美剧后面可能有无数被淘汰掉的其他剧本，能够走到最后的成功美剧，都是严格按照商业计划推进和执行的。

小案例：美剧拍摄

与创意往往天马行空不同，商业计划必须是一份可靠的行动指南，它需要描述创建一个新企业时所有相关的内外部环境条件和要素，它包括商业前景展望，人员、资金、物质等各种资源的整合，以及经营思想、战略确定等，必须完整、具体、深入。因此，一个创业者有了创意之后，首先要静下心来解决的，就是要认真投入时间和精力，在商业计划设计、撰写的正确理念和工具指导下，认真打磨自己的商业计划。为了做好此项工作，首先要了解的就是商业计划的意义。

二、理解商业计划

商业计划最初被作为工具提出，是在市场经济相对成熟和发达的美国，当时主要是从私人投资者和风险投资家那里获取资金的一种手段，后来，在寻求业务合作伙伴的过程中，提供商业计划也成为商业标准程序中的重要一环。

对创业者个人而言，商业计划思考的重要性也是不言而喻的，通过商业计划的设计和执行，创业者可以证明他们有能力解决项目的各项问题，并且随着项目的开展，商业计划的设计和撰写，最终形成商业计划书，将迫使创业者对创意进行系统的思考。在准备商业计划书的过程中，有可能会不断产生出不同的方案，创业者应对其一一进行评估，找出各自的缺陷。在对项目内外部要素进行清楚的分析之后，商业计划书自然成为核心管理文件，并且会极大地帮助创业者，提高创业效率和效能。实际上，商业计划书的设计和撰写在大公司里同样有着重要的地位，大公司同样需要用商业计划书来帮助自己开展业务发展判断，制订业务计划。

发展至今，一般而言商业计划从创意开始，为了达到融资、合作或者宣传等发展目标，在经过前期对创业项目具体、细致、科学地调研、分析、搜集和整理有关资料的基础上，根据一定规范格式和内容要求而撰写特定材料。此时构想中的商业计划，就变成了一份书面的商业计划书，它能够真实科学地反映创业项目的投资价值。一份好的商业计划书，应该内容完整，事实清晰，结构简洁明了，通俗易懂。

虽然各个项目的商业计划可能千差万别，但是还是有许多共同点的。它们都是对一项业务所带来的机遇和风险进行明确的综合评估。这不是一件容易的事情。完成一个方案需要重视设计标准和内容两个方面。因此我们必须对商业计划书的设计标准和内容做有效的了解。

三、商业计划书的设计基本标准和内容

设计商业计划书，必须能够充分而准确地论述创业项目的各项可能问题，还要列出问题答案。商业计划各个部分都要做到问题具体化、项目数据量化、实施步骤可操作化。要做到这一点，一般而言，商业计划书的设计基本标准有如下核心要求：

首先，商业计划书在设计前，一定要开展详尽的市场调研，做到言之有据，用市场数据回答各项问题。比如常见的工具有问卷调查、网上调查、潜在客户访谈、观察记录法等。创业者一定要有从市场中采集信息的意识，并能够准确运用各种适用的市场调研工具。比如吉利公司创建于 1901 年，其产品因使男人刮胡子变得方便、舒适、安全而大受欢迎。进入 20 世纪 70 年代，吉利公司的销售额已达 20 亿美元，成为世界著名的跨国公司。然而吉利公司的领导者并不以此满足，而是想方设法继续拓展市场，争取更多用户。就在 1974 年，公司提出了面向妇女的专用“刮毛刀”的设想。这看似荒谬，却是建立在坚实可靠的基础之上的。吉利公司先用一年的时间进行了周密的市场调查，发现在美国 30 岁以上的妇女中，有 65%的人为保持美好形象，要定期刮除腿毛和腋毛。这些妇女之中，除使用电动刮胡刀和脱毛剂之外，主要靠购买各种男用刮胡刀来满足此项需要，一年在这方面的花费高达 7500 万美元。相比之下，美国妇女一年花在眉笔和眼影上的钱仅有 6300 万美元，染发剂 5500 万美元。毫无疑问，这是一个极有潜力的市场。吉利公司精心设计了新产品，它的刀头部分和男用刮胡刀并无两样，采用一次性使用的双层刀片，但是刀架则选用了色彩鲜艳的塑料，并将握柄改为弧形以利于妇女使用，握柄上还印压了一朵雏菊

图案。这样一来，新产品立即显示了女性的特点。为了使雏菊刮毛刀迅速占领市场，吉利公司还拟定几种不同的“定位观念”到消费者之中征求意见。这些定位观念包括：突出刮毛刀的“双刀刮毛”；突出其创造性的“完全适合女性需求”；强调价格的“不到 50 美分”；表明产品使用安全的“不伤玉腿”等。最后，公司根据多数妇女的意见，选择了“不伤玉腿”作为推销时突出的重点，刊登广告进行刻意宣传。结果，雏菊刮毛刀一炮打响，迅速畅销全球。

其次，商业计划书必须有一个清楚的结构，既便于创业者形成思维导图，又有利于潜在投资者和合作伙伴能够灵活地选择他们想要阅读的部分。商业计划虽然差别很大，但是在设计前一定要提前规划可能涉及的项目和内容，明确对应工作要求，进展阶段，工作方法，做到落笔之前，胸中自有丘壑。

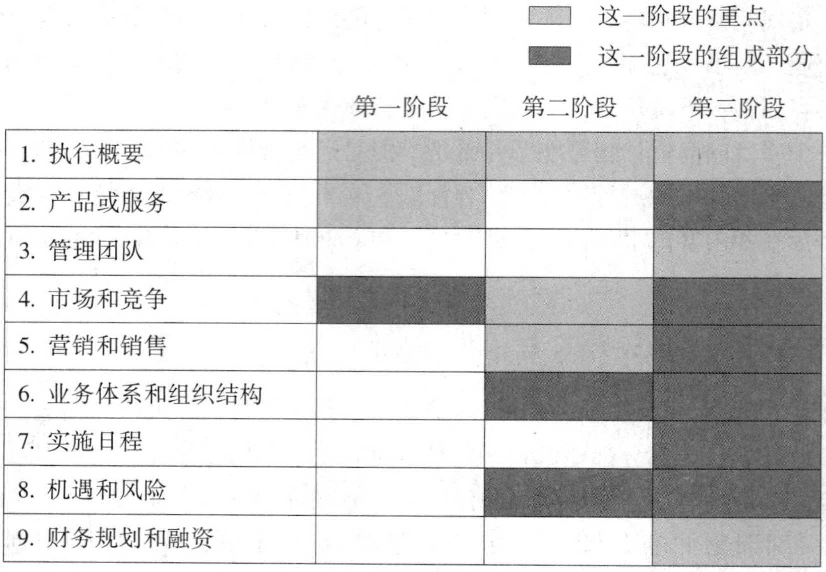

商业计划书的常见构成要素

再次，商业计划书的主要观点一定要逻辑清晰明确，论述简洁有力，任何能使潜在投资者和合作伙伴感兴趣的话题，都应该进行充分而准确的论述，并且在阐述的时候要做清晰的分项阐述，同时便于对方查阅了解。但是商业计划书也要适当控制篇幅，不宜过于复杂。如有可能的话，商业计划书是创业者个人和公司一张重要的名片，应当有美观的样式设计和统一的版面格式。例如，字体应当与文章结构和内容保持一致。插入的图表应力求简洁，而且，也可以考虑使用印有(未来的)公司的徽标的文头纸。商业计划书可以考虑用尽可能直观化的呈现方式，可以参照下商业模式画布的分类办法。

最后，商业计划书要理性，客观，观点统一，通俗到让技术上的外行也能读懂。创业者可以充满激情，但是在商业计划书中切忌表现出过于夸张的风格和不必要的煽情。创业需要的是仔细的权衡，应当尽量提供最准确的数据。同时不要贬低行业里的竞争对手，不要隐瞒自己的不足和弱点，可以在方案里提供弥补不足的措施。要考虑到商业计划书未来

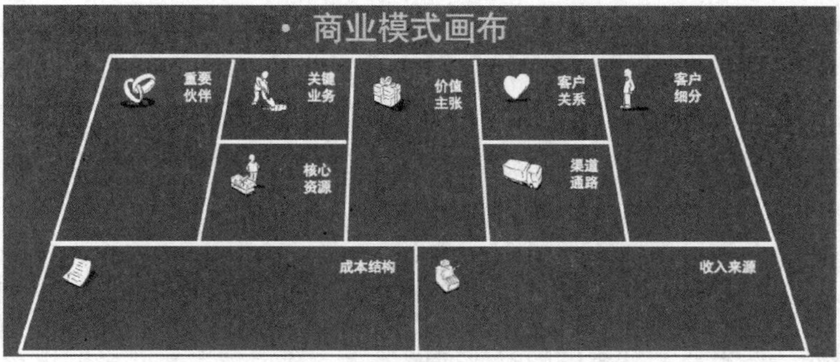

商业模式画布示例

会给各种不同专业背景的人阅读，因此尽量要对专业术语做通俗化表达，让各方人士都能看懂。大多数情况下，简单的说明、草图和照片就足够了。如果方案中必须包括产品的技术细节和生产流程，你应当把它们放在附录里。一般情况下，会有几个人合作完成一份商业计划书。最后，必须对这个方案进行整合，以避免整个方案风格不一、分析的深度不同，考虑到这个因素，最好由一个人负责最后的编辑和定稿工作。

第二节　商业计划书必备要素

计划的制订比计划本身更重要。

——Dale D. MeConkey

商业计划书不仅是创业者开展创业系统思考的结果，而且还要面对未来可能的投资者、合作伙伴乃至客户的反复审视和追问。因此它必须要能聚焦创业者的资源，尽可能简化商业运营模式，同时激发各类利益群体的兴趣，保证运营模式的稳定性，有效说明可能的投资回报和潜在的风险。从必备要素上来讲，一般至少要说明下列内容：

第一，产品或服务的定位与初步设计。

所有商业计划书的基础就是根据市场需求，提供特定的产品和服务。产品可能是有形的实体产品，也有可能是无形的服务。从整体产品的概念上来讲，包括该产品或服务的理念、形式要求和附加价值。

面对市场需求，创业者要注意不要追求做大而全的事情，要把有限的资源聚焦到可以获取最大回报的领域。如同华为任正非所言：华为坚定不移 28 年只对准通信领域这个“城墙口”冲锋。我们成长起来后，坚持只做一件事，在一个方面做大。华为只有几十人的时候就对着一个“城墙口”进攻，几百人、几万人的时候也是对着这个“城墙口”进攻，现在十几万人还是对着这个“城墙口”冲锋。密集炮火，饱和攻击。每年 1000 多亿元的“弹药量”炮轰这个“城墙口”，研发近 600 亿元，市场服务 500 亿元到 600 亿元，最终在大数据传送上我们领先了世界。

具体到产品或者服务设计上，要能形成理念层、形式层和附加价值层的体系。

所谓产品理念就是该产品或服务的核心价值定位，比如以麦当劳为例：它所提倡的核心产品或服务的核心价值就是 QSCV，具体而言，Q 是 Quallity，质量；S 是 Service，服务；C 是 Cleanliness，清洁；V 是 Value，价值。提供高品质的食品，提供完善的服务，保持环境的卫生，让消费者在麦当劳感到物有所值，这四大准则帮助麦当劳在消费者心中树立了全新的快餐经营理念，加速了麦当劳的世界扩张和品牌塑造。

所谓形式要求，就是围绕产品或服务的核心理念，提供配套的有形可感知的设计，比如包括品质、式样、特征、商标及包装等。例如麦当劳在 QSCV 理念指引下，在质量上有严格的操作规程，在服务上有积极的响应时间要求，在清洁上有严格的现场管理规范，在价值上要求不断传递对客户的关怀，这些相关的设计最终支持了产品或服务理念的落地。

所谓附加价值，包括消费者在购买时期望得到的与产品密切相关的一系列属性和条件，所能得到的附加利益和服务，以及企业提供给顾客的个性化产品和额外产品。总的来说，相对竞争者提供的产品和服务而言，别人有的我要有，而且始终能够提供别人没有的惊喜，这样的产品和服务才是好的，只有感到惊喜的顾客才更有可能成为忠诚顾客。比如麦当劳为了庆祝经典产品巨无霸上市 50 周年，特地推出的纪念币。粉丝们拿到这款纪念币，可以收藏或者分享给朋友，或者干脆拿着纪念币在全球 50 多个国家和地区的餐厅免费兑换巨无霸。这就是一个很好的产品附加价值设计。

麦当劳的巨无霸纪念币

第二，市场与客户价值的分析和说明。

商业计划书里一定要评估面对的市场需求，包括市场发展趋势、市场容量、市场细分和目标市场定位等。只有在市场潜力很大的情况下，公司的价值才会有迅猛的增长。市场规模应以具体的数字来表示，如客户数量、单位销售额以及总销售额等。对市场增长的预期是非常重要的。关于市场的所有分析，答案要从市场真实数据中获取。要千方百计充分利用所有可能的资料来源，包括行业文献(杂志、市场研究、学术文章等)、行业名录、协会和政府机构(统计局、商会、专利局等)、行业调查机构、数据库、互联网(注意要有重点地进行查询)，当然还有行业专家访谈。另外，打电话询问通常也能获得有益的信息。使用简短的讨论提纲将会提高你的效率，同时也能使对方愿意透露更多的信息。

同时由于一般来说竞争队友很有可能已经在提供类似的产品和服务，所以我们必须要站在消费者角度，有力地证明消费者能从你新创立的企业中获取更多的价值。一般过程为，在分析总体市场趋势、容量和竞争对手的基础上，选定产品市场范围，即确定进入什么行业，生产什么产品；列举潜在顾客的基本需求；了解不同潜在用户的不同需求；抽掉潜在顾客的共同要求，而以特殊需求作为细分标准；根据潜在顾客基本需求上的差异方面，将其划分为不同的群体或子市场，并赋予每一个子市场一定的名称；进一步分析每一个细分市场的需求与购买行为特点；估计每一细分市场的规模。

在分析内外部环境上，可以使用 SWOT 工具，基于内外部竞争环境和竞争条件下的态势分析，就是将与项目密切相关的各种主要内部优势、劣势和外部的机会和威胁等，通过调查列举出来，并依照矩阵形式排列，然后用系统分析的思想，把各种因素相互匹配起来加以分析，从中得出一系列相应的结论。从整体上看，SWOT 可以分为两部分：第一部分为 SW，主要用来分析内部条件；第二部分为 OT，主要用来分析外部条件。利用这种方法可以从中找出对自己有利的、值得发扬的因素，以及对自己不利的、要避开的东西，发现存在的问题，找出解决办法，并明确以后的发展方向。根据这个分析，可以将问题按轻重缓急分类，明确哪些是急需解决的问题，哪些是可以稍微拖后一点儿的事情，哪些属于战略目标上的障碍，哪些属于战术上的问题，并将这些研究对象列举出来，依照矩阵形式排列，然后用系统分析的所想，把各种因素相互匹配起来加以分析，从中得出一系列相应的结论。而结论通常带有一定的决策性，有利于领导者和管理者做出较正确的决策和规划。

优势	机会
劣势	挑战

SWOT 分析模型

比如海尔公司面对家电市场激烈的竞争，谨慎进行市场细分，以做好自己的市场定位。海尔企业进行市场细分的方式是：从地理因素上分，将整个家电市场分为亚洲区市场(包括日本、中东和中国市场)、欧洲区市场、美洲区市场，先发展欧美市场，等立稳脚跟后再发展亚洲市场。从产品业态上，将整个家电市场分为白色家电(洗衣机、电冰箱等外表是白色的厨房电器)市场，黑色家电(指电视机、DVD 播放器等外表是黑色的视音电器)市场和米色家电(指个人电脑、数码相机等外表为米色的高科技产品)市场，先集中发展白色家电市场，待实力壮大后继续发展黑色家电和米色家电市场。经过近三十年的发展，总结多年经验，将其目标市场细分为白电产品、数字及个人产品集团、整体厨房、住宅、生活家电五大主要市场。

创业者往往开始创办的是小微企业，各方面资源更为有限，因此更要聚焦客户价值，做好企业内外部资源分析，在商业计划书中做好目标市场细分和定位。

第三，产品或服务技术开发状况及专有性的相关说明。

商业计划书中应当说明创意本身以及你与竞争对手相比的优势所在，这一部分内容往往通过专利申请，或知识产权保护的办法，来保证自己的产品和服务不被盗版或模仿。如果在初期阶段还未具体解决问题，那么一定要指出这些问题并说明项目解决方案和具体措施。有些产品或服务还会涉及法规要求。在商业计划书中要说明你已经获得的许可，已经提出的许可申请或即将提出的申请，例如环保资质、特种生产资质、相关行业从业许可证等。在这个部分的说明中，如果已经有成型的样品、照片或者草图，会更好地加强读者对计划书的理解。总的来说，一份商业计划书中，创业就是要争取细分和垄断，有特定技术垄断，或者市场垄断的商业计划书往往更受青睐。

有“硅谷创投教父”之称，畅销书《从 0 到 1》作者，同时还是 PayPal 创始人，Facebook 第一位外部投资者，也是 SpaceX、Linkedin 和 Yelp 投资人的彼得·蒂尔(Peter Thiel)曾发表了题为《如何投出伟大的公司》的主题演讲。在演讲中，他提到了创业公司实现垄断的第一步要从垂直市场开始，要关注的并不是未来市场的规模能有多大，而是在当前的垂直领域里占据了多少市场份额。而且作为投资者，他反对过度竞争，更看好商业模式独特的创业公司。所以，创业方向的选择，应该从垄断小市场开始，不要选择大而竞争激烈的市场。

比如当年的万向集团鲁冠球从 1980 年 3 万套万向节报废入手，最先提出了“先生产后生活”的技术路线，规定每年税后利润的 80%必须用于技术投入，改十五年折旧为七年折旧，集中资金进行技术改造。后来更是提出了技术战略的“四高”政策，即“高起点投入、高精尖设备、高层次人才、高档次产品”。在追求技术进步的过程中，鲁冠球成立了自己的技术中心，该中心现已成为国家级的企业技术中心，2001 年更被评为全国优秀企业技术中心。同年，通过提升产品技术与品质档次，加快主导产品品质国际化进程，共完成科技攻关项目 247 项，新产品、新品种设计投产 902 个；获得国家级重点新产品、国家级火炬项目、国家级创新基金各一项，获“九·五”国家技改优秀项目和国家重点技术改造“双高一优”项目共 4 项；34 个项目获得国家专利权。2001 年，万向被评为国家 863 计划 CIMS 应用示范企业、全国 CAD 工程应用示范企业；零部件实验室获得国家审批；有 4 家公司分别被评为国家级、省级和市级高新技术企业。目前万向集团以汽车零部件制造和销售为主业，是中国汽车零部件制造的代表企业之一。万向在国内已形成 6 平方公里制造基地，与一汽、二汽、上汽、广汽等建立了稳定的合作关系，主导产品市场占有率 65%以上。在美国、英国、德国等 10 个国家拥有近 30 家公司，40 多家工厂，海外员工超过 16000 人，是通用、大众、福特、克莱斯勒等国际主流汽车厂配套合作伙伴，主导产品市场占有率 12%。

1999年，万向开始布局清洁能源，大力发展电池、电动汽车、天然气发电、风力发电等产业，累计投入数十亿元。近年来，万向与多家拥有国际先进技术的美国清洁能源企业开展合作，与上汽合作生产新能源客车，Karma汽车与宝马公司达成重要合作伙伴关系。现在，万向集中多年积累的优势，准备投资2000亿元以上，启动“万向创新聚能城”的建设，整体规划，统筹实施，发展新能源零部件、电池、客车和乘用车，目标是建成一家国际化、高科技的清洁能源公司。

此外，万向积极响应反哺农业的号召，从事种业研发、远洋捕捞及海洋产品深加工等。现有7家公司，其中上市公司3家，直接带动40多万农民致富。

梳理万向集团的发展历程，就是创业企业从细分到垄断的典型过程。因此，商业计划书中产品或服务技术开发状况及专有性的相关说明是证明此创业逻辑可以推演的根本起点，不可或缺。

第四，是创业团队人员组织管理安排。

所有的产品和服务都是靠人来提供的，现在，商业计划书需要为创业者的新企业做人员计划，组织创业者的企业人员去实现创业者的生产销售计划。为了使创业者的新企业顺利而成功地运作起来，创业者必须很好地安排人员。创业者必须知道创业者的企业有哪些工作要做，一个有效率的企业，必须有一支具备知识和技能的员工队伍。每个员工都对企业的成功起作用。要认真对待雇佣员工的问题，要考虑员工的职责，懂得如何安排他们的工作。在商业计划书中，必须要有一个部分，就是对人员组织管理安排情况的说明。

初创企业规模一般不会太大，大致而言，主要有下列人员组成：

业主，即创业者本人；企业合伙人；员工；企业顾问。

(1)业主本人

在大多数初创企业中，业主就是经理。只有业主(经理)可以行使以下职责：

开发创意，制订目标和行动计划；组织和调动员工实施行动计划；确保计划的执行，使企业达到预期的目标。

在计划开办新企业和制定企业计划时，创业者要考虑自己的经营能力，要明确哪些工作可以由创业者自己去做，哪些工作是创业者既没能力也没时间去做的。如果创业者需要一个经理，就要考虑他应具备的能力和经历。

(2)企业合伙人

如果企业不止一个业主，这些业主将以合伙人的身份，共享收益，共担风险。他们将决定彼此如何分工合作。也许一个人负责销售，另一个管采购，还有一个抓管理。要管理好一个合伙制企业，合伙人之间的交流一定要透明和诚恳。合伙人之间意见不一致往往导致企业的失败。因此有必要准备一份书面合作协议，明文规定各自的责任和义务。

(3)员工

如果创业者没有时间或能力把全部工作包下来，就要雇人。最小的企业可能只需要雇1~2个临时工就可以了。有的企业却需要雇佣更多全时员工。为了雇到合适的员工，要考虑以下几点：

参照创业者的企业构思，把该做的工作列出来。

明确哪些工作创业者自己做不了。

雇员工来做这些工作，要详细说明所需技能和其他要求。

决定完成每项工作需要的人数。

要向员工(包括业主本人)支付的工资。

当创业者知道需要雇佣员工后，要把岗位的工作职责写出来。岗位职责规定了某一特定领域里要做的工作。这样做有如下好处：

员工将确切知道企业需要他们做什么工作。

作为经理，创业者将用其衡量员工的工作绩效。

要根据岗位职责来聘用企业员工。能雇用到有适当技能，有工作积极性的员工对创业者来说是很重要的。

(4)企业顾问

各种咨询意见对所有企业家都有意义。因为创业者不可能是所有企业事务方面的专家和万事通。认准那些对创业者有过帮助而且将来还可能扶持创业者的行业专家，包括专业协会会员，会计师，银行信贷员，律师，咨询顾问和政府部门专家。创业者可以考虑从一些企业、贸易和教育机构那里获得帮助、信息、咨询意见和培训。大多数微小企业雇员不多，组织结构很简单。大一些或复杂一些的企业也许要建立若干部门。

第五，对市场营销计划的具体说明。

商业计划书中必须有详尽的市场营销计划，它指明企业的发展方向，是企业各部门工作的核心和龙头。市场营销计划告诉我们：谁是创业者的顾客？他们需要什么？想要什么？企业怎样满足他们的需要并从中获取利润？在制订市场营销计划时，要考虑以下几个方面：

向顾客提供哪些他们需要的产品或服务？

如何制定顾客们愿意支付的价格？

为顾客生产和出售产品或提供服务的场所？

如何向顾客传递有关创业者的产品或服务的信息，吸引他们购买产品或服务的具体措施？

在商业计划书的这一部分，市场营销计划必须说明怎样识别潜在的顾客，了解他们为什么选择买创业者的产品或服务，而不买创业者竞争对手的产品或服务。为了制订出切合实际的市场营销计划，首先要了解创业者的顾客和竞争对手的情况，即市场需求和供给两个方面的情况，也就是通常所说的市场调查。在这方面，曾经有个典型的失败实例，可供参照。

20世纪70年代中期以前，可口可乐一直是美国饮料市场的霸主，市场占有率一度达到80%。然而，70年代中后期，它的老对手百事可乐迅速崛起，1975年，可口可乐的市场份额仅比百事可乐多7%；9年后，这个差距更缩小到3%，微乎其微。

百事可乐的营销策略是：第一，针对饮料市场的最大消费群体——年轻人，以“百事新一代”为主题推出一系列青春、时尚、激情的广告，让百事可乐成为“年轻人的可乐”；

第二，进行口味对比。请毫不知情的消费者分别品尝没有贴任何标志的可口可乐与百事可乐，同时百事可乐公司将这一对比实况进行现场直播。结果是，有八成的消费者回答百事可乐的口感优于可口可乐，此举马上使百事的销量激增。

对手的步步紧逼让可口可乐感到了极大的威胁，它试图尽快摆脱这种尴尬的境地。1982 年，为找出可口可乐衰退的真正原因，可口可乐决定在全国 10 个主要城市进行一次深入的消费者调查。

可口可乐设计了“消费者认为可口可乐的口味如何?”“消费者想试一试新饮料吗?”“可口可乐的口味变得更柔和一些，您是否满意?”等问题，希望了解消费者对可口可乐口味的评价并征询对新可乐口味的意见。调查结果显示，大多数消费者愿意尝试新口味可乐。

可口可乐的决策层以此为依据，决定结束可口可乐传统配方的历史使命，同时开发新口味可乐。没过多久，比老可乐口感更柔和、口味更甜的新可口可乐样品便出现在世人面前。

为确保万无一失，在新可口可乐正式推向市场之前，可口可乐公司又花费数百万美元在 13 个城市中进行了口味测试，邀请了近 20 万人品尝无标签的新/老可口可乐。结果让决策者们更加放心，六成的消费者回答说新可口可乐味道比老可口可乐要好，认为新可口可乐味道胜过百事可乐的也超过半数。至此，推出新可乐似乎是顺理成章的事了。

可口可乐不惜血本协助瓶装商改造了生产线，而且，为配合新可乐上市，可口可乐还进行了大量的广告宣传。1985 年 4 月，可口可乐在纽约举办了一次盛大的新闻发布会，邀请 200 多家新闻媒体参加，依靠传媒的巨大影响力，新可乐一举成名。

看起来一切顺利，刚上市一段时间，有一半以上的美国人品尝了新可乐。但让可口可乐的决策者们始料未及的是，噩梦正向他们逼近——很快，越来越多的老可口可乐的忠实消费者开始抵制新可乐。

对于这些消费者来说，传统配方的可口可乐意味着一种传统的美国精神，放弃传统配方就等于背叛美国精神，“只有老可口可乐才是真正的可乐”。有的顾客甚至扬言将再也不买可口可乐。

每天，可口可乐公司都会收到来自愤怒的消费者的成袋信件和上千个批评电话。尽管可口可乐竭尽全力平息消费者的不满，但他们的愤怒情绪犹如火山爆发般难以控制。

迫于巨大的压力，决策者们不得不作出让步，在保留新可乐生产线的同时，再次启用近 100 年历史的传统配方，生产让美国人视为骄傲的“老可口可乐”。

因此，要制订合理的市场营销计划，了解顾客是最根本的出发点，如果创业者不能以合理的定位和价格向他们提供他们需要和想要的产品，他们就会到别处去购买。记住：没有顾客，再大的企业都会倒闭。如果解决了顾客的问题，满足了他们的需要，创业者的企业就有可能成功。

为做好顾客相关工作，收集顾客的信息，也就是做顾客方面的市场调查，这对任何商业计划书来说都是很重要的。为了更好了解顾客的情况，创业者可以提出下面这些问题：

- 顾客想要什么产品或服务？每个产品或服务的哪方面最重要？规格？颜色？质量？还是价格？
- 顾客愿意为每个产品或每项服务付多少钱？
- 顾客在哪儿？他们一般在什么地方什么时间购物？
- 他们多长时间购一次物，每年？每月？还是每天？
- 他们购买的数量是多少？
- 顾客数量在增加吗？能保持稳定吗？
- 为什么顾客购买某种特定的产品或服务？
- 他们是否在寻找有特色的产品和服务？

通过做顾客调查，创业者可以得到上述这些问题的可靠答案，有助于创业者判断创业者的企业构思是否可行。

同时，市场营销计划必须体现出对竞争对手的了解。

对市场进行调查，只了解潜在顾客的情况还不够，还需要了解竞争对手的情况。因为创业者多半得与提供相同或类似产品或服务的企业竞争，这些企业将是创业者的竞争对手。通过了解竞争对手的情况，创业者可以学到很多东西。通过了解他们做生意的方法，可以帮助创业者去琢磨怎样使创业者的企业构思变成现实。

商业计划书可以通过回答下列问题的形式来体现出对竞争对手的了解：

- 他们的产品或服务的价格怎样？
- 他们提供的商品或服务的质量如何？
- 他们如何推销商品或服务？
- 他们提供什么样的额外服务？
- 他们的企业坐落在地价昂贵还是便宜的地方？
- 他们的设备先进吗？
- 他们的雇员受过培训吗？待遇好吗？
- 他们做广告吗？
- 他们怎样分销产品或服务？
- 他们的优势和劣势是什么？

把通过调查收集到的信息做一番整理，然后回答下列问题：

- 成功的企业有相似的运作方式吗？
- 成功的企业有相似的价格政策、服务、销售或生产方法吗？

就像收集顾客信息那样，以同样的方法分析创业者的竞争对手。

在掌握了顾客和竞争者的情况后，创业者便可以着手准备创业者的市场营销计划了。制订市场营销计划的一种方法是从市场营销的四个方面，即产品、价格、地点和促销着手，通常称为“4P 方法”。产品（Product）、价格（Price）、地点（Place）、促销（Promotion）四个方面构成了市场营销的整个内容。因为这四个词的英文的第一个字母都是 P，所以常把市场营销中的四个方面简称为“4P”。

"定位"战略下营销的展开

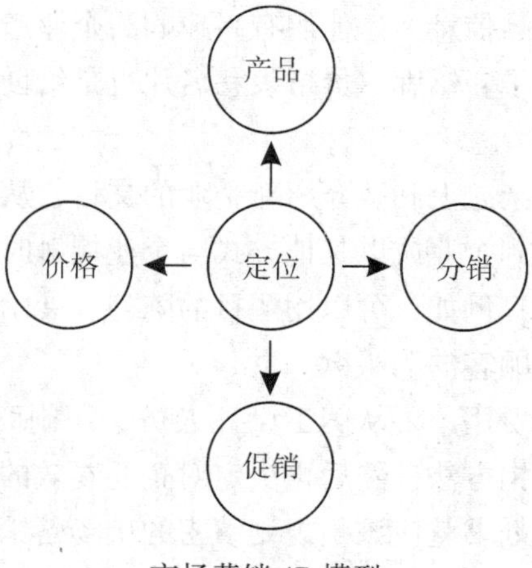

市场营销 4P 模型

关于产品

产品是指计划向顾客销售的东西。要决定创业者想出售的产品的类型、质量、颜色和规格等。如果创业者的企业是服务型的企业，那么所提供的服务就是创业者的产品。例如，文秘类企业可提供打字、记账和影印等服务项目。

对于零售商和批发商来说，产品是指那些性能、价格和消费需求相近的一类物品。比如一家商店会把所有水果罐头归为一类。

产品的概念还包含与产品或服务自身有关的其他属性，如：产品的质量，每个产品的包装，附带的产品说明书，售后服务，维修和零配件供应等。

关于价格

价格是用产品要换回的钱数。但实际收入还会受到其他因素的影响，如产品打折和赊销。在确定了产品之后，创业者要为其定价。在制定产品价格时，创业者必须知道：创业者的产品的成本，顾客愿意出多少钱买创业者的产品，竞争者同类产品的价格等。商业计划书必须收集顾客愿意出的价格，列出竞争者的价格，然后确定合适的价格。

关于地点

地点是指企业设在什么地方。如果计划开办一家零售店或一家服务企业，地点非常重要，创业者必须把它设在离顾客较近的地方，这样便于顾客光顾创业者的店铺。一般来说，如果创业者的竞争者离顾客近，顾客就不会跑很远的路来创业者的商店。

而对制造商来说，离顾客远近并不是最重要的，最重要的是能否容易获得生产所需的原材料。这就是说，工厂或车间应该设在离原材料供应商较近的地方。能获得低租金的厂房对于制造商来说也很重要。

选址也要考虑产品的分销方式和运输问题。仅仅生产好的产品是不够的，创业者必须要让顾客方便地得到创业者的产品。

关于促销

促销是指把创业者企业的产品信息传递给顾客，吸引他们来购买创业者的产品。促销通常有3种方法：

广告——向顾客提供产品信息，让他们有兴趣购买企业产品。创业者可以通过报纸或广播做广告。招贴画、小册子、铭牌、价格表和名片也是给创业者的企业和产品做广告的方法。

宣传——在地方报纸或杂志上刊登介绍新企业的文章，从而达到免费促销的目的。

销售促销——当顾客来到企业或以其他方式与企业接触时，要想方设法让他们买创业者的产品。促销的手段很多，例如，可以用醒目的陈列、展示、竞赛活动吸引顾客，也可以用买一赠一的方式，刺激顾客的购买欲。

促销很费钱。为了降低费用，要从美工设计人员、印刷商和其他专业人员那里询价。要先了解竞争对手使用的促销方法，然后再决定对企业奏效的促销方式。

一份构思完善的商业计划书就应该是规划缜密的市场营销和销售活动作战计划。你对你的市场进入、市场营销和促销计划的一整套战略的阐述必须具有说服力。商业计划书的此部分论述，一般应当遵循“4P”的结构框架，即产品(product)、价格(price)、地点(place)和促销(promotion)。

第六，对财务计划和融资方式的说明。

商业计划书中这个部分必须详细说明，具体而言，主要涉及内容如下：

第一是启动资金预测

企业开办必须购买的物资和必要的其他开支，并测算其总费用，这些费用叫做启动资金。这些资金通常用来支付场地(土地和建筑)、办公家具和设备、机器、原材料和商品库存、营业执照和许可证、开业前广告和促销、工资以及水电费和电话费等费用。

这些支出可以归为两类：一是投资(固定资产)，是指创业者为企业购买的价值较高、使用寿命长的东西。有的企业用很少投资就能开办，而有的却需要大量的投资才能启动。明智的做法是把必要的投资降到最低限度，让企业少担些风险。然而，每个企业开办时总会有一些投资。

二是流动资金，指企业日常运转所需要支出的资金。比如开办一家卖场，涉及的启动资金至少应该考虑财务指标如下：

卖场面积，基本上是以消费者需求、店铺操作、竞争环境做依据，再配合商品组合计划来规划其营业规模。专业卖场大多以每日购买的顾客为对象，所以距离的因素远大于卖场规模要求，因而经营者应将每日购物顾客所住商圈内的市场规模，设定为卖场规模。另一方面，计划店若只求稳健，在实务实施上将会有些困难，因而最好采取七分稳健、三分积极的方式，来研讨卖场规模。

分租计划，导入分租有两个原因，一是使所拥有的商业设施多样化，二是通过分租的租金收入，来降低损益平衡点。在降低损益平衡点上，小型的专柜，其装潢、设备等，大多由厂商自己承担，不会增加超市的投资成本。此外，它也可用房租收入来抵扣房屋固定成本负担。例如：直营部门的回收比率假设为5%时，5万元房租就相当于直营部门100万元的销售，直营部门100万元营业额中，80万元的销货成本，15万元的其他费用，净利5万元，也就是损益平衡点的销售降低了100万元。

营业额计划，包括以销售额预估值为基础，预估开店后各年度的销售额。参考要素包括户数的成长、物价上升、竞争店数、阻碍购买行动的原因出现等。若计划在有竞争店的商圈开店时，需使用和计划店相同的顺序，先在竞争地区进行营业额预测，预测对竞争店的影响，若有购买行动阻碍要素，则以计划的营业额预估资料为参考，预测影响结果。

收益计划从现有的状况、竞争关系，来推定各年度的毛利率、毛利额，有关分租收入也须按年度分别来设定。

经费计划把销售管理费用项目，利用现有店资料，用年来设定。

长期资金收支计划，关乎资金计划中的经常收支以及运转资金，需实施5年左右的估算。应根据当年损益的数字以及支付贷款、偿还贷款期间等来做判断。假若收支计划产生问题而不能执行时，应控制部分可紧缩的项目费用，例如：房地产取得成本、设备投资成本等，最后再利用紧缩时金额，再模拟一次，其结果若仍未符合理想，应检讨是否修正卖场规模和分租计划。

投资(固定资产)预测，包括企业用地和建筑办企业或开公司，都需要有适用的场地和建筑，是造，买，还是租，可能前期成本差异巨大。还有后期设备、人工成本、存货成本等。

总的来说，判断企业经营水平的高低主要看资产运行的效率和经营的效益，而调整资产结构，提高资产运行效率和经营效益，正是轻资产经营理念的核心，即尽量减少硬资产的投资，把资源配置到最核心的地方，着力提高资产经营的效率，实现资产经营效益的最大化。

实施轻资产经营有多种途径，主要方法有以下几种：

一是突出有效资产。企业内的资产有有效资产和无效资产之分，要重点发挥有效资产的作用，把各种资源集中配置到有效资产上，使其发挥最大的效益。而对无效资产要尽量剥离，通过转让和变卖，转化为现金流，以减少无效资产带来的损失。

二是实施租赁资产。企业的投入要最大限度用于直接产生效益的资产上，对于土地、厂房、小汽车等间接产生效益的资产，尽可能采取租赁的方法，这既可以减少投入，又可以使租赁费用进入成本。

三是经营无形资产。企业的品牌、商誉、专利、管理等都是可以经营的资产，通过输出这些无形资产来获得相关企业的经营权，为企业提高资产经营效益提供有效通道，也是实施轻资产经营的成功之路。

四是组织换股资产。企业与企业通过资产换股实施战略联盟，这是跨国公司的经营创新。企业资产换股不增加新的投入，既可实现互补经营，又可减少经营风险，是实现双赢的经营决策，对提高资产经营效益十分有利。

五是扩大控制资产。企业的自有资产有限，主要用于主业经营，关注于专业化生产，这有利于提高企业竞争力。但企业可以通过组织供应链，扩大控制资产，调动供应商、合作单位、外包企业、客户等的资产作用，以提高企业经营效益。

例如，近年来，国内各地上马的MALL很多，但运营商们往往都局限于一隅，被手头的几个项目“深度套牢”。而惟有铜锣湾“快马轻刀”，以旋风般的速度进行着全国性布局。铜锣湾的奥秘在于它独特的商业模式选择。

MALL是一个专业而复杂的系统。除了房产开发，还涉及定位、招商、功能区规划、系统管理、业主品位筛选等各方面的整体融合，跨足36个行业，其运营比单纯的物业或纯粹的百货商店要复杂得多。国外运营商运作MALL，总是一板一眼，先从买地开始，设计、规划、施工、招商，一个项目少说也要5年。最近几年，随着商业地产概念的炙手可热，国内许多实力雄厚的房地产开发商也纷纷涉足MALL，基本上就是照搬了国外的模式。

这种标准模式看起来理所当然，但弱点是致命的：一是投资太大。一个MALL动辄投资十几亿甚至几十亿元；二是周期太长，实现盈亏平衡至少要5年。要收回全部投资就得十几年甚至几十年。

铜锣湾总裁陈智决定给这个行业换种"玩法"——每个城市都不缺在建和建好的商业地产。而合理规划、快速招商，最终为MALL带来人气和客流的专业能力才最稀缺。

很快，开发商们发现，坐在谈判桌对面的陈智尽管资本实力不如自己，却比自己还"牛"："商业地产要求独立一栋或度身定做，首层必须高过5.8米，给人以通透感；层高不要超过3层，逛起来方便；而且要有足够共享空间、景点……否则免谈合作。"同时，他们也发现陈智是如此不可拒绝——把MALL交给铜锣湾规划和招商，5个月就可以搞定，而自己做却要足足2年，光是时间成本就价值几个亿，还不要说铜锣湾带来的人气效应对房价地价的提升。

就这样，陈智找到了一种轻资产经营、低成本扩张的模式，这也几乎是MALL在中国实现快速扩张唯一可行的路径。在这种模式下，投资额大大降低，同行运作一个MALL的资金，陈智运作5个都不止：原本需要10多年的投资回收期，现在被缩短到了平均18个月，而铜锣湾在华侨城和广东阳江的投资，更是不足一年就全部收回。

第二是流动资金预测

企业开张后要运转一段时间才能有销售收入。制造商在销售之前必须先把产品生产出来；服务企业在开始提供服务之前要买材料和用品；零售商和批发商在卖货之前必须先买货。所有企业在揽来顾客之前必须先花时间和费用进行促销。总之，需要流动资金支付以下开销：

＊原材料和成品储存

＊促销

＊工资

＊租金

＊保险和许多其他费用

有的企业需要足够的流动资金来支付6个月的全部费用，也有的企业只需要支付3个月的费用。必须预测，在获得销售收入之前，企业能够支撑多久。一般而言，刚开始的时候销售并不顺利，因此，流动资金要计划富裕些。

之后，需要制订一个现金流量计划。它会帮助创业者更准确地预测所需要的流动资金。等做完这个计划之后，可能还得回头再更改启动资金里的流动资金数额。

1. 原材料和成品储存

制造商生产产品需要原材料；服务行业的经营者也需要些材料；零售商和批发商需要

储存商品来出售。预计的库存越多，需要用于采购的流动资金就越大。既然购买存货需要资金，就应该将库存降到最低限度。

如果创业者是个制造商，创业者必须预测创业者的生产需要多少原材料库存，这样创业者可以计算出在获得销售收入之前创业者需要多少流动资金。如果创业者是一个服务商，创业者必须预测在顾客付款之前，创业者提供服务需要多少材料库存。零售商和批发商必须预测他们在开业之前，需要多少商品库存。

记住：如果创业者的企业允许赊账，资金回收的时间就更长，创业者需要动用流动资金再次充实库存。

2. 促销

新企业开张，需要促销自己的商品或服务，而促销活动需要流动资金。

3. 工资

如果创业者雇用员工，在起步阶段创业者就得给他们付工资。创业者还要以工资方式支付自己家庭的生活费用。计算流动资金时，要计算用于发工资的钱，通过用每月工资总额乘以还没达到收支平衡的月数就可以计算出来。

4. 租金

正常情况下，企业一开始运转就要支付企业用地用房的租金。计算流动资金里用于房租的金额，用月租金乘以还没达到收支平衡的月数就可以得出来。而且，创业者还要考虑到租金可能一付就是 3 个月或 6 个月，会占用更多的流动资金。

5. 保险

同样，企业一开始运转，就必须投保并付所有的保险费，这也需要流动资金。

6. 其他费用

在企业起步阶段，还要支付一些其他费用，例如电费、文具用品费、交通费等。总的来说，商业计划书必须能够有合理的资金使用途径和获取途径，两者均不可缺少。

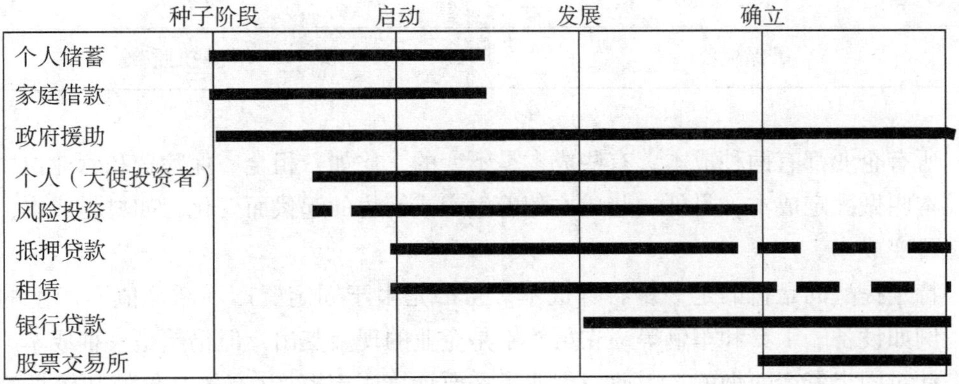

不同开发阶段的资本来源

第三是制订利润计划

现在，要关注商业计划书中企业怎样挣钱的问题，这对企业的成败至关重要。一般而言，利润计划制订包括制定销售价格——卖出的东西，要顾客付多少钱；预测销售收入——能从前 12 个月的销售中挣到多少钱；制订销售和成本计划——看看是挣钱，还是赔钱；制订现金流量计划——是否有足够的资金保证企业正常运转等四步。

首先是制定销售价格。

在确定产品价格之前，要计算出为顾客提供产品或服务所产生的成本。每个企业都会有成本。作为业主，必须详细了解经营企业的成本。很多小企业和大企业因为没有能力控制好企业的经营成本而陷入财务困境。一旦成本大于收入，必致倒闭。

制定价格主要有两种方法：

成本加价法——将制作产品或提供服务的全部费用加起来，就是成本价格。在成本价格上加一个利润百分比得出的是销售价格。

使用成本加价法的难点在于成本的核算。对于一个新企业来说，预测成本绝对不是一件容易的事。最好的方法是参照一家同类企业，了解一下该企业算入了哪些成本，下面所列是企业常见的成本项目：

企业常见成本项目

材料费	工资和职工福利
办公文具和邮费	广告费
租金	律师和会计事务
水，电，气费	燃料费
维修费	折旧费
银行收费	电话费
保险费	营业执照费

所有企业都有两种成本。有些成本是不变的，比如：租金、保险费和营业执照费，这些成本叫做固定成本。另外一些成本随着生产或销售的起伏而变化，如材料成本，这些成本是可变成本。

特别提醒的是折旧是一种特殊成本。折旧是由于固定资产不断贬值而产生的一种成本，例如设备、工具和车辆等。它虽然不是企业的现金支出，但仍然是一种成本。由于折旧是针对固定资产而做的。因此，创业者需要计算固定资产(有较高价值和较长使用寿命的资产)的折旧价值。在大多数小企业里，能够折旧的物品为数不多。根据中国的税法，以下折旧率使用于大多数企业。

企业常见折旧率

固定资产类型	每年折旧率
工具和设备	20%
机动车辆	10%
办公家具	20%
店铺	5%
工厂建筑	20%
土地	无

计算单位产品或服务的成本价，算出一个月的总成本，再除以当月的产品数量，就能得出创业者的产品或服务的单价。

竞争价格法——在定价时，除了考虑成本外，还要了解一下当地同类商品或服务的价格，以保证定价具有竞争力。如果定的价格比竞争者的高，要保证创业者能更好地满足顾客的需要。这是确定价格的另一种方法。参照竞争对手的价格，看看创业者定的价格与他们的相比是不是有竞争力。

实际上可以同时用成本加价和竞争比较这两种方法来制定价格。一方面，创业者要严格核算产品成本，保证定价高于成本。另一方面，创业者应随时观察竞争者的价格，并与之比较，以保证创业者的价格有竞争力。

在商业计划编制时，千万别轻视“小钱”。在浙江诸暨当地，3.5 元钱一双的袜子，只赚一分钱就卖。你可别小瞧这一分钱，正是这毫不起眼的一分钱的利润，成就了数不清的百万富翁。

义乌是我国最大的小商品集散中心，市场成交额连续 15 年蝉联全国集贸市场榜首，这里直接经商人员超过 20 万人，每天到义乌采购的商人以 10 万计。联合国与世界银行联合发表的一份专题报告，对义乌有这样一段描述：“义乌市距上海 300 公里，是全球最大的小商品批发市场。”在这份报告中，义乌是中国唯一被录入的县域经济体。赚一分钱就卖，是义乌商人成功的经验，也是义乌商品遍布全球的法宝。

义乌双童日用品有限公司是全球最大的饮用吸管生产企业，有 60 条生产线，公司 90%以上的吸管销往世界各地，日出口吸管 8 吨，在全球饮料市场上，有 1/4 的消费者使用的就是这家企业生产的吸管。一根细细的吸管能赚多少钱？据这家企业透露：一支吸管平均销售价格为 8~8.5 厘钱，利润为 10%，也就是 0.0008~0.00085 元。正是这个普通人看不上眼的产品、一般人想象不到的利润，使这家企业成了全球最大的吸管生产企业，每月利润达 40 万元。

不积跬步，无以至千里；不积小流，何以成江海。聚沙成塔，集腋成裘。做生意最大的诀窍不是坑蒙拐骗，而是积微成巨，积少成多。很多人缺少的不是赚“大钱”的本事，而是缺少赚“小钱”的智慧与远见。欲做大事，赚大钱，必先做小事，赚小钱，放下架子，从细微处入手，先扫一屋，再扫天下！

第四是预测销售收入

在计划新企业时，知道一定量的销售能带来多少收入，叫做销售收入预测。为了预测销售收入，请采取以下步骤：列出创业者的企业推出的所有产品或产品系列，或所有服务项目；预测第一年里每个月创业者期望销售的每项产品数量，它来自创业者自己所做的市场调查；为创业者计划销售的每项产品制定价格；用销售价格乘以月销售量来计算每项产品的月销售额。

预测销售和销售收入是准备商业计划书中最重要和最困难的部分。大多数人都会过高估计自己的销售，因此，创业者在预测销售时不要太乐观。千万要记住，在开办企业的头几个月里，销售收入一般不会太高。

初创企业刚开始编制销售预测的时候，总是预测误差太大，而经过一段时间的不断改进，预测的精度会不断提高。如果不做预测或者对预测放任不管，则预测准确度是永远也不能提高的。

比如某超市，某品牌新上市的洗发香波缺货了，专程前来购买的顾客不得不购买其他品牌的产品。该公司立即召开紧急会议：这个新品上市一周，全国销售 40000 箱，已经超过两个月市场预测总和，市场严重缺货；公司会议计划把下周的预测从 5000 箱提高到 50000 箱，增加到 10 倍，这个数量工厂虽然不可能立刻生产出来，但是立即生产，可以减少缺货的时间，比长期缺货好。

工厂计划部经理看到新的预测量，目瞪口呆：生产要增加 10 倍，而原材料库存最多只能支持 1.5 倍的生产量；原材料大多是进口的，就算立刻下单，就算供应商仓库有能够支持 10 倍产量的库存，按照正常情况，运输清关需要 2 个月才能完成；并且，下周生产计划已经排满了。但是，工厂的职责就是保证预测的需求，无论如何，也要尽力生产出来；于是通知采购部门紧急给供应商下单，所有海外材料一律空运，这样运输和清关时间可以缩短到 2 星期，同时调整 2 周之后的生产计划，优先保证该新品种的生产。然后计划部经理告诉总部，3 星期之后能够完成新的计划，建议先制定给现有客户的销售配额。

一个月后，产品陆续摆上各个商店货架，公司上下都等着喜讯，但是市场却出奇平静，新产品无人问津，甚至还不如其他产品卖得好。最有利的商机转瞬即逝，预测不准确以及过长的供应链给公司带来大量的损失：巨额的材料空运成本，囤积在仓库里面的大量库存，还有失去的消费者。

这是某著名快速消费品公司的一个悲壮的例子，这个例子一方面说明了要实现准确预测是多么的困难，市场的变换可能受到天气，受到竞品影响，可能受到自己推出新品的影响，甚至毫无原因的变化。

第五是制订销售和成本计划

仅仅知道自己的销售收入是不够的。为了掌握企业实际运转的情况，创业者一定要计算创业者的企业是不是有了利润。只有这样，创业者才能准确知道创业者的企业是否在挣钱。利润来自销售收入减去企业经营成本。

销售和成本计划使创业者既看销售也看到成本，并知道创业者是否在赢利。当创业者计划开办一家新企业时，创业者应该预测第一年中每个月的利润。

第六是制订现金流量计划

现金就像是使企业这台发动机运转的燃料，有些企业由于缺乏管理现金流量的能力，导致企业经营中途抛锚。现金流量计划显示每个月会有多少现金流入和流出企业。预测现金流量计划将帮助创业者的企业保持充足的动力，使创业者的企业在任何时候都不会出现现金短缺的威胁。在大多数企业中，每天都要收取和支付现金，成功的企业大多制订现金流量计划。当然，制订现金流量计划绝非易事，下列原因会为制订现金流量计划带来困难：

有些销售需要赊账，赊销通常在几个月以后才能收回现金。当创业者在制订市场营销计划时，创业者已经决定了赊销政策，现在，创业者要考虑到这个因素；

有时企业采购会赊账，以后再付现金，这也会使现金流量计划的制订变得更加复杂。但赊购对于一个新的企业而言不太可能，因而也就不太常见；

企业的某些费用是“非现金”的，如设备折旧这样的项目将不包括在现金流量计划里。但是，当设备折旧期一过，就可能丧失功能，创业者必须用现金购买新设备。如果创业者没有考虑到这个因素，备足现金，将会给创业者的企业正常运转带来麻烦。

通过制订现金流量计划，创业者会时常确定自己的流动资金需求。现金流量计划有助于确保创业者的企业在任何时候都不会发生无现金经营的窘境。

一般而言，商业计划书对财务规划的最低要求包括：一份现金流量表(清偿力规划)、损益表、资产负债表；对未来三到五年的预测，至少要有一年是在实现收支平衡之后，即，在有了正的现金流之后；最初两年内(每月或每季度)的详细的财务规划，其后每年进行一次；所有数据都必须基于合理的假设(在计划中只需要解释主要的假设)。

第三节　商业计划书编写提纲和参照模板

用百折不回的毅力，有计划地克服所有的困难。

——毛泽东

一、商业计划书编写提纲

(一)创业者和商业计划

创业者简介，重点介绍创业者的业务专长和已取得的业绩。

——创业机会概述，应对产品(服务)和市场机会进行简要描述。

——创业目标。

(二)市场分析

市场现状综述，应详细描述顾客、市场的现实需求，市场的容量和成长潜力，市场的细分及其特征。

——市场发展趋势，应详细分析市场发展趋势，各影响因素及其对市场的具体影响。

——竞争分析，要详细分析所有现实和可能的竞争对手的情况，包括他们的产品、销售额、市场份额、经济实力以及各自优势与劣势。

——市场定位，应详细说明本产品(服务)的目标顾客、目标市场和市场竞争力，可能的市场地位和市场份额。

(以上应说明资料来源与选择的预测办法。)

(三)产品(服务)

——产品(服务)介绍，主要包括产品(服务)的技术原理、技术水平、新颖性和独特性，主要用途和应用范围，经济寿命和所处阶段，未来发展预测。

——产品(服务)的市场保护措施

——产品(服务)研发计划

——产品(服务)生产计划(以上应注明资料及信息来源)

(四)市场营销

——营销方式和渠道

——营销队伍

——促销计划

——价格策略

(五)财务计划

主要是对创业前三年的财务情况进行预测、分析。

——资金需求和使用

——预计销售收入和经济效益

——财务分析，包括对投资额、经营成本和销售收入发生变动的影响分析

(六)风险与对策

——技术风险

——市场风险

——管理风险

——环境风险

(七)创业团队

——主要成员，重点介绍成员经历和背景，能力与专长，拟任职务(注意分工和互补)。

——组织结构，包括企业的组织结构图，部门的功能、作用与职责，部门的负责人及主要成员。

——欠缺与对策

(八)发展预测

创业计划项目可行性研究报告编写提纲

二、商业计划书范本

商业计划书

按国际惯例通用的标准文本格式形成的商业计划书，是全面介绍公司和项目运作情

况，阐述产品市场及竞争、风险等未来发展前景和融资要求的书面材料。

保密承诺：本项目计划书内容涉及商业秘密，仅对有投资意向的投资者公开。未经本人同意，不得向第三方公开本项目计划书涉及的商业秘密。

一、项目企业摘要

商业计划书摘要，是全部计划书的核心之所在。

*投资安排

资金需求数额	(万元)	相应权益	

*拟建企业基本情况

公司名称	
联系人	
电话	
传真	
E-mail	
地址	
项目名称	
您在寻找第几轮资金	□种子资本 □第一轮 □第二轮 □第三轮
企业的主营产业	

*其他需要着重说明的情况或数据(可以与下文重复，本概要将作为项目摘要由投资人浏览)

二、业务描述

*企业的宗旨(200 字左右)

*主要发展战略目标和阶段目标

*项目技术独特性(请与同类技术比较说明)

介绍投入研究开发的人员和资金计划及所要实现的目标，主要包括：

1. 研究资金投入
2. 研发人员情况
3. 研发设备
4. 研发产品的技术先进性及发展趋势

三、产品与服务

*创业者必须将自己的产品或服务创意作一介绍。主要有下列内容：

1. 产品的名称、特征及性能用途；介绍企业的产品或服务及对客户的价值

2. 产品的开发过程，同样的产品是否在市场上出现？为什么？

3. 产品处于生命周期的哪一段？

4. 产品的市场前景和竞争力如何？

5. 产品的技术改进和更新换代计划及成本，利润的来源及持续营利的商业模式

*生产经营计划。主要包括以下内容：

1. 新产品的生产经营计划：生产产品的原料如何采购，供应商的有关情况，劳动力和雇员的情况，生产资金的安排以及厂房、土地等

2. 公司的生产技术能力

3. 品质控制和质量改进能力

4. 将要购置的生产设备

5. 生产工艺流程

6. 生产产品的经济分析及生产过程

四、市场营销

*介绍企业所针对的市场、营销战略、竞争环境、竞争优势与不足、主要对产品的销售金额、增长率和产品或服务所拥有的核心技术、拟投资的核心产品的总需求等

*目标市场，应解决以下问题：

1. 你的细分市场是什么？

2. 你的目标顾客群是什么？

3. 你的5年生产计划、收入和利润是多少？

4. 你拥有多大的市场？你的目标市场份额为多大？

5. 你的营销策略是什么？

*行业分析，应该回答以下问题：

1. 该行业发展程度如何？

2. 现在发展动态如何？

3. 该行业的总销售额有多少？总收入是多少？发展趋势怎样？

4. 经济发展对该行业的影响程度如何？

5. 政府是如何影响该行业的？

6. 是什么因素决定它的发展？

7. 竞争的本质是什么？你采取什么样的战略？

8. 进入该行业的障碍是什么？你将如何克服？

*竞争分析，要回答如下问题：

1. 你的主要竞争对手？

2. 你的竞争对手所占的市场份额和市场策略？

3. 可能出现什么样的新发展？

4. 你的核心技术(包括专利技术拥有情况，相关技术使用情况)和产品研发的进展情况和现实物质基础是什么？

5. 你的策略是什么？

6. 在竞争中你的发展、市场和地理位置的优势所在？
7. 你能否承受、竞争所带来的压力？
8. 产品的价格、性能、质量在市场竞争中所具备的优势？

*市场营销，你的市场影响策略应该说明以下问题：

1. 营销机构和营销队伍
2. 营销渠道的选择和营销网络的建设
3. 广告策略和促销策略
4. 价格策略
5. 市场渗透与开拓计划
6. 市场营销中意外情况的应急对策

五、管理团队

*全面介绍公司管理团队情况，主要包括：

公司的管理机构，主要股东、董事、关键的雇员、薪金、股票期权、劳工协议、奖惩制度及各部门的构成等情况

要展示你公司管理团队的战斗力和独特性，及与众不同的凝聚力和团结战斗精神

*列出企业的关键人物(含创建者、董事、经理和主要雇员等)

关键人物之一

姓　名	
角　色	
专业职称	
任　务	
专　长	

主要经历

时　间	单　位	职　务	业　绩

所受教育

时　间	学　校	专　业	学　历

＊企业共有多少全职员工(填数字)

＊企业共有多少兼职员工(填数字)

＊尚未有合适人选的关键职位?

＊管理团队优势与不足之处?

＊人才战略与激励制度?

＊外部支持：公司聘请的法律顾问、投资顾问、投发顾问、会计师事务所等中介机构名称

六、财务预测

＊财务分析包括以下三方面的内容：

1. 过去三年的历史数据，今后三年的发展预测，主要提供过去三年现金流量表、资产负债表、损益表以及年度的财务总结报告书

2. 投资计划：

预计的风险投资数额

风险企业未来的筹资资本结构如何安排

获取风险投资的抵押、担保条件

投资收益和再投资的安排

风险投资者投资后双方股权的比例安排

投资资金的收支安排及财务报告编制

投资者介入公司经营管理的程度

3. 融资需求

创业所需要的资金额，团队出资情况，资金需求计划，为实现公司发展计划所需要的资金额，资金需求的时间性，资金用途(详细说明资金用途，并列表说明)

融资方案：公司所希望的投资人及所占股份的说明，资金其他来源，如银行贷款等。

＊完成研发所需投入?

＊达到盈亏平衡所需投入?

＊达到盈亏平衡的时间?

项目实施的计划进度及相应的资金配置、进度表。

＊投资与收益

(单位万元)	第一年	第二年	第三年	第四年	第五年
年 收 入					
销售成本					
运营成本					
净 收 入					
实际投资					
资本支出					
年终现金余额					

＊简述本期风险投资的数额、退出策略、预计回报数额和时间表

七、资本结构

迄今为止有多少资金投入贵企业？	
您目前正在筹集多少资金？	
假如筹集成功，企业可持续经营多久？	
下一轮投资打算筹集多少？	
企业可以向投资人提供的权益有	□股权 □可转换债 □普通债权 □不确定

＊目前资本结构表

股东成份	已投入资金	股权比例

＊本期资金到位后的资本结构表

股东成份	投入资金	股权比例

＊请说明你们希望寻求什么样的投资者？（包括投资者对行业的了解，资金上、管理上的支持程度等）

八、投资者退出方式

＊股票上市：依照本创业计划的分析，对公司上市的可能性做出分析，对上市的前提条件做出说明

＊股权转让：投资商可以通过股权转让的方式收回投资

＊股权回购：依照本创业计划的分析，公司对实施股权回购计划应向投资者说明

＊利润分红：投资商可以通过公司利润分红达到收回投资的目的，按照本创业计划的分析，公司对实施股权利润分红计划应向投资者说明

九、风险分析

＊企业面临的风险及对策

详细说明项目实施过程中可能遇到的风险，提出有效的风险控制和防范手段，包括技术风险、市场风险、管理风险、财务风险及其他不可预见的风险

十、其他说明

＊您认为企业成功的关键因素是什么？

＊请说明为什么投资人应该投这个企业而不是别的企业？

＊关于项目承担团队的主要负责人或公司总经理详细的个人简历及证明人。

＊媒介关于产品的报道；公司产品的样品、图片及说明；有关公司及产品的其他资料。

＊商业计划书内容真实性承诺。

附表

1. 现金流量表

现金流量表

会企 03 表

编制单位：　　　　　　　　　　________年度　　　　　　　　　　单位：元

补　充　资　料	行次	金额
1. 将净利润调节为经营活动现金流量：		
净利润	57	
加：计提的资产减值准备	58	
固定资产折旧	59	
无形资产摊销	60	
长期待摊费用摊销	61	
待摊费用减少(减：增加)	64	
预提费用增加(减：减少)	65	
处置固定资产、无形资产和其他长期资产的损失(减：收益)	66	
固定资产报废损失	67	
财务费用	68	
投资损失(减：收益)	69	
递延税款贷项(减：借项)	70	

续表

补　充　资　料	行次	金额
存货的减少(减：增加)	71	
经营性应收项目的减少(减：增加)	72	
经营性应付项目的增加(减：减少)	73	
其他	74	
经营活动产生的现金流量净额	75	
2. 不涉及现金收支的投资和筹资活动：		
债务转为资本	76	
一年内到期的可转换公司债券	77	
融资租入固定资产	78	
3. 现金及现金等价物净增加情况：		
现金的期末余额	79	
减：现金的期初余额	80	
加：现金等价物的期末余额	81	
减：现金等价物的期初余额	82	
现金及现金等价物净增加额	83	

企业负责人：　　　　　主管会计：　　　　　制表：　　　　　报出日期：　　年　　月　　日

2. 资产负债表

资产负债表

会企 01 表

编制单位：　　　　　　　　________年____月　　　　　　　　单位：元

资　　产	行次	年初数	期末数	负债和所有者权益（或股东权益）	行次	年初数	期末数
流动资产：				流动负债：			
货币资金	1			短期借款	68		
短期投资	2			应付票据	69		
应收票据	3			应付账款	70		
应收股利	4			预收账款	71		
应收利息	5			应付工资	72		
应收账款	6			应付福利费	73		
其他应收款	7			应付股利	74		
预付账款	8			应交税金	75		
应收补贴款	9			其他应付款	80		

续表

资　　产	行次	年初数	期末数	负债和所有者权益（或股东权益）	行次	年初数	期末数
存货	10			其他应付款	81		
待摊费用	11			预提费用	82		
一年内到期的长期债权投资	21			预计负债	83		
其他流动资产	24			一年内到期的长期负债	86		
流动资产合计	31			其他流动负债	90		
长期投资：							
长期股权投资	32			流动负债合计	100		
长期债权投资	34			长期负债：			
长期投资合计	38			长期借款	101		
固定资产：				应付债券	102		
固定资产原价	39			长期应付款	103		
减：累计折旧	40			专项应付款	106		
固定资产净值	41			其他长期负债	108		
减：固定资产减值准备	42			长期负债合计	110		
固定资产净额	43			递延税项：			
工程物资	44			递延税款贷项	111		
在建工程	45			负债合计	114		
固定资产清理	46						
固定资产合计	50			所有者权益（或股东权益）：			
无形资产及其他资产：				实收资本（或股本）	115		
无形资产	51			减：已归还投资	116		
长期待摊费用	52			实收资本（或股本）净额	117		
其他长期资产	53			资本公积	118		
无形资产及其他资产合计	60			盈余公积	119		
				其中：法定公益金	120		
递延税项：				未分配利润	121		
递延税款借项	61			所有者权益（或股东权益）合计	122		
资产总计	67			负债和所有者权益（或股东权益）总计	135		

企业负责人：　　主管会计：　　制表：　　报出日期：　　年　月　日

3. 利润及利润分配表

利润及利润分配表

会企 02 表

编制单位：　　　　　　　　　　＿＿＿＿年＿＿＿月　　　　　　　　　　单位：元

项　　目	行次	上年同期累计	本月数	本年累计数
一、主营业务收入	1			
减：主营业务成本	4			
主营业务税金及附加	5			
二、主营业务利润(亏损以“-”号填列)	10			
加：其他业务利润(亏损以“-”号填列)	11			
减：营业费用	14			
管理费用	15			
财务费用	16			
三、营业利润(亏损以“-”号填列)	18			
加：投资收益(亏损以“-”号填列)	19			
补贴收入	22			
营业外收入	23			
减：营业外支出	25			
四、利润总额(亏损总额以“-”号填列)	27			
减：所得税	28			
五、净利润	1			
加：年初未分配利润	2			
其他转入	4			
六、可供分配的利润	8			
减：提取法定盈余公积金	9			
提取法定公益金	10			
提取职工奖励及福利基金	11			
提取储备基金	12			
提取企业发展基金	13			
利润归还投资	14			
七、可供投资者分配的利润	16			
减：应付优先股股利	17			
提取任意盈余公积	18			
应付普通股股利	19			
转作资本(或股本)的普通股股利	20			
八、未分配利润	25			

企业负责人：　　　　　　主管会计：　　　　　　制表：　　　　报出日期：　　　年　　月　　日

4. 销售人员工资提成计算表

销售人员工资提成计算表

年　　月　　日

任务名称	每月计划销售量	每月完成销售额	超额提成率	提成工资总额

审核　　　　　　　　　　　　　　　　填表

5. 生产人员工资提成计算表

生产人员工资提成计算表

年　　月　　日

任务名称	每月计划生产额	每月实际生产额	超额提成比率	提成工资总额
审　核			填　表	

说明：在创办一个企业之前，需要收集和利用大量的信息。本部分，需要对所有信息进行综合分析，完成并充实商业计划书，再度判断创业项目有多大的成功机会，从而决定是否应该创办这个企业。

第四节　商业计划书的应用

太多关于创业的商业计划看上去更像是火箭发射，而不是汽车驾驶。

——Eric Ries

20世纪60年代，波普尔在《猜想与反驳》一书中提出其证伪主义的精髓——试错法，又称“假说—证伪法”，即科学家针对特定的问题，提出科学假说，通过演绎的方式从科学假说中得出科学预测，经过科学实验和观察的检验，科学预测或被证伪，或被证实。根据试错法，真理是通过一次次检验来发现的。

某种意义上来说，创业的实践对绝大部分创业者来说，都是有意识或无意识地践行了试错法。创业往往是创业者首先提出一个商业计划或者想法，然后付诸实践，在市场中寻求答案，接受现实的检验。一般而言，它不会像火箭发射一般，一切准备就绪，一按点火键，就直冲云霄，成功发射，更多的时候，就像一只羊皮筏子在渡过黄河，不断调整方向，不断解决遇到的风浪和艰险，有时成功渡过，有时难免失事。

硅谷创业家 Eric Rise2012 年 8 月在其著作《精益创业》一书中首度提出，所有的创新行为和想法都必须在最短的时间呈现出来，抛弃一切暂不重要的其他功能，把极简的功能展现给客户，无论成功或失败，都能够以最快的速度知道结果。同时创业必须始终保持低成本，过往“十年磨一剑”式的长期研发，其最终成果推出后，有可能发现花费了大量人力、物力和时间所开发出的产品，并不是客户所需要的。这种巨大的浪费除了会给创业者、企业带来巨大的经济损失之外，还对团队的士气形成巨大打击，不少团队成员会纷纷出走。而精益创业所采用的“频繁验证并修改”的策略，确保不会在客户认可之前投入过高的成本。如果能够遵循精益创业的模式，从“最小可用品”出发，过程中每一次迭代都可以寻找客户进行试用，了解客户对产品的看法，寻找产品的不足和客户希望增加乃至修改的功能点。当一路上持续遵循客户的意见进行开发后，项目组的不断纠偏的成果就是产品越来越符合客户想要的效果，而不是开发团队闭门想象的样子。通过持续的“测试—调整”以及快速迭代，创新的成功率能够大大提升。

从精神层面上讲，社会鼓励冒险和试错，正如此，企业家才能的投入方能最终变成社会财富源泉。但依照试错法和精益创业的思维模式，商业计划书在应用过程中，不应将其视为是不可更改的圭臬，更应该将其视为创办企业、成就事业的起点，所有企业的成功都是在积极尝试、持续改进、高速迭代更新、不断扩展复制的循环中不懈努力。每位创业者都应从一开始就能清醒地认识到，创业绝不是一蹴而就的事，正确的、成功的道路只有在市场不断探索的过程中才能找到。希望创业者能够秉承提出假设—验证的认知和实践思路，将科学方法引入创业管理，做到不断探索客户需求，不断创造市场价值。

第九章　创业组织形式选择

本章导读

注册企业是创业的主要组织形式，企业的组织形式反映了企业的性质、地位和作用，表明了一个企业的财产构成、内部关系以及与外部经济组织之间的联系方式。在大众创业、万众创新的大背景下，社会组织发展已成为我国经济发展不容忽视的重点，成为创新创业重要载体，越来越多的青年通过创办社会组织进行创业。本章分两个部分。

❖ 成立新企业：我国登记注册的企业法律形式一般包括个体工商户、个人独资企业、合伙企业、有限责任公司四种。

❖ 成立社会组织：社会组织涵盖教育、科技、医药、卫生、文化、艺术、扶贫、环保、弱势群体保护等许多方面，主要包括基层自治组织、人民团体、社会团体、行业组织、中介组织和基金会等。

☞ **知识目标**

熟悉新企业的法律形式和注册社会组织的基本知识

☞ **能力目标**

加强新企业生存管理，提升创业成功率

☞ **育人目标**

认识创业组织形式特点，扩展大学生视野，以便更好地创业

☞ **基本概念**

个体工商户、个人独资企业、合伙企业、有限责任公司、社会团体、民办非企业、基金会

☞ **教学重点与难点**

❖ 企业组织形式和社会组织形式的特点

❖ 注册企业组织和社会组织的基本流程

第一节　成立新企业

德鲁克说："创业需要与现行管理方式不同的管理。但与现行的管理方式一样，创业也需要有系统、有组织、有目标的管理。"企业创建是创业机会开发的结果。创建问题涉

及注册、公司命名、企业选址等问题和流程，掌握一定的技巧和规范，对于完成企业创建以及企业发展大有裨益。

创建企业的流程如下图：

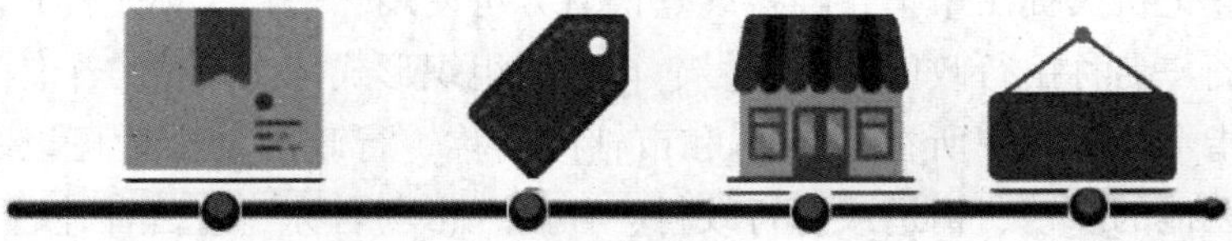

选择新创企业的法律组织形式　企业及产品的名称设计　企业选址　企业注册成立

工商注册登记是新企业开办的法定程序。新企业办理工商登记注册大体要经过提交申请、工商部门审查受理、作出决定、领取执照几个步骤。当前，我国登记注册的企业法律形式一般包括个体工商户、个人独资企业、合伙企业、有限责任公司四种。对大学生创业者来说，登记注册的企业法律形式基本上也是以上四种。

一、新企业的注册登记

2016年6月30日，国务院办公厅发布了《关于加快推进"五证合一、一照一码"登记制度改革的通知》国办发〔2016〕53号，从2016年10月1日起正式实施"五证合一、一照一码"，在全面实施工商营业执照、组织机构代码证、税务登记证"三证合一"登记制度改革的基础上，再整合社会保险登记证和统计登记证，实现"五证合一、一照一码"。按照"五证合一、一照一码"登记制度改革的要求，全面实行"一套材料、一表登记、一窗受理"的工作模式，申请人办理企业注册登记时只需填写"一张表格"，向"一个窗口"提交"一套材料"。登记部门直接核发加载统一社会信用代码的营业执照，相关信息在全国企业信用信息公示系统公示，并归集至全国信用信息共享平台。企业不再另行办理社会保险登记证和统计登记证。目前，各地工商部门普遍推出网上登记服务，利用登记网站为企业服务，提供网上下载企业登记表格、文书。申请人在完成企业名称核准后，携带场地租赁合同、公司章程、股东身份证复印件、相关表格以及其他资料等前往各地统一指定窗口办理。

（一）个体工商户

个体工商户成立的法律依据是《个体工商户条例》（中华人民共和国国务院令第596号，自2011年11月1日起施行）。有经营能力的公民，依照条例规定经工商行政管理部门登记，从事工商业经营的，为个体工商户。个体工商户可以个人经营，也可以家庭经营。

1. 登记机关。县、自治县、不设区的市、市辖区工商行政管理部门为个体工商户的登记机关（以下简称登记机关）。登记机关按照国务院工商行政管理部门的规定，可以委托其下属工商行政管理所办理个体工商户登记。

2. 提供材料。申请登记为个体工商户，应当向经营场所所在地登记机关申请注册登记。申请人应当提交登记申请书、身份证明和经营场所证明。个体工商户登记事项包括经营者姓名和住所、组成形式、经营范围、经营场所。

3. 名称核准。个体工商户使用名称的，名称作为登记事项。个体工商户决定使用名称的，应当向登记机关提出申请，经核准登记后方可使用。一户个体工商户只准使用一个名称。个体工商户名称由行政区划、字号、行业、组织形式依次组成。个体工商户名称中的行政区划是指个体工商户所在县(市)和市辖区名称。行政区划之后可以缀以个体工商户经营场所所在地的乡镇、街道或者行政村、社区、市场名称。经营者姓名可以作为个体工商户名称中的字号使用。个体工商户名称组织形式可以选用“厂”“店”“馆”“部”“行”“中心”等字样，但不得使用“企业”“公司”和“农民专业合作社”字样。

4. 设立账户。个体工商户可以凭营业执照，依法到公安机关备案的刻章单位雕刻印章，在银行或者其他金融机构开立账户。

个体工商户实行“两证整合”登记制度，将分别由工商行政管理部门核发营业执照、税务部门核发税务登记证，改为一次申请、由工商行政管理部门核发一个营业执照，通过个体工商户“两证整合”。公民只需填写“一张表”，向“一个窗口”提交“一套材料”即可办理个体工商户工商及税务登记的登记制度，之后由工商(市场监管)部门核发加载法人和其他组织统一社会信用代码的营业执照。

(二)个人独资企业

个人独资企业设立的法律依据是《中华人民共和国个人独资企业法》(中华人民共和国主席令第二十号公布，自2000年1月1日起施行)。个人独资企业，是指依照本法在中国境内设立，由一个自然人投资，财产为投资人个人所有，投资人以其个人财产对企业债务承担无限责任的经营实体。

1. 设立个人独资企业应当具备下列条件：

(1)投资人为一个自然人；

(2)有合法的企业名称；

(3)有投资人申报的出资；

(4)有固定的生产经营场所和必要的生产经营条件；

(5)有必要的从业人员。

2. 个人独资企业设立申请书应当载明下列事项：

(1)企业的名称和住所；

(2)投资人的姓名和居所；

(3)投资人的出资额和出资方式；

(4)经营范围。

个人独资企业设立分支机构，应当由投资人或者其委托的代理人向分支机构所在地的登记机关申请登记，领取营业执照。分支机构经核准登记后，应将登记情况报该分支机构隶属的个人独资企业的登记机关备案。分支机构的民事责任由设立该分支机构的个人独资企业承担。

3. 个人独资企业的法律特征：

(1)在组织结构形式上，个人独资企业是由个人创办的独资企业，其投资者是一个自然人。国家机关、国家授权投资机构或国家授权的部门、企业、事业单位等都不能作为个人独资企业的设立人。

(2)在责任形态上，投资者个人以其个人财产对企业债务承担无限责任。投资人若以家庭共同财产作为个人投资的，以家庭共有财产对企业债务承担无限责任。这是个人独资企业区别于有限责任公司和股份有限公司等企业形式的基本特征。

(3)从性质上看，个人独资企业是非法人企业。个人独资企业没有独立的资产，企业的财产就是投资人的财产，企业的责任就是投资人的责任。因此，个人独资企业无独立承担民事责任的能力。个人独资企业虽然不具备法人资格，但它是独立民事的主体，能够以自己的名义从事民事活动。

(三)合伙企业

合伙企业设立的法律依据是《中华人民共和国合伙企业法》(中华人民共和国主席令第五十五号，自2007年6月1日起施行)。合伙企业，是指自然人、法人和其他组织依照本法在中国境内设立的普通合伙企业和有限合伙企业。普通合伙企业由普通合伙人组成，合伙人对合伙企业债务承担无限连带责任。本法对普通合伙人承担责任的形式有特别规定的，从其规定。有限合伙企业由普通合伙人和有限合伙人组成，普通合伙人对合伙企业债务承担无限连带责任，有限合伙人以其认缴的出资额为限对合伙企业债务承担责任。国有独资公司、国有企业、上市公司以及公益性的事业单位、社会团体不得成为普通合伙人。

1. 普通合伙企业

设立合伙企业，应当具备下列条件：

(1)有二个以上合伙人，合伙人为自然人的，应当具有完全民事行为能力；

(2)有书面合伙协议；

(3)有合伙人认缴或者实际缴付的出资；

(4)有合伙企业的名称和生产经营场所；

(5)法律、行政法规规定的其他条件。

合伙企业名称中应当标明“普通合伙”字样。

合伙人可以用货币、实物、知识产权、土地使用权或者其他财产权利出资，也可以用劳务出资。合伙人以实物、知识产权、土地使用权或者其他财产权利出资，需要评估作价的，可以由全体合伙人协商确定，也可以由全体合伙人委托法定评估机构评估。合伙人以劳务出资的，其评估办法由全体合伙人协商确定，并在合伙协议中载明。合伙人应当按照合伙协议约定的出资方式、数额和缴付期限，履行出资义务。以非货币财产出资的，依照法律、行政法规的规定，需要办理财产权转移手续的，应当依法办理。

合伙协议应当载明下列事项：

(1)合伙企业的名称和主要经营场所的地点；

(2)合伙目的和合伙经营范围；

(3)合伙人的姓名或者名称、住所；

(4)合伙人的出资方式、数额和缴付期限；

(5)利润分配、亏损分担方式；

(6)合伙事务的执行；

(7)入伙与退伙；

(8)争议解决办法；

(9)合伙企业的解散与清算；

(10)违约责任。

特殊的普通合伙企业。以专业知识和专门技能为客户提供有偿服务的专业服务机构，可以设立为特殊的普通合伙企业。特殊的普通合伙企业名称中应当标明“特殊普通合伙”字样。一个合伙人或者数个合伙人在执业活动中因故意或者重大过失造成合伙企业债务的，应当承担无限责任或者无限连带责任，其他合伙人以其在合伙企业中的财产份额为限承担责任。合伙人在执业活动中非因故意或者重大过失造成的合伙企业债务以及合伙企业的其他债务，由全体合伙人承担无限连带责任。合伙人执业活动中因故意或者重大过失造成的合伙企业债务，以合伙企业财产对外承担责任后，该合伙人应当按照合伙协议的约定对给合伙企业造成的损失承担赔偿责任。特殊的普通合伙企业应当建立执业风险基金、办理职业保险。执业风险基金用于偿付合伙人执业活动造成的债务。执业风险基金应当单独立户管理。具体管理办法由国务院规定。

2. 有限合伙企业

有限合伙企业由二个以上、五十个以下合伙人设立；但是，法律另有规定的除外。有限合伙企业至少应当有一个普通合伙人。有限合伙企业名称中应当标明“有限合伙”字样。

合伙协议除符合普通合伙协议内容外，还应当载明下列事项：

(1)普通合伙人和有限合伙人的姓名或者名称、住所；

(2)执行事务合伙人应具备的条件和选择程序；

(3)执行事务合伙人权限与违约处理办法；

(4)执行事务合伙人的除名条件和更换程序；

(5)有限合伙人入伙、退伙的条件、程序以及相关责任；

(6)有限合伙人和普通合伙人相互转变程序。

有限合伙人可以用货币、实物、知识产权、土地使用权或者其他财产权利作价出资。有限合伙人不得以劳务出资。有限合伙人应当按照合伙协议的约定按期足额缴纳出资；未按期足额缴纳的，应当承担补缴义务，并对其他合伙人承担违约责任。有限合伙企业登记事项中应当载明有限合伙人的姓名或者名称及认缴的出资数额。

有限合伙企业由普通合伙人执行合伙事务。执行事务合伙人可以要求在合伙协议中确定执行事务的报酬及报酬提取方式。有限合伙人不执行合伙事务，不得对外代表有限合伙企业。

有限合伙人的下列行为，不视为执行合伙事务：

(1)参与决定普通合伙人入伙、退伙；

(2)对企业的经营管理提出建议；

(3)参与选择承办有限合伙企业审计业务的会计师事务所；

(4)获取经审计的有限合伙企业财务会计报告；

(5)对涉及自身利益的情况，查阅有限合伙企业财务会计账簿等财务资料；

(6)在有限合伙企业中的利益受到侵害时，向有责任的合伙人主张权利或者提起诉讼；

(7)执行事务合伙人怠于行使权利时，督促其行使权利或者为了本企业的利益以自己的名义提起诉讼；

(8)依法为本企业提供担保。

有限合伙企业不得将全部利润分配给部分合伙人；但是，合伙协议另有约定的除外。有限合伙人可以同本有限合伙企业进行交易；但是，合伙协议另有约定的除外。有限合伙人可以自营或者同他人合作经营与本有限合伙企业相竞争的业务；但是，合伙协议另有约定的除外。有限合伙人可以将其在有限合伙企业中的财产份额出质；但是，合伙协议另有约定的除外。有限合伙人的自有财产不足清偿其与合伙企业无关的债务的，该合伙人可以以其从有限合伙企业中分取的收益用于清偿；债权人也可以依法请求人民法院强制执行该合伙人在有限合伙企业中的财产份额用于清偿。

(四)有限责任公司

有限责任公司设立的法律依据是《中华人民共和国公司法》(全国人民代表大会常务委员会于2013年12月28日发布)。本法所称公司是指依照本法在中国境内设立的有限责任公司和股份有限公司。公司是企业法人，有独立的法人财产，享有法人财产权。公司以其全部财产对公司的债务承担责任。有限责任公司的股东以其认缴的出资额为限对公司承担责任；股份有限公司的股东以其认购的股份为限对公司承担责任。

1. 设立有限责任公司的条件：

(1)股东符合法定人数，有限责任公司由五十个以下股东出资设立；

(2)有符合公司章程规定的全体股东认缴的出资额；

(3)股东共同制定公司章程；

(4)有公司名称，建立符合有限责任公司要求的组织机构；

(5)有公司住所。

2. 有限责任公司章程应当载明下列事项：

(1)公司名称和住所；

(2)公司经营范围；

(3)公司注册资本；

(4)股东的姓名或者名称；

(5)股东的出资方式、出资额和出资时间；

(6)公司的机构及其产生办法、职权、议事规则；

(7)公司法定代表人；

(8)股东会会议认为需要规定的其他事项。

股东应当在公司章程上签名、盖章。

3. 有限责任公司的注册资本

(1)有限责任公司的注册资本为在公司登记机关登记的全体股东认缴的出资额。法律、行政法规以及国务院决定对有限责任公司注册资本实缴、注册资本最低限额另有规定的，从其规定。

(2)股东可以用货币出资，也可以用实物、知识产权、土地使用权等可以用货币估价并可以依法转让的非货币财产作价出资；但是，法律、行政法规规定不得作为出资的财产除外。对作为出资的非货币财产应当评估作价，核实财产，不得高估或者低估作价。法律、行政法规对评估作价有规定的，从其规定。

(3)股东应当按期足额缴纳公司章程中规定的各自所认缴的出资额。股东以货币出资的，应当将货币出资足额存入有限责任公司在银行开设的账户；以非货币财产出资的，应当依法办理其财产权的转移手续。股东不按照前款规定缴纳出资的，除应当向公司足额缴纳外，还应当向已按期足额缴纳出资的股东承担违约责任。

(4)股东认足公司章程规定的出资后，由全体股东指定的代表或者共同委托的代理人向公司登记机关报送公司登记申请书、公司章程等文件，申请设立登记。

(5)有限责任公司成立后，发现作为设立公司出资的非货币财产的实际价额显著低于公司章程所定价额的，应当由交付该出资的股东补足其差额；公司设立时的其他股东承担连带责任。

(6)有限责任公司成立后，应当向股东签发出资证明书。出资证明书应当载明下列事项：公司名称、公司成立日期、公司注册资本、股东的姓名或者名称、缴纳的出资额和出资日期、出资证明书的编号和核发日期。出资证明书由公司盖章。

公司成立后，股东不得抽逃出资。

4. 组织机构

有限责任公司的组织机构要素有：股东会、董事会、监事会、经理。

(1)股东会

有限责任公司的股东会由全体股东组成，股东会是公司的权力机构。股东会行使下列职权：决定公司的经营方针和投资计划；选举和更换董事，决定有关董事的报酬事项；选举和更换由股东代表出任的监事，决定有关监事的报酬事项；审议批准董事会的报告；审议批准监事会或监事的报告；审议批准公司的年度财务预算方案、决算方案；审议批准公司的利润分配方案和弥补亏损方案；对公司增加或减少注册资本做出决议；对发行公司债券做出决议；对公司向股东以外的人转让出资做出决议；对公司合并、分立、变更公司形式、解散和清算等事项做出决议；修改公司章程。

(2)董事会

有限责任公司设立的董事会是股东会的执行机构，由3~13名董事组成。董事会设董事长1人，可以设副董事长1~2人，董事长为公司的法定代表人。股东人数较少和公司规模较小的有限责任公司可以只设一名执行董事，不设董事会。

股东会会议由董事会召集，董事长主持，董事长因特殊原因不能履行职务时，由董事长指定的副董事长或其他董事主持。

董事会对股东会负责，行使下列职权：负责召集股东会，并向股东会报告工作；执行股东会的决议；决定公司的经营计划和投资方案；制订公司的年度财务预算方案、决算方案；制订公司的利润分配方案和弥补亏损方案；制订公司增加或减少注册资本的方案；拟订公司合并、分立、变更公司形式、解散的方案；决定公司内部管理机构的设置；聘任或解聘公司经理(总经理)；根据经理的提名，聘任或解聘公司的副经理、财务负责人，决定其报酬事项；制定公司的基本管理制度。

股东人数较少或者规模较小的有限责任公司，可以设一名执行董事，不设董事会。执行董事可以兼任公司经理。执行董事的职权由公司章程规定。

(3)监事会

有限责任公司经营规模较大的，可以设立监事会，其成员不得少于 3 人。监事会应在其组成人员中推选 1 名召集人。

监事会由股东代表和适当比例的公司职工代表组成，具体比例由公司章程规定。监事会中的职工代表由公司职工民主选举产生。有限责任公司股东人数较少和规模较小的，可以设 1~2 名监事。董事、经理及财务负责人不得兼任监事。

监事会或监事行使下列职校：检查公司财务；对董事、经理执行公司职务时违反法律、法规或公司章程的行为进行监督；当董事和经理的行为损害公司的利益时，要求董事和经理予以纠正；提议召开临时股东会；公司章程规定的其他职权。

(4)经理

有限责任公司设经理，由董事会聘任或解聘。

经理对董事会负责，行使下列职权：主持公司的生产经营管理工作，组织实施董事会决议；组织实施公司年度经营计划和投资方案；拟订公司内部管理机构设置方案；拟订公司的基本管理制度；制定公司的具体规章；提请聘任或解聘公司副经理、财务负责人；聘任或解聘除应由董事会聘任或解聘以外的管理人员；公司章程和董事会授予的其他职权。经理列席董事会会议。

5. 设立账户

银行开户是新企业与银行建立往来关系的基础。依据我国相关法律规定，每个独立核算的经济单位都必须在银行开户，各单位之间办理款项结算，除现金管理办法规定外，均需通过银行结算。单位银行结算账户包括基本存款账户、一般存款账户、专用存款账户、临时存款账户，不同存款账户的功能及用途各不相同。新企业申请开设单位银行结算账户，应填写开户申请书，提供基本存款账户的企业同意其附属的非独立核算单位开户的证明等证件，送交盖有企业印章的卡片，经银行审核同意后开设账户。

二、企业及产品名称命名的基本准则

1. 强化识别功能，选择能够识别企业产品功能和企业功能的名称；
2. 凸显个性，避免毫无特征的名称；
3. 彰显文化底蕴，命名时注意挖掘企业的历史潜能和当今时代内涵；
4. 注重树立品牌意识，尽量使企业名称与产品商标相统一；

5. 眼光放远，中英文相一致，且没有歧义，适合国内外人的发音。

阿里巴巴(Alibaba)的名字取自家喻户晓的阿里巴巴与四十大盗故事。起初，马云在街上看到阿里巴巴这个名字，觉得蛮有意思，反复询问后发现“阿里巴巴”“芝麻开门”的故事被全世界的人所熟知，并且不论语种，发音也近乎一致。就这样，马云将阿里巴巴确定为公司的名字。

平头哥是2018年9月阿里巴巴宣布成立的半导体有限公司，重要研发领域之一为芯片。“平头哥”是蜜獾的别称，天性好斗，敢和狮子一较高下，遇到猎物和危险从不放弃，顽强战斗，长期霸占吉尼斯纪录“世界上最无所畏惧的动物”。这一取名体现出了企业家敢于向科技霸权宣战，敢于亮剑，无所畏惧的精神和一往无前的勇气。

Google一开始的名字是“Googol”，googol指的是10的100次幂，写出的形式为数字1后跟100个零，可用来代表在互联网上获得的海量的资源。创始人安德森在输入的时候输错了成为“Google”，佩奇觉得错了的名字也很有意思，于是谷歌的名字就成了“Google”。

亚马逊(Amazon)公司名字取自世界流量最大的亚马逊河。创始人贝佐斯认为亚马逊河流域生物种类极其丰富，用它可以表示亚马逊公司商品种类应有尽有。另外，亚马逊的logo上有一个笑脸一样的箭头，从a指向z。英语26个字母，正是从a开头，以z结尾，蕴含着一网打尽、无所不包的含义。

三、如何选址

企业选址指企业的办公地点、生产地点、销售地点等。需要考虑的5个关键因素：

顾客的可进入性、企业经营环境、资源的可获得性、个人偏好、位置便利条件与成本。

考虑侧重点——

零售业和服务业：选址时应更多地考虑商圈大小、客流量、配套设施(如停车场等)因素。

工业企业：选址时更多地应考虑交通的便利性、获得资源的便利性、周围环境等因素，选择到经济开发区和保税区将是一个不错的选择。

案例分析：肯德基选址分几个步骤进行

第一步，收集，分析城市人口及经济数据。肯德基选址前，首先要收集该城市的人口数据资料，如市区人口总量、人口密度、人均收入、人均消费等经济指标(要保证其真实性)，并进行分析，获得第一手的市场资料。

第二步，评估、选择商圈。在分析相关数据后，即要实地考察该城市的主要商业区域，并划分出商圈类型：商业型商圈的范围以步行至店址5分钟的距离划定；社区型商圈的范围以步行至店址10分钟的距离划定，等等。

第三步，统计、分析商圈内人口总数及特征。在商圈划分之后，就需要仔细了解目标商圈内的常住人口、流动人口数量、平均收入、平均消费及目标客户前往该商圈的交通方式等。

第四步，选择集客点。在确定商圈后，要综合分析商圈内的人潮聚集场所或区域。在评估集客点时，会实地去勘察该场所或区域是否有大型百货市场、购物中心、商业步行街、政府机构、医院、学校及娱乐和休闲中心等，并就其规模做出规模估算和相关数据统计。初步选定的店址是否很大的集客点。肯德基一般通过人潮流量测试来检验。

第五步，考虑人流的主要流动路线会不会被竞争对手截住。因为人们现在对品牌的忠诚度还不高，只要你的店离我近，我并不一定非得走100米路去吃别的。人流是有一个主要路线的，如果竞争对手的聚客点比肯德基选得好，会产生重要影响。

（资料来自：https：//mp. weixin. qq. com/s/qH5yutT5VsU7s0gzDarB2A）

四、企业信息公示

《企业信息公示暂行条例》是为保障公平竞争，促进企业诚信自律，规范企业信息公示，强化企业信用约束，维护交易安全，提高政府监管效能，扩大社会监督制定。由中华人民共和国国务院于2014年8月7日发布，自2014年10月1日起施行。

1. 企业年度报告

每年1月1日到6月30日止，企业都要进行年度报告并公示。当年设立登记的企业，自下一年起报送并公示年度报告。企业年度报告的内容包括：

(1)企业通信地址、邮政编码、联系电话、电子邮箱等信息；

(2)企业开业、歇业、清算等存续状态信息；

(3)企业投资设立企业、购买股权信息；

(4)企业为有限责任公司或者股份有限公司的，其股东或者发起人认缴和实缴的出资额、出资时间、出资方式等信息；

(5)有限责任公司股东股权转让等股权变更信息；

(6)企业网站以及从事网络经营的网店的名称、网址等信息；

(7)企业从业人数、资产总额、负债总额、对外提供保证担保、所有者权益合计、营业总收入、主营业务收入、利润总额、净利润、纳税总额信息。

第一项至第六项规定的信息应当向社会公示，第七项规定的信息由企业选择是否向社会公示。经企业同意，公民、法人或者其他组织可以查询企业选择不公示的信息。

2. 企业信息公示

企业应当自下列信息形成之日起20个工作日内通过企业信用信息公示系统向社会公示：

(1)有限责任公司股东或者股份有限公司发起人认缴和实缴的出资额、出资时间、出资方式等信息；

(2)有限责任公司股东股权转让等股权变更信息；

(3)行政许可取得、变更、延续信息；

(4)知识产权出质登记信息；

(5)受到行政处罚的信息；

(6)其他依法应当公示的信息。

工商行政管理部门发现企业未依照前款规定履行公示义务的，应当责令其限期履行。

3. 监督检查

国务院工商行政管理部门和省、自治区、直辖市人民政府工商行政管理部门应当按照公平规范的要求，根据企业注册号等随机摇号，确定抽查的企业，组织对企业公示信息的情况进行检查。

工商行政管理部门抽查企业公示的信息，可以采取书面检查、实地核查、网络监测等方式。工商行政管理部门抽查企业公示的信息，可以委托会计师事务所、税务师事务所、律师事务所等专业机构开展相关工作，并依法利用其他政府部门作出的检查、核查结果或者专业机构作出的专业结论。抽查结果由工商行政管理部门通过企业信用信息公示系统向社会公布。有下列情形之一的，由县级以上工商行政管理部门列入经营异常名录，通过企业信用信息公示系统向社会公示，提醒其履行公示义务；情节严重的，由有关主管部门依照有关法律、行政法规规定给予行政处罚；造成他人损失的，依法承担赔偿责任；构成犯罪的，依法追究刑事责任：

(1)企业未按照本条例规定的期限公示年度报告或者未按照工商行政管理部门责令的期限公示有关企业信息的；

(2)企业公示信息隐瞒真实情况、弄虚作假的。

被列入经营异常名录的企业依照本条例规定履行公示义务的，由县级以上工商行政管理部门移出经营异常名录；满3年未依照本条例规定履行公示义务的，由国务院工商行政管理部门或者省、自治区、直辖市人民政府工商行政管理部门列入严重违法企业名单，并通过企业信用信息公示系统向社会公示。被列入严重违法企业名单的企业的法定代表人、负责人，3年内不得担任其他企业的法定代表人、负责人。企业自被列入严重违法企业名单之日起满5年未再发生第一款规定情形的，由国务院工商行政管理部门或者省、自治区、直辖市人民政府工商行政管理部门移出严重违法企业名单。

4. 网上年报流程

(1)登录。全国企业信用信息公示系统：http：//gsxt. saic. gov. cn

(2)查到所在省市点击进入

(3)点击【企业公示信息填报】

(4)选择【新用户注册】

(5)按要求填写信息，点击【验证】，验证通过后再设置密码，然后选择登录。

(6)登录需要填写手机号接受验证码，验证码来得比较慢。

(7)登录后选择【年底报告在线填报】，按照相关内容填写，提交以后再到企业信用网查询信息就能查看年报信息了，年报信息均为上年度信息。

【扩展阅读】

有限责任公司章程范文

________有限公司章程

为适应社会主义市场经济的要求，发展生产力，依据《中华人民共和国公司法》

(以下简称《公司法》)及有关法律、法规的规定，由________、________(出资人)共同出资，设立有限责任公司，特制定本章程。

第一章　公司名称和住所

第一条　公司名称：　　　有限公司(以下简称公司)

第二条　住所：

第二章　公司经营范围

第三条　公司经营范围：

第三章　公司注册资本

第四条　公司注册资本：　　　万元人民币

第四章　股东的名称、出资方式、出资额

第五条　股东的名称、出资方式及出资额如下：

股东名称：　　出资方式：　　出资额：　　出资比例：

第六条　公司成立后，应向股东签发出资证明书。

第五章　股东的权利和义务

第七条　股东享有如下权利：(略)

第八条　股东承担以下义务：(略)

第六章　股东转让出资的条件

第九条　股东之间可以相互转让其部分出资。

第十条　股东转让出资由股东会讨论通过。股东向股东以外的人转让其出资时，必须经全体股东过半数同意；不同意转让的股东应当购买该转让的出资，如果不购买该转让的出资，视为同意转让。

第十一条　股东依法转让其出资后，由公司将受让人的姓名或名称、住所以及受让的出资额记载于股东名册。

第七章　公司的机构及其产生办法、职权、议事规则

第十二条　股东会由全体股东组成，是公司的权力机构，行使下列职权：(略)

第十三条　股东会的首次会议由出资最多的股东召集和主持。

第十四条　股东会会议由股东按照出资比例行使表决权。

第十五条　股东会会议分为定期会议和临时会议，并应当于会议召开15日以前通知全体股东。定期会议应每年召开一次，临时会议由代表四分之一以上表决权的股东，三分之一的董事或者监事提议方可召开。股东出席股东会议也可书面委托他人参加股东会议，行使委托书中载明的权力。

第十六条　股东会会议由董事会召集，董事长主持。董事长因特殊原因不能履行职务时，由董事长指定的其他董事主持。

第十七条　股东会会议应对所议事项做出决议，决议应由代表三分之二以上表决权的股东表决通过，但股东会对公司增加或者减少注册资本、分立、合并、解散或变更公司形式、修改公司章程所做出的决议，应由股东表决通过。股东会应当对所议事项的决定做出会议记录，出席会议的股东应当在会议记录上签名。

第十八条　公司设董事会，成员为____人，由股东会选举。董事任期____年，任期届满，可连选连任。董事会在任期届满前，股东不得无故解除其职务。董事会设董事长一人，董事长由董事会选举和罢免。

董事会行使下列职权：(略)

第十九条　董事会由董事长召集并主持。董事长因特殊原因不能履行职务时，董事长指定的其他董事召集并主持，三分之一以上董事可以提议召开董事会会议，并应于会议召开10日前通知全体董事。

第二十条　董事会对所议事项做出的决定应由三分之二以上的董事表决通过方为有效，并应做成会议记录，出席会议的董事应当在会议记录上签名。

第二十一条　公司设总经理一名，由董事会聘任或者解聘，经理对董事会负责，行使下列职权：(略)

第二十二条　公司设名监事，监事由股东会选举产生。监事任期每届年，任期届满，可连选连任。

第二十三条　监事行使下列职权：(略)

第八章　公司法定代表人

第二十四条　董事长为公司的法定代表人，任期为____年，由董事会选举和罢免，任期届满，可连选连任。

第二十五条　董事长行使下列职权：(略)

第九章　财务、会计、利润分配及劳动用工制度

第二十六条　公司应当依照法律、行政法规和有关部门的规定建立本公司的财务、会计制度，并应在每一会计年度终了时制作财务会计报告，并应于第二年____月____日前送交各股东。

第二十七条　公司利润分配按照《公司法》及有关法律、法规、国家财政主管部门的规定执行。

第二十八条　劳动用工制度按国家法律、法规及劳动部门的有关规定执行。

第十章　公司的解散事由与清算办法

第二十九条　公司的营业期限____年，从《企业法人营业执照》签发之日起计算。

第三十条　公司有下列情形之一的，可以解散：(略)

第三十一条　公司解散时，应依《公司法》的规定成立清算组对公司进行清算。清算结束后，清算组应当制作清算报告，报股东会或经有关主管机关确认，并报送公司登记机关，申请注销公司登记，公告公司终止。

第十一章　股东认为需要规定的其他事项

第三十二条　公司根据需要或涉及公司登记事项变更的可修改公司章程，修改后的公司章程不得与法律、法规相抵触，修改公司章程应由股东会委托董事会修改。修改后的公司章程应送原公司登记机关备案，涉及变更登记事项的，同时应向公司登记机关作变更登记。

第三十三条　公司章程的解释权属于董事会。

第三十四条　公司登记事项以公司登记机关核定的为准。

第三十五条　本章程经各方出资人共同订立，自公司设立之日起生效。

第三十六条　本章程一式____份，股东各执一份，并报公司登记机关备案一份。

有限责任公司(章)

年　　月　　日

选编自《新编公司法小全书》[M]. 北京：法律出版社，2011：38-42.

第二节　成立社会组织

一、社会组织

1. 社会组织的含义

社会组织，是指在政府部门和以营利为目的的企业之外的，以非营利为目的、从事公益事业的一切志愿团体、组织或民间协会。联合国关于社会组织的定义是：在地方、国家或国际级别上组织起来的非营利性的、自愿公民组织。它们提供各种各样的服务和发挥人道主义作用，向政府反映公民关心的问题，监督政府和鼓励在社区水平上的政治参与。它们提供分析结果和专门知识，充当早期预警机制。社会组织涵盖教育、科技、医药、卫生、文化、艺术、扶贫、环保、弱势群体保护等许多方面，主要包括基层自治组织、人民团体、社会团体、行业组织、中介组织、基金会等。在利益多元化为前提的市场经济体制里，社会组织是在政府调控社会、经济发展过程中，主要起到沟通政府与社会主体之间的信息、平衡社会利益冲突、协调各方行为的“中介作用”的组织。

2. 社会组织的特征

虽然社会组织包含了形形色色的组织，但社会组织在学术界具有六个共同认可的特征：

(1)组织性。即组织内部有一套规章制度、负责人，以及经常性活动的开展。纯粹的非正规的、临时聚在一起的人不能被认为是社会组织的一部分。

(2)民间性。社会组织不是政府的一部分，也不是由政府官员主导的董事会领导，但这并不意味着社会组织不能接受政府的资金支持。

(3)非营利性。社会组织不是为其拥有者积累利润，社会组织可以盈利，但所得必须继续用于组织的使命，而不是在组织缔造者中进行分配。

(4)自治性。社会组织能控制自己的活动，并有着不受外部控制的内部管理程序。

(5)志愿性。无论是实际开展活动，还是在管理组织的事物中均有显著程度的非强迫性的志愿参与，特别是形成由志愿者组成的董事会和广泛使用志愿工作人员。

(6)公共性。社会组织服务于某些公共目的和为公众奉献。社会组织的根本特征是：扎根于社区、权力双向或多向流动且独立运作的组织，其建立不是行政命令式，而是具有较强的志愿性。

3. 社会组织的主要形式

(1)社会团体。冠以协会、学会、研究会、商会、促进会、联合会等名称的，基于一定社会关系形成的会员制组织；

(2)民办非企业单位。由民间出资成立的，直接提供各种社会服务的各种民办学校、医院、福利机构等非会员制组织；

(3)基金会。基于一定财产关系而形成的财团性组织；

(4)部分中介组织和社区活动团队。

二、社会组织的注册登记

(一)社会团体

社会团体成立的法律依据是《社会团体登记管理条例》(2016 年 2 月 6 日修正版)。条例所称社会团体，是指中国公民自愿组成，为实现会员共同意愿，按照其章程开展活动的非营利性社会组织。国家机关以外的组织可以作为单位会员加入社会团体。

1. 成立登记

申请成立社会团体，应当经其业务主管单位审查同意，由发起人向登记管理机关申请登记。筹备期间不得开展筹备以外的活动。

成立社会团体，应当具备下列条件：

(1)有 50 个以上的个人会员或者 30 个以上的单位会员；个人会员、单位会员混合组成的，会员总数不得少于 50 个；

(2)有规范的名称和相应的组织机构；

(3)有固定的住所；

(4)有与其业务活动相适应的专职工作人员；

(5)有合法的资产和经费来源，全国性的社会团体有 10 万元以上活动资金，地方性的社会团体和跨行政区域的社会团体有 3 万元以上活动资金；

(6)有独立承担民事责任的能力。

社会团体的名称应当符合法律、法规的规定，不得违背社会道德风尚。社会团体的名称应当与其业务范围、成员分布、活动地域相一致，准确反映其特征。全国性的社会团体的名称冠以“中国”“全国”“中华”等字样的，应当按照国家有关规定经过批准，地方性的社会团体的名称不得冠以“中国”“全国”“中华”等字样。

申请登记社会团体，发起人应当向登记管理机关提交下列文件：

(1)登记申请书；

(2)业务主管单位的批准文件；

(3)验资报告、场所使用权证明；

(4)发起人和拟任负责人的基本情况、身份证明；

(5)章程草案。

社会团体的章程应当包括下列事项：

(1)名称、住所；

(2)宗旨、业务范围和活动地域；
(3)会员资格及其权利、义务；
(4)民主的组织管理制度，执行机构的产生程序；
(5)负责人的条件和产生、罢免的程序；
(6)资产管理和使用的原则；
(7)章程的修改程序；
(8)终止程序和终止后资产的处理；
(9)应当由章程规定的其他事项。

2. 监督管理

登记管理机关履行下列监督管理职责：
(1)负责社会团体的成立、变更、注销的登记；
(2)对社会团体实施年度检查；
(3)对社会团体违反本条例的问题进行监督检查，对社会团体违反本条例的行为给予行政处罚。

业务主管单位履行下列监督管理职责：
(1)负责社会团体成立登记、变更登记、注销登记前的审查；
(2)监督、指导社会团体遵守宪法、法律、法规和国家政策，依据其章程开展活动；
(3)负责社会团体年度检查的初审；
(4)协助登记管理机关和其他有关部门查处社会团体的违法行为；
(5)会同有关机关指导社会团体的清算事宜。

业务主管单位履行前款规定的职责，不得向社会团体收取费用。

社会团体的资产来源必须合法，任何单位和个人不得侵占、私分或者挪用社会团体的资产。社会团体的经费，以及开展章程规定的活动按照国家有关规定所取得的合法收入，必须用于章程规定的业务活动，不得在会员中分配。社会团体接受捐赠、资助，必须符合章程规定的宗旨和业务范围，必须根据与捐赠人、资助人约定的期限、方式和合法用途使用。社会团体应当向业务主管单位报告接受、使用捐赠、资助的有关情况，并应当将有关情况以适当方式向社会公布。社会团体专职工作人员的工资和保险福利待遇，参照国家对事业单位的有关规定执行。

社会团体必须执行国家规定的财务管理制度，接受财政部门的监督；资产来源属于国家拨款或者社会捐赠、资助的，还应当接受审计机关的监督。社会团体在换届或者更换法定代表人之前，登记管理机关、业务主管单位应当组织对其进行财务审计。

社会团体应当于每年3月31日前向业务主管单位报送上一年度的工作报告，经业务主管单位初审同意后，于5月31日前报送登记管理机关，接受年度检查。工作报告的内容包括：本社会团体遵守法律法规和国家政策的情况、依照本条例履行登记手续的情况、按照章程开展活动的情况、人员和机构变动的情况以及财务管理的情况。

3. 罚则

社会团体在申请登记时弄虚作假、骗取登记的，或者自取得《社会团体法人登记证书》之日起1年未开展活动的，由登记管理机关予以撤销登记。

社会团体有下列情形之一的，由登记管理机关给予警告，责令改正，可以限期停止活动，并可以责令撤换直接负责的主管人员；情节严重的，予以撤销登记；构成犯罪的，依法追究刑事责任：

(1)涂改、出租、出借《社会团体法人登记证书》，或者出租、出借社会团体印章的；

(2)超出章程规定的宗旨和业务范围进行活动的；

(3)拒不接受或者不按照规定接受监督检查的；

(4)不按照规定办理变更登记的；

(5)违反规定设立分支机构、代表机构，或者对分支机构、代表机构疏于管理，造成严重后果的；

(6)从事营利性的经营活动的；

(7)侵占、私分、挪用社会团体资产或者所接受的捐赠、资助的；

(8)违反国家有关规定收取费用、筹集资金或者接受、使用捐赠、资助的。

前款规定的行为有违法经营额或者违法所得的，予以没收，可以并处违法经营额1倍以上3倍以下或者违法所得3倍以上5倍以下的罚款。

社会团体的活动违反其他法律、法规的，由有关国家机关依法处理；有关国家机关认为应当撤销登记的，由登记管理机关撤销登记。筹备期间开展筹备以外的活动，或者未经登记，擅自以社会团体名义进行活动，以及被撤销登记的社会团体继续以社会团体名义进行活动的，由登记管理机关予以取缔，没收非法财产；构成犯罪的，依法追究刑事责任；尚不构成犯罪的，依法给予治安管理处罚。社会团体被责令限期停止活动的，由登记管理机关封存《社会团体法人登记证书》、印章和财务凭证。社会团体被撤销登记的，由登记管理机关收缴《社会团体法人登记证书》和印章。

(二)民办非企业单位

民办非企业登记注册的法律依据是《民办非企业单位登记管理暂行条例》(1998年10月25日国务院令第251号发布，自1998年10月25日起施行)。

1. 登记

申请登记民办非企业单位，应当具备下列条件：

(1)经业务主管单位审查同意；

(2)有规范的名称、必要的组织机构；

(3)有与其业务活动相适应的从业人员；

(4)有与其业务活动相适应的合法财产；

(5)有必要的场所。

民办非企业单位的名称应当符合国务院民政部门的规定，不得冠以“中国”“全国”“中华”等字样。

申请民办非企业单位登记，举办者应当向登记管理机关提交下列文件：

(1)登记申请书；

(2)业务主管单位的批准文件；

(3)场所使用权证明；

(4)验资报告；

(5)拟任负责人的基本情况、身份证明；

(6)章程草案。

民办非企业单位的章程应当包括下列事项：

(1)名称、住所；

(2)宗旨和业务范围；

(3)组织管理制度；

(4)法定代表人或者负责人的产生、罢免的程序；

(5)资产管理和使用的原则；

(6)章程的修改程序；

(7)终止程序和终止后资产的处理；

(8)需要由章程规定的其他事项。

登记管理机关应当自收到成立登记申请的全部有效文件之日起 60 日内作出准予登记或者不予登记的决定。

有下列情形之一的，登记管理机关不予登记，并向申请人说明理由：

(1)有根据证明申请登记的民办非企业单位的宗旨、业务范围不符合本条例第四条规定的；

(2)在申请成立时弄虚作假的；

(3)在同一行政区域内已有业务范围相同或者相似的民办非企业单位，没有必要成立的；

(4)拟任负责人正在或者曾经受到剥夺政治权利的刑事处罚，或者不具有完全民事行为能力的；

(5)有法律、行政法规禁止的其他情形的。

准予登记的民办非企业单位，由登记管理机关登记民办非企业单位的名称、住所、宗旨和业务范围、法定代表人或者负责人、开办资金、业务主管单位，并根据其依法承担民事责任的不同方式，分别发给《民办非企业单位(法人)登记证书》、《民办非企业单位(合伙)登记证书》、《民办非企业单位(个体)登记证书》。

依照法律、其他行政法规规定，经有关主管部门依法审核或者登记，已经取得相应的执业许可证书的民办非企业单位，登记管理机关应当简化登记手续，凭有关主管部门出具的执业许可证明文件，发给相应的民办非企业单位登记证书。

民办非企业单位不得设立分支机构。民办非企业单位凭登记证书申请刻制印章，开立银行账户。民办非企业单位应当将印章式样、银行账号报登记管理机关备案。

2. 监督管理

登记管理机关履行下列监督管理职责：

(1)负责民办非企业单位的成立、变更、注销登记

(2)对民办非企业单位实施年度检查；

(3)对民办非企业单位违反本条例的问题进行监督检查，对民办非企业单位违反本条例的行为给予行政处罚。

业务主管单位履行下列监督管理职责：

(1)负责民办非企业单位成立、变更、注销登记前的审查；

(2)监督、指导民办非企业单位遵守宪法、法律、法规和国家政策，按照章程开展活动；

(3)负责民办非企业单位年度检查的初审；

(4)协助登记管理机关和其他有关部门查处民办非企业单位的违法行为；

(5)会同有关机关指导民办非企业单位的清算事宜。

业务主管单位履行前款规定的职责，不得向民办非企业单位收取费用。

民办非企业单位的资产来源必须合法，任何单位和个人不得侵占、私分或者挪用民办非企业单位的资产。民办非企业单位开展章程规定的活动，按照国家有关规定取得的合法收入，必须用于章程规定的业务活动。民办非企业单位接受捐赠、资助，必须符合章程规定的宗旨和业务范围，必须根据与捐赠人、资助人约定的期限、方式和合法用途使用。民办非企业单位应当向业务主管单位报告接受、使用捐赠、资助的有关情况，并应当将有关情况以适当方式向社会公布。民办非企业单位必须执行国家规定的财务管理制度，接受财政部门的监督；资产来源属于国家资助或者社会捐赠、资助的，还应当接受审计机关的监督。

民办非企业单位变更法定代表人或者负责人，登记管理机关、业务主管单位应当组织对其进行财务审计。民办非企业单位应当于每年 3 月 31 日前向业务主管单位报送上一年度的工作报告，经业务主管单位初审同意后，5 月 31 日前报送登记管理机关，接受年度检查。工作报告内容包括：本民办非企业单位遵守法律法规和国家政策的情况、依照本条例履行登记手续的情况、按照章程开展活动的情况、人员和机构变动的情况以及财务管理的情况。

3. 罚则

民办非企业单位在申请登记时弄虚作假，骗取登记的，或者业务主管单位撤销批准的，由登记管理机关予以撤销登记。民办非企业单位有下列情形之一的，由登记管理机关予以警告，责令改正，可以限期停止活动；情节严重的，予以撤销登记；构成犯罪的，依法追究刑事责任：

(1)涂改、出租、出借民办非企业单位登记证书，或者出租、出借民办非企业单位印章的；

(2)超出其章程规定的宗旨和业务范围进行活动的；

(3)拒不接受或者不按照规定接受监督检查的；

(4)不按照规定办理变更登记的；

(5)设立分支机构的；

(6)从事营利性的经营活动的；

(7)侵占、私分、挪用民办非企业单位的资产或者所接受的捐赠、资助的；

(8)违反国家有关规定收取费用、筹集资金或者接受使用捐赠、资助的。

违反规定的行为有违法经营额或者违法所得的，予以没收，可以并处违法经营额1倍以上3倍以下或者违法所得3倍以上5倍以下的罚款。民办非企业单位的活动违反其他法律、法规的，由有关国家机关依法处理；有关国家机关认为应当撤销登记的，由登记管理机关撤销登记。未经登记，擅自以民办非企业单位名义进行活动的，或者被撤销登记的民办非企业单位继续以民办非企业单位名义进行活动的，由登记管理机关予以取缔，没收非法财产；构成犯罪的，依法追究刑事责任；尚不构成犯罪的，依法给予治安管理处罚。民办非企业单位被限期停止活动的，由登记管理机关封存其登记证书、印章和财务凭证。

2016年5月26日，为了更准确地反映社会服务机构的定位和属性、与《中华人民共和国慈善法》的表述相衔接，民政部就《民办非企业单位登记管理暂行条例(修订草案征求意见稿)》公开征求意见，此次修订将“民办非企业单位”名称改为“社会服务机构”，将现行《民办非企业单位登记管理暂行条例》名称改为《社会服务机构登记管理条例》，形成了《社会服务机构登记管理条例》(《民办非企业单位登记管理暂行条例》修订草案征求意见稿)。

(三)基金会

基金会设立的法律依据是《基金会管理条例》(中华人民共和国国务院令第400号，自2004年6月1日起施行)。

1. 设立登记

设立基金会，应当具备下列条件：

(1)为特定的公益目的而设立；

(2)全国性公募基金会的原始基金不低于800万元人民币，地方性公募基金会的原始基金不低于400万元人民币，非公募基金会的原始基金不低于200万元人民币；原始基金必须为到账货币资金；

(3)有规范的名称、章程、组织机构以及与其开展活动相适应的专职工作人员；

(4)有固定的住所；

(5)能够独立承担民事责任。

申请设立基金会，申请人应当向登记管理机关提交下列文件：

(1)申请书；

(2)章程草案；

(3)验资证明和住所证明；

(4)理事名单、身份证明以及拟任理事长、副理事长、秘书长简历；

(5)业务主管单位同意设立的文件。

基金会章程必须明确基金会的公益性质，不得规定使特定自然人、法人或者其他组织受益的内容。基金会章程应当载明下列事项：

(1)名称及住所；

(2)设立宗旨和公益活动的业务范围；

(3)原始基金数额；

(4)理事会的组成、职权和议事规则，理事的资格、产生程序和任期；

(5)法定代表人的职责；

(6)监事的职责、资格、产生程序和任期；

(7)财务会计报告的编制、审定制度；

(8)财产的管理、使用制度；

(9)基金会的终止条件、程序和终止后财产的处理。

基金会设立登记的事项包括：名称、住所、类型、宗旨、公益活动的业务范围、原始基金数额和法定代表人。基金会拟设立分支机构、代表机构的，应当向原登记管理机关提出登记申请，并提交拟设机构的名称、住所和负责人等情况的文件。准予登记的，发给《基金会分支(代表)机构登记证书》。基金会分支机构、基金会代表机构设立登记的事项包括：名称、住所、公益活动的业务范围和负责人。基金会分支机构、基金会代表机构依据基金会的授权开展活动，不具有法人资格。

境外基金会在中国内地设立代表机构，应当经有关业务主管单位同意后，向登记管理机关提交下列文件：

(1)申请书；

(2)基金会在境外依法登记成立的证明和基金会章程；

(3)拟设代表机构负责人身份证明及简历；

(4)住所证明；

(5)业务主管单位同意在中国内地设立代表机构的文件。

境外基金会代表机构设立登记的事项包括：名称、住所、公益活动的业务范围和负责人。境外基金会代表机构应当从事符合中国公益事业性质的公益活动。境外基金会对其在中国内地代表机构的民事行为，依照中国法律承担民事责任。

2. 组织机构

基金会设理事会，理事为5人至25人，理事任期由章程规定，但每届任期不得超过5年。理事任期届满，连选可以连任。用私人财产设立的非公募基金会，相互间有近亲属关系的基金会理事，总数不得超过理事总人数的三分之一；其他基金会，具有近亲属关系的不得同时在理事会任职。在基金会领取报酬的理事不得超过理事总人数的三分之一。理事会设理事长、副理事长和秘书长，从理事中选举产生，理事长是基金会的法定代表人。

理事会是基金会的决策机构，依法行使章程规定的职权。理事会每年至少召开2次会议。理事会会议须有三分之二以上理事出席方能召开；理事会决议须经出席理事过半数通过方为有效。下列重要事项的决议，须经出席理事表决，三分之二以上通过方为有效：

(1)章程的修改；

(2)选举或者罢免理事长、副理事长、秘书长；

(3)章程规定的重大募捐、投资活动；

(4)基金会的分立、合并。

理事会会议应当制作会议记录，并由出席理事审阅、签名。

基金会设监事。监事任期与理事任期相同。理事、理事的近亲属和基金会财会人员不得兼任监事。监事依照章程规定的程序检查基金会财务和会计资料，监督理事会遵守法律和章程的情况。监事列席理事会会议，有权向理事会提出质询和建议，并应当向登记管理机关、业务主管单位以及税务、会计主管部门反映情况。

基金会理事长、副理事长和秘书长不得由现职国家工作人员兼任。基金会的法定代表人，不得同时担任其他组织的法定代表人。公募基金会和原始基金来自中国内地的非公募基金会的法定代表人，应当由内地居民担任。因犯罪被判处管制、拘役或者有期徒刑，刑期执行完毕之日起未逾 5 年的，因犯罪被判处剥夺政治权利正在执行期间或者曾经被判处剥夺政治权利的，以及曾在因违法被撤销登记的基金会担任理事长、副理事长或者秘书长，且对该基金会的违法行为负有个人责任，自该基金会被撤销之日起未逾 5 年的，不得担任基金会的理事长、副理事长或者秘书长。基金会理事遇有个人利益与基金会利益关联时，不得参与相关事宜的决策；基金会理事、监事及其近亲属不得与其所在的基金会有任何交易行为。监事和未在基金会担任专职工作的理事不得从基金会获取报酬。担任基金会理事长、副理事长或者秘书长的香港居民、澳门居民、台湾居民、外国人以及境外基金会代表机构的负责人，每年在中国内地居留时间不得少于 3 个月。

3. 财产的管理和使用

基金会组织募捐、接受捐赠，应当符合章程规定的宗旨和公益活动的业务范围。境外基金会代表机构不得在中国境内组织募捐、接受捐赠。公募基金会组织募捐，应当向社会公布募得资金后拟开展的公益活动和资金的详细使用计划。

基金会及其捐赠人、受益人依照法律、行政法规的规定享受税收优惠。基金会的财产及其他收入受法律保护，任何单位和个人不得私分、侵占、挪用。基金会应当根据章程规定的宗旨和公益活动的业务范围使用其财产；捐赠协议明确了具体使用方式的捐赠，根据捐赠协议的约定使用。接受捐赠的物资无法用于符合其宗旨的用途时，基金会可以依法拍卖或者变卖，所得收入用于捐赠目的。

基金会应当按照合法、安全、有效的原则实现基金的保值、增值。公募基金会每年用于从事章程规定的公益事业支出，不得低于上一年总收入的 70%；非公募基金会每年用于从事章程规定的公益事业支出，不得低于上一年基金余额的 8%。基金会工作人员工资福利和行政办公支出不得超过当年总支出的 10%。基金会开展公益资助项目，应当向社会公布所开展的公益资助项目种类以及申请、评审程序。基金会可以与受助人签订协议，约定资助方式、资助数额以及资金用途和使用方式。基金会有权对资助的使用情况进行监督。受助人未按协议约定使用资助或者有其他违反协议情形的，基金会有权解除资助协议。

基金会应当执行国家统一的会计制度，依法进行会计核算、建立健全内部会计监督制度。基金会注销后的剩余财产应当按照章程的规定用于公益目的；无法按照章程规定处理的，由登记管理机关组织捐赠给与该基金会性质、宗旨相同的社会公益组织，并向社会公告。

4. 监督管理

基金会登记管理机关履行下列监督管理职责：

(1)对基金会、境外基金会代表机构实施年度检查；

(2)对基金会、境外基金会代表机构依照本条例及其章程开展活动的情况进行日常监督管理；

(3)对基金会、境外基金会代表机构违反本条例的行为依法进行处罚。

基金会业务主管单位履行下列监督管理职责：

(1)指导、监督基金会、境外基金会代表机构依据法律和章程开展公益活动；

(2)负责基金会、境外基金会代表机构年度检查的初审；

(3)配合登记管理机关、其他执法部门查处基金会、境外基金会代表机构的违法行为。

基金会、境外基金会代表机构应当于每年 3 月 31 日前向登记管理机关报送上一年度工作报告，接受年度检查。年度工作报告在报送登记管理机关前应当经业务主管单位审查同意。年度工作报告应当包括：财务会计报告、注册会计师审计报告，开展募捐、接受捐赠、提供资助等活动的情况以及人员和机构的变动情况等。基金会应当接受税务、会计主管部门依法实施的税务监督和会计监督。基金会在换届和更换法定代表人之前，应当进行财务审计。基金会、境外基金会代表机构应当在通过登记管理机关的年度检查后，将年度工作报告在登记管理机关指定的媒体上公布，接受社会公众的查询、监督。捐赠人有权向基金会查询捐赠财产的使用、管理情况，并提出意见和建议。对于捐赠人的查询，基金会应当及时如实答复。基金会违反捐赠协议使用捐赠财产的，捐赠人有权要求基金会遵守捐赠协议或者向人民法院申请撤销捐赠行为、解除捐赠协议。

2016 年 5 月 26 日，为贯彻落实慈善法，适应基金会发展实际，为社会公众参与公益慈善事业提供法制保障，按照国务院和民政部 2016 年立法计划，民政部对《基金会管理条例》进行了修订，形成《基金会管理条例(修订草案征求意见稿)》。

第十章　创业案例分析与反思

本章导读

创业需要敏锐地观察世界、学会更好地利用资源。习惯用反思让自己成长，这是作为创业者最重要的前提条件。创业也只有实践过，才能深切地感受。成功的原因大多是相似，失败却各有各的原因，通过创业典型案例的学习和分析，包括成功的案例，也包括失败的案例，特别是创业时期，学习和借鉴成功的经验，分析和反思失败的原因，对我们会有所帮助和启发。

☞ **能力目标**

学会系统分析问题，掌握创业方法，增强创新创业能力

☞ **育人目标**

❖ 激发“想创、敢创”的热情和激情

❖ 提升“会创”的能力，培养创业信心

❖ 培养冒险和拼搏精神

第一节　第四届互联网+创新创业大赛金奖项目分享“广州大学—五六点教育”

一、项目介绍

五六点教育是主要致力于解决小学生课后托管的一个连锁品牌。小学生的特征决定他们在放学之后必须由专人照看，而双职工父母的下班时间和学生放学时间产生了严重冲突，从而引发了托管需求。托管作为一个国民刚需行业，已经突破了千亿规模的市场，而且在未来这个市场还将呈井喷式的发展。由此，五六点教育推出了两种主要的竞聘模式，一种是家庭式的机构，主要提供接送和餐饮两种服务；另一种是在托管的基础上增加补习班和兴趣班。五六点教育特别推出了两大特色课程：智慧晚辅和素质课堂。

截至 2018 年 8 月，五六点教育在 12 个省共有 128 所分校，累计营收 4500 万元，服务学生 8426 个。公司未来发展目标是要在 2021 年实现千店计划，带动万人就业，成为整个托管行业领导品牌。

图片来自“五六点教育”网站：http：//www.56dian.cn/

二、创始团队

初创团队：王浩兵、胡国炜、王书旗、陈乐、肖乔

专家团队：鄢烈山、李双、聂衍刚、王颂华

高校：广州大学

三、项目获奖情况

2016年：全国大学生创业项目“创青春”大赛金奖

2018年：第四届中国“互联网+”大学生创新创业大赛金奖

四、项目特色：两大特色课程

五六点教育有两个基础服务：快乐午托和全能晚托，在做好这两个服务的基础之上推出了两大特色课程。

第一个特色课程“智慧晚辅”。五六点教育的每一位老师在监督和指引学生在按时、按质、按量完成学校老师布置的作业之后，会把他们的薄弱点上传到老师端的App，系统会自动化地为学生定制一对一的复习方案，学生据此在学生端的App进行复习，解决每日难点。五六点教育想通过这样一种教学模式，让学生摆脱传统的补习班，实现成绩的稳固上升。

第二个特色课程“素质课堂”。五六点教育通过分析记录学生在托管时间里面的综合素质和表现，联合教育专家团队打造了一系列的特色课程和服务。五六点教育的素质服务不会培养孩子的某项特长，而会更多地关注和培养学生在托管时间里面如何提高他们的事业创造、感知幸福和健康生活的能力，然后再通过他们个人的数据智能化推送相应的素质课程。

图片来自“五六点教育”网站：http：//www. 56dian. cn/

五、扩张复制

五六点教育已经将所有的服务流程和课程体系实现了标准化管理，并将这套标准化的流程放在了智慧云托管平台上，实现了工具化管理。标准化+工具化的管理模式可以保证全国所有学校、所有老师服务实践的统一。

在模式创新上，五六点教育采用了注重售后，放轻售前的方案，即前期收取加盟商交纳的加盟费，然后为他们提供从选址到装修，从招生到运营的全程服务，再从后期的销售里面提取 18%的综合管理服务费，大幅度地降低了加盟商担心的资金投入和经营难度。

2017 年 1 月，五六点教育和广州大学签订了托管师资培训独家合作。由广州大学这样一个院校来为其提供师资保障。2018 年 6 月，五六点教育获得优学派千万级别的 A 轮融资。优学派把全国 1483 个渠道资源开放给五六点教育，为其全国扩张复制提供了巨大的帮助。

在发展过程当中，分校经营数据乐观。目前 128 所分校全部实现 80%以上的招生率、95%的课程续报率、51%新产品复购和 4 倍转介绍，而且所有分校都符合两个月收支平衡、14 个月回本、40%毛利率的财务状态。

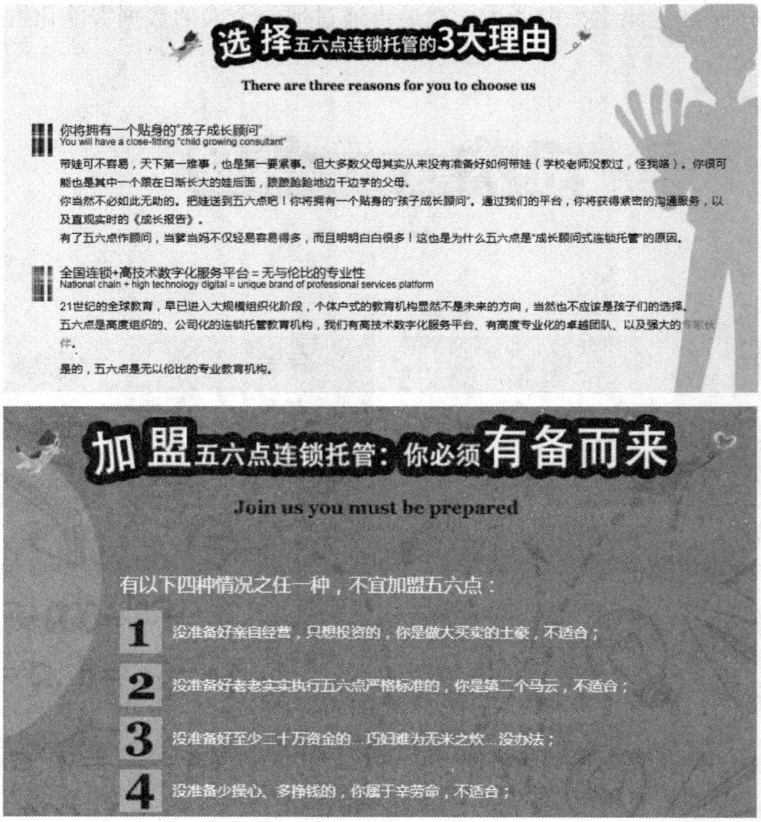

本图片来自"五六点教育"网站：http：//www. 56dian. cn/

六、"五六点教育"项目简要评述

以"五六点教育"看"小饭桌"，儿童托管市场同样巨大，"小饭桌"是儿童托管行业的主力军，仅以"小饭桌"为名的儿童托管机构在全国各地都有很多家。但这些机构没有统一标准，父母对其孩子的食品安全问题不能完全放心，五六点教育的模式可以被复制甚至创新使它变得更加优越。

K12 教育的相关领域一直是一个非常巨大的市场。由于中国城市规划、工作制度、学校布局、学校教育资源的不平衡等一系列因素，学校教育以外学生的放学后时间安排一直是一个矛盾，并且很长一个时期是不可能得到解决的。因此，放学后的托管对于较低年级的学生而言一直存在需求。由于这种居住、就学、学生接送等问题给社会许多方面带来困扰，因此，以"小饭桌"的形式存在的"托管"是一个巨大的市场。类似"五六点"一类的项目其实也不少，需要解决的无非是几个问题：小学生放学后接、看管、学习辅导或督促、学生兴趣培养、午休、餐饮等。对于"连锁机构"而言，优势在于托管、餐饮、学习辅导等相对比较透明，有品牌效应，可以在托管教师的选择方面做到稳定、保障质量，对于托管中心的就业人员而言也可以获得稳定长期的就业岗位，的确是一个有扩张余地、模式可以复制的项目。但这种创业项目，比较容易被复制，门槛比较低，竞争的手段相对也比较有限。如果是公司化运营会遇到办学空间、卫生条件等一些问题，而个体经营者会通过一些不规范的经营行为规避这些成本。从课程开发的角度，如何与学校教育相匹配也是一个不容回避的问题。通过 App 的方式搭建学校教师和托管中心的桥梁，还会给学校教师增加额外的工作，是不是可以被学校教师接受？而且不同学校的差异是不是会使得“连锁机构”的统一模式无法和差异化的学校教育很好地对接？与广州大学的合作以及引进优学派的资本的确对项目发展有非常好的促进。那么随着在不同的市场扩展，是不是也要和类似广州大学一类的高校合作呢？另外，是不是能够通过互联网的手段让学生家长可以掌握学生在托管中心的情况，如果这样又会不会带来信息外泄的风险。总而言之，项目可行但技术含量有限，属于比较传统的项目。需要在课程与学校教育的衔接等教育方面思考，也需要在空间使用、餐饮卫生、安全措施方面加以完善。

资料来源：公众号秦志宏教授虚拟众创空间。

第二节　创业方法视角下的“今夜酒店特价”案例分析

“今夜酒店特价”是一个曾经挺牛的项目，但结果好像不怎么好，2015 年被京东收购了。中欧商学院龚炎教授的“精益创业方法论”中曾从精益创业方法的角度对这个案例进行了分析。创始人任鑫是中欧商学院创业训练营的学员。

“今夜酒店特价”创始人任鑫，从 2005 年开始学习电子商务，2007 年在洛杉矶做电商，2011 年创业做今夜酒店特价。想法很简单，做酒店业的奥特莱斯、酒店业的唯品会。任鑫的逻辑，酒店的房间是不是也一样？衣服的逻辑可不可以用在酒店上？可以和酒店谈，让酒店把空房间打折卖，特别是酒店晚上的尾房，从中抽取酒店 20%的佣金。他们当时想用三方供应的方式，把奥特莱斯的模式搬到酒店这个行业。

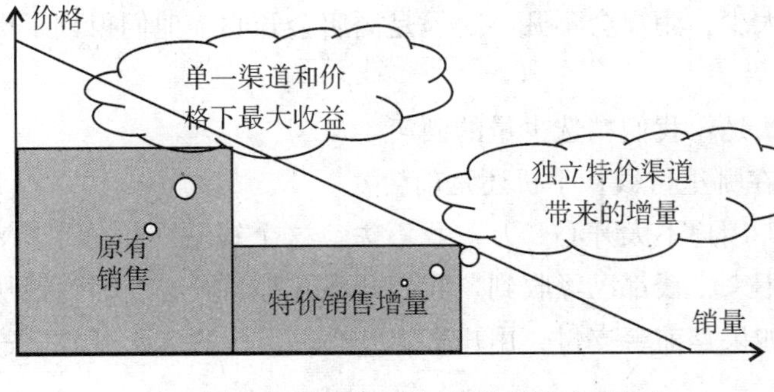

注：图来自龚炎教授的《精益创业方法论》

一、对于“今夜酒店特价”项目，商业活动的几个基本问题

任鑫他们是这样构想的——

1. 如何获得酒店房间资源：

- 用清销剩房的概念从酒店获得低价库存
- 只在每晚 6 点后售卖，确保是酒店剩房

2. 如何吸引用户（谁是用户，哪些人可能在这个时间段购买特价酒店房间）：

- 用可信的低价格吸引价格敏感型用户
- 平均价格做到携程价 5~7 折

简要点评：这么说似乎把客户定位在携程用户，把使用携程又嫌携程酒店贵的用户作为用户群体，难怪上线后受到携程的打压。对于酒店房间的需求和价格敏感这两个因素并不能保证是一致的。

3. 如何降低运营成本：

- 让用户在手机上完成支付预订酒店
- 掌握定价权，锁定库存，省略审核和清结算环节

4. 如何滚雪球：

- 先只开北上广深四个城市，每个城市每晚只放出 10 家酒店
- 将用户和订单都导入这 10 家酒店，进一步巩固关系和压低价格
- 待单量过载时再增加上线酒店数量

简要点评：其实这里就有一个问题，用户的选择性不够，除非主要就去这几个地方，如果有其他地区的需求，就要换平台。客户体验其实不好。

二、"今夜酒店特价"创业初期思考的几个问题

1. 用户，酒店，我们，到底该让谁开心？

如果这件事情是你来做，你是提供多一点的酒店让客户选择，还是少一点？这个事情很矛盾，酒店很多，用户肯定开心，但是酒店不开心。作为一个初创公司，单量不可能特别大，如果酒店太多，很多酒店就不愿意合作，而且需要花更多的时间精力去谈酒店。如果酒店太少，选择太少，用户会不开心。但是酒店会开心，他们得到了更多订单，公司也更容易谈酒店。

项目团队的做法是：我们精选少量的酒店。

2. 应该让用户在哪里付钱？手机还是前台？

手机付钱的话，用户不太开心。万一我不去，这个钱就白给你了。酒店开不开心呢？开心，因为不管来不来，钱都已经收到。我们开不开心？开心，因为钱从公司这里过，公司肯定会赚一些。如果是前台支付，用户肯定开心，但是酒店不开心。这里又是一个纠结的问题。

项目团队的做法是：要求客户在手机上支付房费。

3. 创业时期零租工位还是整租办公室？

在创业初期的时候团队蹭用朋友公司会议室，只能容纳 10 人，很灵活但是单价贵。所以得看自己到底有多少信心，来判断未来的发展，判断办公室零租还是整租。融资后觉得到年底大概有 150 个人，所以用了整租的形式。但事实上许多空间是没有很好利用的。

4. 融资与估值

2011 年是疯狂风口，项目刚开始 20 多天，产品还没有上线，第一笔融资就打到账户上，然后某更知名的 VC 给了估值。但是，项目营销做得过于好，产品做得过于差了。有些因为自己判断失误，还有一些市场因素，很多厂家不敢跟他们合作了。

5. 资本市场转冷下的裁员

雪上加霜的事情，就是后来资本市场忽然转冷，业务和人员规模没有想象中顺利，租的写字楼空置一半，最开始知名的 VC 也没有投。当时必须采取的措施就是裁员。最怕不是有钱或没钱，而是以为有钱，照这个钱去花，最后发现这笔钱不能到。

三、项目进一步思考

- 酒店真的需要清销库存做收益管理么？
- 酒店真的愿意把剩房放低价卖么？就算愿意，操作的人愿意么？
- 用户真的在乎价格么？就算在乎，愿意牺牲便利性和可选择性来换取低价么？就算愿意，我们提供的商品能让他们感受到低价么？
- 我们真的有能力做好这件事么？
- 我们以为的资源是确保的么？

任鑫对项目的思考：

1. 我们所设想的，真的都存在吗？

后来反思，为什么会这样呢？发现我们一直处于一个不确定的中心——用户需求不确定，解决方案不确定，自己的能力也不确定。用户需求是猜的，没有验证的，自身能力没有稳定过等。

大家想酒店真的需要清销库存吗？比如香格里拉说不合作，他们要品牌，宁可空着，也不可打折卖，所以不是每家酒店都有这个需求。

2. 酒店真的愿意把剩房放低价卖吗？

有些酒店不愿意，担心出麻烦，担心高价购买的客户投诉。另外就算酒店愿意，操作的人愿意吗？不一定，第一个是量太小，每天要对接，要合作，他们觉得麻烦。销售总监 KPI 里面，有一项是平均房价，我们妨碍他完成自己的 KPI，对他没有什么好处。所以我们在办公室讨论时，把事情想得过于简单。

3. 用户真的那么在乎价格吗？

不一定，许多商务活动的、行政工作的人可能出差费用是报销的，工作的便利性、效率的敏感性更重要，价格敏感性相对较低。任鑫有美国工作的经历，但我们知道中美有很多不一样的地方，美国 80%是连锁酒店，大家一听就知道这个酒店的均价，但是中国 80%的酒店是单体酒店，这个名字从来没有听过，即使我们砍到了低价，别人不一定相信。而且，美国人听说十公里有一个酒店便宜了一百美金肯定会去，不过是开车 10 分钟的事情，但是国内交通的方式不同，价格无法和交通便利互换，因此就不会像美国的客户那样。

四、项目创始人的反思

1. 用户不需要，再辛苦也是浪费

当你失败之后，首先要反省自己，问题出在哪里？很多公司平时都是在思考解决方案怎么样，产品怎么样，开会，实施，这样问题固然重要，但是太多的精力放在动手上，而不是看路上。项目需要进展，但如果这个进展用户不需要，没有任何意义。

我们做今夜酒店特价，觉得用户有 10 个酒店可以选择就 OK，我们认为用户能够接受预付酒店房费，我们推断酒店会为了倾销多余的空房，但是我们的辛苦有用吗？每天只有 20 单，这才是真正的浪费。

怎么避免这种浪费？请教专家没用，用户调研也没用，用户的反馈有局限。只有深度理解用户才可能有用，但是大部分公司做事既不科学，也不严谨。

2. 基于“精益创业”对项目的一点思考：我们应该怎么做？

第一，在动手之前，默认计划不靠谱，这样就不会按照计划中的 150 人提前预备好大办公室。要当我们不顺的时候，每一万块都会很紧张，在顺利的时候，融资三五万都可以到。我们制造的环境应该是稳定的环境，尽量把风险对冲掉。有点像期货，买一个对冲风险。

第二，用“投机取巧，偷鸡摸狗”的方式来进行。我们如果签约酒店，但是你一家一家谈，两个月肯定会过去了。我需要签约吗？我把淘宝所有的酒店放在这里卖就可以，反正一天才 16 单，我赔得起。一开始，直接把淘宝信息挂上去，比如说淘宝 2000 个酒店，我直接拷贝过来，用户在这里下单，如果谈得很顺，我卖 550，淘宝 500，还是有很多人买我的，说明我的路走对了，这些酒店就好谈了。

第三，需要做 APP 吗？不用，电话预订，微博预订，微信预订，人工处理都可以做。用户能不能接受预付，我觉得可以。我需要对接支付宝和银联吗？我放个支付按钮在图标里面，点的人多了，我就去对象连接。

五、案例分析与思考

1. 用户问题

对于一个创业项目，用户往往是第一位的，能不能找到用户以及用户的需求是什么决定着商业模式构建的逻辑是不是合理。在“今夜特价酒店”的项目中，出发点不是用户而是资源：假想中酒店 18:00 以后的“空房”。但谁会去用这些“房间”，思考得就不很细致。用商业模式分析的方法看，“客户细分”没有很好地思考。结果是订房系统的 APP 上线就遭到携程等的打压，明显用户会重叠。从用户的角度看用户的消费关键点不是很清晰，后来任鑫有过很好的反思，任鑫说“用户不需要，再辛苦也是浪费”。由于对用户分析不够，对用户的消费行为分析不够，需求就变成“想象”了。用户对酒店房间的需求受多个因素影响，位置、酒店品质、预订时间、价格等，价格并不是最敏感的因素。

2. 价值主张

为用户提供低价格、高品质的酒店应该是项目的出发点，但酒店和奥特莱斯提供的商品不同，酒店房间与服装类的“名品”有明显不同，酒店房间有很强的时效性，消费者也不像服装类的用户有相对的品牌效应。不同酒店之间有很强的替代性。奥特莱斯是名品折扣店，也带有工厂店的特色。商品不会卖不掉再退回去，也不会限时，酒店就很不同。虽然也有标准，但标准高的酒店会有自己的一套做法，未必会做折扣销售。所以提供夜间打折高品质酒店这个创意，细推敲并不能简单类同为“酒店业奥特莱斯”。

3. 渠道通路与客户关系

从案例看，做一个“今夜酒店特价”的 APP，作为销售的渠道，客户和携程一类产品有重叠。渠道有限，推广难、获客成本比较高。由于初期酒店少，房间选择性一般，客户的粘性就比较低。表现出来的情况就是成交规模太小。携程的用户可以在机票、酒店、专车等各个领域转换，但“今夜酒店特价”不能，渠道通路设计太窄，客户关系粘性不够。在任鑫的反思中，其实一开始用不着非要做个 APP，自己把渠道束缚住了。

4. 关键业务、重要资源和合作者的问题

关键业务集中在订房，但房间资源掌握在酒店一方，而不是平台。项目想到的是直接与酒店洽谈，这样就使获取资源的成本提高，而商业模式是否可行并没有很好地验证。在创始人的反思中曾提到可以把淘宝上的酒店房间直接放上去，这样可以快速得到验证。客房的资源必须足够客户才可能有选择的余地，从而满足客户的需求。房间的时效性问题也是一个重要的制约因素，房间都是短期的，如果卖不出去就要撤下来，房间反复上线、下线会带来许多麻烦，也会使成本难以控制。

5. 精益创业视角下的产品与测试

在任鑫的反思中也提到“需要做 APP 吗?”其实刚刚开始时可能不用，直接去做一个 APP 的成本以及没有测试的情况下适用性都未必能支撑项目的实施。精益创业方法下我们更愿意去做一个 MVP，不断测试和改进(迭代)，使产品更能适应需求。这样的情况我也实际看到过。2015 年有一个在资本支持下的团队做了一款链接投资人、创业导师、大学生创业者的 APP，两年的时间，几百万的投入，但实际上用户呢? 项目呢? 收益呢? 这些问题解决不了，只好解散。其实这也是商业模式的逻辑以及创业的方法有问题。

6. 成本和收益在项目的资料中不太明确

项目的介绍和任鑫的思考等资料中都没有把成本估算和收益说得太明白，这个可以理解。但上线 20 多天融了资，那么投资人是否了解项目的运行成本和收益预估，这个其实很重要。

2011 年的风险投资市场正处于泡沫期，“今夜酒店特价”甚至连一张纸都没有写过，风险投资的钱就进来了，所以他们并没有写过正式的商业计划书。我们清楚“商业计划”是一个持续的过程，也会表现为一定时期以固定形态展示的“计划书”，商业计划持续过程，也是对项目不断的思考过程。思考的内容之一包括“融资、成本、收益等”的预测。这个项目连商业计划书都没有写过，那财务的预测、成本的预估也就不很明确。融资之后所犯的一些“错误”也就可以理解了。

“今夜酒店特价”的任鑫有许多的思考，我们从中也看到创业方法对于创业者的重要，不仅如此对于投资人而言也很重要。不思考创业方法的创业者犯错误的机会就会更大，不掌握创业方法的投资人，在投资时就很难判断项目该不该投资。

第三节　创业方法视角下的美国生鲜电商 Webvan

创业历程分析

20 多年前美国生鲜类的电商 Webvan 的创业经历给我们很多的思考，Webvan 非常典型，中欧商学院的龚炎教授在《精益创业方法论》中也重点介绍过 Webvan。拿来和大家分享。

（一）项目的基本情况

近几年国内的生鲜电商越来越活跃，各种类型的尝试时不时就会遇到。比起生鲜 O2O 在中国如火如荼的发展，美国的生鲜 O2O 似乎一直不见起色。其实，美国的生鲜 O2O 可以向前追溯到 1996 年。可能有人会疑惑，美国二十多年前就有生鲜 O2O 了，这件事我们必须从一家名叫 Webvan 的公司说起。

Webvan 创办于 1996 年，是一家概念非常超前的生鲜果蔬公司，线上交易，线下运输，有自己的仓储、分销系统，配送的是新鲜的杂货。这家公司 1996 年 12 月成立，成立 2 个月之后，VC 跟进，1997 年 VC 投入第一笔钱，经过两年的研发，第一个仓储系统全面上线，上线一个月之后，开始接受第一笔订单，真正跟用户第一次亲密接触。

Webvan 的仓储系统 1999 年建成，位于旧金山，可以覆盖整个旧金山 61 英里半径的范围，仓储系统的建设包含了非常复杂的算法。这个仓储系统投入 4000 万美元，仅仅是各种线路设计就花费了 500 万美元，整个仓库系统的软件全部是内部开发的，花了大概 1600 万美元。它的目标是挑战传统的线下生鲜杂货巨头，用这个仓库以及它对应的配送系统，来全面覆盖旧金山地区的市民。1999 年建立的这个仓库系统，里边甚至用了机器人，Webvan 希望用机器人来代替所有人工的分拣，用机器人来实现全自动配送。这完全是现在人工智能发展的思路。

我们清楚，美国的城市规划和我国很不同，在经历了长时间的发展后，美国的居民并不像我们一样集中在城市，大型线下的生鲜供应也不像我们通过城市内的超市和大型农贸市场解决，居民往往是驱车去位于市郊的大型超市购物。Webvan 用的是我们现在非常时髦的 O2O 模式，用户在线上完成一个订购的功能，而线下是一个大型仓库，围绕这个仓库有配送的队伍。

1999 年 5 月，Webvan 仓库中心开始正式运行，6 月接到了第一个订单，一个月之后它和一个大供应商签订了 10 亿美元的合约，准备和这个供应商在全美复制 26 个大型仓库，总金额大约是 10 亿美元，平均每个仓库的花费是 3000 万~4000 万美元。之后，1999 年 8 月，Webvan 首次公开募股，即使是在互联网泡沫时期，这也是当时最大的 IPO 之一，高达 4 亿美元。Webvan 的估值曾经一度高达 85 亿美元，超过当时全美三大生鲜杂货零售商的市值总和。但是这家公司最终的命运是在运行了两年之后，也就是 2001 年 7 月份，宣告破产。

从 1999 年 8 月 IPO 到 2001 年 7 月，两年间 Webvan 烧掉了 12 亿美元，最终以破产告终。有人做过统计，Webvan 从 1999 年 6 月接收第一个订单，到 2001 年 7 月的最后一个订单，每接一个订单就亏损大约 130 美元。

(二)创始人鲍德斯：要么赚 100 亿美元，要么一分不剩

鲍德斯在美国服务行业是一个传奇人物，他在冒险精神上，可以匹敌埃隆·马斯克。鲍德斯在创办 Webvan 的时候，有投资人问他："在你的愿景中，Webvan 是否会成为一个 10 亿美元的公司?"

鲍德斯回答："我从来就没有考虑过这是一个 10 亿美元的公司，要么就赚 100 亿美元，要么就一分不剩。”

2001年7月，Webvan正式进入破产程序。在这之前的两周，鲍德斯以6美分一股的价格清掉了4500万股，从中只拿回了大概270万美元。然而，这次失败之后，鲍德斯并没有从中吸取教训。当时有一名记者采访他：“在Webvan这种灾难性的失败之后，你认为有什么经验教训值得吸取？”

鲍德斯回答说：“我不认为我们做错了什么，做公司就像发射火箭一样。发射之前，你需要把可能想到、可能遇到的每一件事都想清楚，你不可能在火箭升空的过程中再去给它添加燃料。”

鲍德斯是非常典型的“火箭发射式”的思维模式。

在Webvan失败之后，他再次创业，创办了美国最大的连锁书店鲍德斯书店（Borders），后来也破产了，有人说是因为亚马逊的崛起。在鲍德斯书店破产之后，他又创办了第三家公司，同样以失败告终。

从鲍德斯失败的案例中，我们可以看到他的创业思维存在误区，而不仅仅是现象层面的操作失误。

（三）火箭发射式创业思维 & 精益创业模式

（1）火箭发射式创业思维

多年以前“火箭发射式创业思维”在硅谷非常主流。一切皆在计划之中，按计划执行得到计划的结果。例如，美国的阿波罗登月计划，一切都计划好，按按钮，火箭推动载人飞船飞向月球，绕月球轨道飞行，登月舱飞向月球表面，反冲火箭的作用下，落到月球表面。于是阿姆斯特朗说：“对于一个人是一小步，对于人类是一大步”，完成任务返回地球。这一切都在计划之中。于是“计划”非常重要。

火箭发射就会有三种可能，第一，如计划一样成功；第二，失败，如1986年美国“挑战者”号航天飞机事故、2003年哥伦比亚号航天飞机的遭遇；第三，没有任何反响。

事实上，火箭发射只有很小比例是无声无息的。但在商业实践中，却有70%以上的“发射”属于第三种情况。也就是说，按下按钮，市场没有任何回应，既没有正面的回应，也没有负面的回应。对于创业，这是最大的浪费。

火箭发射式的创业方式，从方法论的角度具有很多致命的缺陷。商业活动和科学探索显然不是一回事，科学探索可以理论分析、实验验证，商业活动面临的不确定性更加复杂，用火箭发射的思维去创业无疑会遇到许许多多的问题。

同样是火箭发射，既有阿波罗11号的成功，也有阿波罗13号的紧急救助。这种火箭发射的创业模式依赖于严密的商业计划，但商业计划所预设的市场、用户均是假设，是无法与科学探索中的条件假设所类比的。

（2）精益创业及其五项基本原则

精益创业模式目前已经成为硅谷创业的主流模式。精益创业模式最基本的前提是认为用户痛点和解决方案在本质上都是未知的，创业者不知道也无法完美地去预测用户痛点是什么，也无法完美地去设计一个解决方案。所以，精益创业与火箭发射式创业的前提是完全不同的。

简单地总结一下，从思维的角度，龚炎教授总结的精益创业五项基本原则。

第一，用户导向原则。

精益创业的核心是围绕用户，所有的认知、所有的迭代都是围绕用户而展开。而火箭发射式创业则是自我导向——从初创公司或者创始人本身导入创业过程。

第二，行动原则。

行先于知，而不是用知来引导行，从计划导向转为行动导向。

第三，试错原则。

从完美预测转向科学试错。MVP 就是试错过程中非常重要的一个工具。

第四，聚焦原则。

从亚马逊的案例中可以看出，它从火箭发射式的系统思维转向单点突破，甚至在单点突破时，主动过滤市场中部分噪音客户，聚焦在最关键的天使客户上。

第五，迭代原则。

从火箭发射式创业中的完美计划、完美执行，转换到精益创业的高速迭代。注意，迭代和速度都是非常关键的。

我们用著名哲学大师卡尔·波普尔的一句话作为精益创业思维的结尾。卡尔·波普尔说："假设并不是科学的，任何假设都只是假设，只有经过验证或者说可证伪的假设才是科学的。"

精益创业事实上不是关于假设或者计划的一门科学，而是关于如何在创业过程中用科学试错的方式来积累认知，如何提出假设并用科学试错的方法来验证假设的方法，这是精益创业的核心。

（四）Webvan 项目简要评述

创业是一种有规律的管理活动，创业者要发现可以利用的商业机会或者在现有的基础上构建一个商业机会，组织可以支持创业活动的资源，将商业机会通过创造性的创意变为有效的商业活动，从而为社会、创业者和投资人创造财富。

创业机会其实就是能不能给客户带来需求的满足或者创造机会激发用户潜在的需求，所以用户是第一位的。也许用户并不能清晰地表达自己的需求，就像在智能手机和移动互联网出现之前，我们可能并不能清晰地说明我们需求的具体形式，但潜在的需求还是可以感知。需求一定是真实需求而不是创业者假想的需求。

在 Webvan 的创始人看来，需求就在那里等着去满足，问题是如何去满足客户的需求！于是一切被计划出来，一个投资 4000 万美元的仓储系统被建立起来。顾客需要什么样的生鲜果蔬供给、以何种方式满足供给、什么样的购买频度、如何搭配各类果蔬，从客户的角度其实许多问题没有解决。在这样的情况下设计的软件系统能符合客户的习惯或者客户能够为此而改变过去的购物习惯吗？我们在美国可以看到除了大型的购物超市外，还有许多我们称为亚超、韩超、日超、中超等不同类型的超市。这个系统能够适应不同的需求吗？当时寄希望得到订单的途径还是通过基于 PC 的互联网页面去完成的，但这样的技术方式和使用习惯，可以支撑 O2O 模式吗？单价如何？配送成本如何控制？还有我们没有找到的 Webvan 如何组织货源等问题。从我们能够看到的资料看 Webvan 似乎都还没有准备好。

不是说有需求就一定可以支撑商业活动，我们还要清楚这种需求满足的成本如何？满足客户需求的途径如何？客户下单的模式如何。这些问题几乎都没有解决，仅仅是一种可能，就投入大资金去尝试。从目前看，一种消费行为往往也依赖一种技术手段。即便当时的设想是正确的，那么客户下单就必须有个可以联网的电脑。而在移动互联网迅速发展的今天，基于社交的商业活动需要有移动互联网这样的技术基础。这个基础是当时不具备的。一个商业活动的成功，看似简单，其实背后有一系列的逻辑，包括思维方法。生鲜类的电商现在有了更大的可能，因为消费习惯被培养出来了，技术手段能够满足客户的消费习惯(随时都可以下单，只要有一部 4G 手机)，送达的问题似乎也得到了解决，虽然美国的实现方式和中国不同，但都可以完成长距离、高效配送。